진짜 사용하는 기능만 담은 **포토샵 입문서**

바로 쓰는
포토샵 CC

올해로 벌써 9년째 저는 온라인과 오프라인에서 포토샵 기초 강의부터 프로젝트 맞춤 강의와 기업 강의까지 다양한 분들의 니즈에 맞춘 디자인 수업을 진행하고 있습니다. 다수의 수업에서 포토샵 입문자와 디자인을 전공하지 않은 분들을 대상으로 수업을 진행하면서 초보자들이 최대한 이해하기 쉽게 설명하기 위해 노력하였고, 이런 제 진심이 닿았는지 많은 분들이 높은 만족도로 보답해주고 계십니다.

어디에서나 이미지가 사용되는 요즘, 이미지를 편집하는 프로그램인 포토샵은 디자이너처럼 전문가가 아닌 사람도 대중적으로 사용하는 프로그램이 되었습니다. 하지만 아직도 포토샵 배우기를 마음 한 켠에 다짐으로 남겨두고 계시거나, 포토샵을 실행하면 캔버스처럼 머리가 새하얘지는 분들이 많이 계실 것이라 생각됩니다. 이런 분들께 조금이라도 도움을 드리고자 포토샵에서 진짜 사용하는 기능만 담아 실용적이고 예쁜 예제로 가득한 책을 만들었습니다.

이 책은 포토샵을 처음 접하는 초보자를 위한 입문서입니다. 다양한 예제를 통해 포토샵의 기본 기능부터 활용법까지 학습할 수 있도록 구성하였으며, 중간중간 팁을 통해 쉽게 놓칠 수 있는 부분이나 실무에 도움이 되는 내용을 보강했습니다. [Part 1 포토샵 입문하기]에서는 포토샵과 그래픽 디자인에 대한 기본 지식을 다루고, [Part 2 중급으로 업그레이드하기]에서는 포토샵의 대표 기능인 다양한 누끼 따는 방법과 보정 및 합성 기능을 배웁니다. 마지막으로 [Part 3 실무에서 활용하기]에서는 실무에서 바로 쓸 수 있는 퀄리티의 작업물을 만들어볼 수 있습니다.

더불어 작업하는 과정을 보면 도움이 될만한 예제들, 책에서는 다루지 못했던 추가 설명들, 구두로 풀어서 설명하는 것이 더 직관적인 내용들을 유튜브 강의로 제공합니다. 보다 자세하고 빠르게 학습하고 싶은 분들은 책에 수록되어 있는 QR코드를 스캔하여 유튜브 강의를 적극 활용해보세요. 책의 예제를 차근차근 따라 하다 보면 포토샵을 처음 다뤄보거나 기초 기능만 사용하셨던 분들도 어디 가서 '포토샵 좀 한다'는 얘기를 들을 수 있을 것이라 확신합니다.

배움은 언제나 설레고 두렵습니다. 혼자 배우는 과정은 더욱 그렇습니다. 저는 대학에 입학하여 포토샵 기본 기능을 배웠습니다. 하지만 실무와 동떨어진 내용을 배우고 있다는 생각이 들었고, 대학보다 더 큰 세상을 보기 위해 1년을 휴학한 후 책과 인터넷에서 각종 포토샵 정보를 찾아 독학하였습니다. 그 시절 제가 택한 방법은 끊임없는 복습과 실무에 바로 부딪혀 보는 것이었습니다. 어려운 내용은 수십 번 반복해보기도 하고, 과외를 모집하며 외주 작업도 받았습니다. 이런 과정을 통해 저는 1년 동안 대학에서 배웠던 것보다 훨씬 많은 것을 얻을 수 있었습니다.

제가 수개월 내에 빠르게 성장할 수 있었던 것은 혼자 했기 때문이라고 생각합니다. 지금 이 글을 보고 계신 분 중 혹시 혼자라서 망설이고 계신 분이 있다면, 모든 조건은 갖춰졌으니 우선 시작부터 해보시라고 감히 말씀드리고 싶습니다. 헷갈리는 예제를 세 번, 네 번 복습하면 반복되는 개념과 과정들이 하나 둘씩 익숙해지고, 두려움은 어느새 자신감으로 바뀌어 여러분의 작업속도가 점점 빨라지는 것을 느끼게 될 것입니다.

온라인이든 오프라인이든 우리는 디자인된 세상 속에서 살고 있습니다. 일상 속에서 자연스럽게 좋은 디자인을 마주하며 살고 있기 때문에 좋은 작품을 만들어낼 수 있는 능력도 충분히 가지고 있습니다. 부디 이 책이 단순히 포토샵이라는 도구를 배우는 것을 넘어 창작과 디자인을 하고 싶은 많은 분께 든든한 지렛대가 될 수 있기를 바랍니다.

전 하 린 (하디). 언컬러드 대표

이 책은 Photoshop CC 2023 버전을 기반으로 하는 포토샵 입문서입니다. 포토샵에서 '진짜 사용하는 기능'을 '입문-중급-실무' 3단계로 학습할 수 있도록 구성하였습니다. '입문-중급' 단계에서 핵심 기능을 학습하고, '실무' 단계에서는 다양한 예제를 통해 실전 감각을 익힐 수 있습니다.

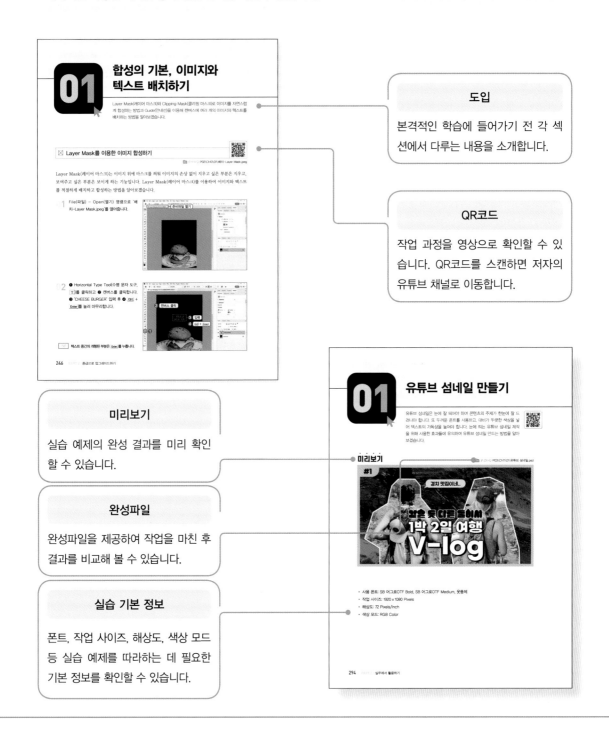

도입

본격적인 학습에 들어가기 전 각 섹션에서 다루는 내용을 소개합니다.

QR코드

작업 과정을 영상으로 확인할 수 있습니다. QR코드를 스캔하면 저자의 유튜브 채널로 이동합니다.

미리보기

실습 예제의 완성 결과를 미리 확인할 수 있습니다.

완성파일

완성파일을 제공하여 작업을 마친 후 결과를 비교해 볼 수 있습니다.

실습 기본 정보

폰트, 작업 사이즈, 해상도, 색상 모드 등 실습 예제를 따라하는 데 필요한 기본 정보를 확인할 수 있습니다.

실습 예제를 따라하면서 포토샵의 실력을 업그레이드해보세요. 스마트폰으로 QR코드를 스캔하여 실습 예제의 작업 과정을 확인할 수 있습니다. 화면이 작아 강의를 보는 것이 불편하다면 시대인 홈페이지에서 저자 직강 유튜브 URL 목록을 다운받아 컴퓨터로 시청해보세요.

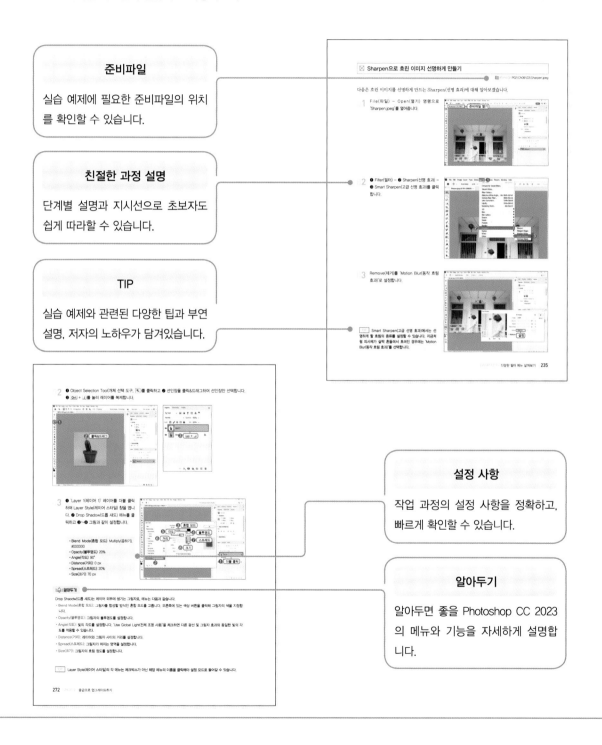

PART **03** 실무에서 활용하기

Chapter **11** 눈에 띄는 SNS 디자인 만들기   293

Appendix 포토샵 완벽 마스터하기

🔍 실습 자료 다운받기

실습에 필요한 준비파일 및 완성파일과 저자 직강 유튜브 URL 목록을 다운받을 수 있는 경로를 소개합니다. 예제에서 사용한 이미지는 모두 상업적으로 이용이 가능한 Unsplash(www.unsplash.com)의 이미지와 Pixabay(www.pixabay.com)의 이미지를 사용하였습니다.

① 시대인 홈페이지(https://www.sdedu.co.kr/book)에 접속하여 로그인합니다. 회원이 아닌 경우 [회원가입]을 클릭하여 가입한 후 로그인합니다.
② 상단 메뉴에서 [프로그램]을 클릭하고 검색 창에서 '바로 쓰는 포토샵 CC'를 검색한 후 실습 자료와 동영상 URL 목록을 다운받습니다.

🔍 폰트 다운받기

실습 예제를 따라할 때 필요한 글꼴을 다운받을 수 있는 사이트를 소개합니다. 아래 소개한 폰트 외에는 Adobe 제품을 구독하는 사람들에게 무료로 제공되는 Adobe Fonts를 사용했습니다. 폰트를 다운받은 후 폰트 파일 위에서 마우스 오른쪽 버튼을 클릭하고 [설치]를 클릭하면 자동으로 컴퓨터에 폰트가 설치됩니다.

| Black Han Sans | https://fonts.google.com/specimen/Black+Han+Sans
| 웃맨-엉뚱체 | http://www.3jong.com/download.html
| SB 어그로 | https://sandbox.co.kr/font
| 이사만루 | https://www.gonggames.com/#firstPage/2
| 코트라 Bold | https://www.kotra.or.kr/subList/20000005965?tabid=20
| G마켓 산스 | https://corp.gmarket.com/fonts/
| Noto Sans CJK KR | https://fonts.google.com/noto/specimen/Noto+Sans+KR

※ 일러두기
이 책은 Photoshop CC 2023 영문 버전을 기준으로 만들었습니다. 포토샵 초보자분들의 이해를 돕기 위해 영문 도구명과 메뉴명 등에 괄호로 한글을 병기하였으며, 괄호 안에 한글을 기준으로 조사를 통일하였습니다.

1

포토샵 입문하기

01

본격적으로 포토샵 작업을 시작하기 전에 먼저 포토샵의 쓰임새와 설치
방법, 그래픽 기초 지식에 대해 알아보겠습니다. 그리고 Photoshop CC
2023의 특별한 기능을 간략하게 짚어보겠습니다.

시작하기 전에

포토샵과 친해지기

흔히 사진을 예쁘게 보정하는 것을 '뽀샵한다'라고 할 정도로 포토샵은
그래픽 디자인의 대명사가 되었습니다. 그만큼 포토샵은 모든 그래픽
작업에서 가장 기본이자 필수적인 프로그램입니다. 본격적으로 포토샵
을 배우기 전에 먼저 포토샵은 어떤 프로그램인지 알아보겠습니다.

⊠ 포토샵은 어떤 프로그램일까?

포토샵은 Photo, 즉 사진을 수정하거나 그림을 그려 디자인 작업을 하는 프로그램입니다. Adobe 소프트웨
어 중 대중들에게 가장 잘 알려져 있으며 대표적인 래스터 그래픽(비트맵) 프로그램이라고 할 수 있습니다.
제작할 수 있는 콘텐츠로는 웹툰, 이모티콘, 상세 페이지, 배너, 웹디자인, 회화 드로잉, 포토 아트워크, 섬
네일, SNS 콘텐츠 등이 있습니다.

1990년 Adobe에서 처음으로 개발한
포토샵은 매년 업데이트되면서 새로운
기능이 추가되고 있습니다. 요즘은 디
자이너나 전문가뿐만 아니라 일반인들
도 포토샵을 사용하기 때문에 Adobe
에서 매년 업그레이드된 튜토리얼을 제
공하여 최대한 초보자들이 포토샵을
잘 사용할 수 있도록 하고 있습니다.
Photoshop CC 2021 버전부터는 Ctrl
+ F 를 눌러 Discover(탐색) 창에서
튜토리얼을 바로 보거나 기능을 검색할
수 있습니다. 책을 보며 Discover(탐
색) 창을 활용해보는 것을 추천합니다.

▲Discover(탐색) 창

▲Hands-on tutorials(실습 자습서) 페이지

☒ 포토샵으로 할 수 있는 것과 할 수 없는 것

포토샵에서 이미지 파일을 열면 이미지가 네모난 색상 점인 픽셀들의 집합으로 구성되어 있습니다. 이러한 이미지 작동 방식을 래스터 혹은 비트맵 방식이라고 하고, 이로 인해 포토샵에서 할 수 있는 것과 할 수 없는 것이 나누어집니다.

할 수 있는 것

- **이미지 규격 변경**: 이미지 파일의 크기 및 해상도, 색상 모드 등을 수정할 수 있습니다.
- **이미지 보정**: 밝기 보정, 색상 보정, 잡티 없애기, 왜곡하기 등 이미지를 보정할 수 있습니다.
- **이미지 합성**: 두 장 이상의 이미지를 자연스럽게 합성할 수 있습니다.
- **GIF 이미지 만들기**: 영상의 일부를 추출하거나 직접 모션을 만들어 짧은 시간 동안 움직이는 GIF 이미지를 만들 수 있습니다.
- **그림 그리기**: 브러시, 지우개 도구 등을 활용해 회화적인 느낌의 그림을 그릴 수 있습니다.

▲ 이미지 보정 예시　　　　▲ 그림 그리기 예시

할 수 없는 것

- **대형 인쇄물 제작**: 규격이 큰 이미지를 포토샵에서 수정하면 용량이 커져 작업이 느려지기 때문에 보통 A3 미만의 인쇄물만 제작하는 편입니다.
- **다양한 벡터 그래픽 제작**: 포토샵은 래스터 방식의 프로그램이기 때문에 아이콘, 로고 등을 그리는 데에는 한계가 있습니다. 비슷하게 그릴 수는 있지만 퀄리티가 떨어지거나 작업 시간이 불필요하게 길어집니다.
- **인쇄용 후가공 및 별색 설정**: 인쇄용 후가공 및 별색 정보를 설정할 수 없습니다.

> TIP 후가공이란 인쇄 후 박, 코팅, 형압 등을 넣어 가공하는 것을 말합니다. 대형 인쇄물 제작, 벡터 그래픽 제작, 후가공 및 별색 설정은 모두 벡터 프로그램인 Adobe Illustrator 혹은 Indesign에서 설정합니다.

▲ 벡터 그래픽 예시　　　　▲ 금박 후가공 예시

포토샵 설치하기

포토샵은 2013년 이후 구독 방식으로 서비스를 제공하고 있습니다. 학생 및 교사 플랜으로 이용하면 더욱 합리적인 가격으로 사용할 수 있고, 월별 결제보다 연간 단위로 결제하면 비용을 아낄 수 있습니다. 매년 11월에는 블랙프라이데이 이벤트로 연간 구독권을 할인된 가격으로 제공하고 있습니다.

⊠ 포토샵 무료 체험판과 정품 설치 방법

Adobe 홈페이지에 접속해 포토샵 무료 체험판 이용 방법과 포토샵 정품 설치 방법에 대해 알아보겠습니다.

01 인터넷 주소창에 ❶ 'adobe.com/kr'을 입력하여 Adobe 홈페이지에 접속합니다. 오른쪽 상단의 ❷ [로그인]을 클릭하여 회원가입 및 로그인을 진행합니다.

02 왼쪽 상단의 ❶ 크리에이티비티 및 디자인 – ❷ 모든 제품 보기를 클릭합니다.

3 Photoshop의 [무료 체험판]을 클릭합니다.

4 ❶ 용도와 ❷ 플랜을 선택한 후 ❸ [계속]을 클릭합니다.

TIP 세 개 이상의 프로그램을 구독할 거라면 Creative Cloud의 모든 프로그램을 구독하는 것이 더 경제적입니다.

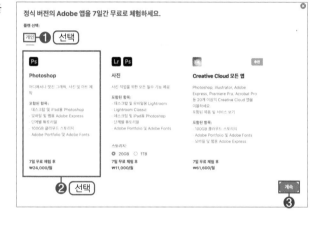

5 7일 체험판 이후 진행할 ❶ 구독 유형을 클릭하고 ❷ [계속]을 클릭합니다.

06 벡터 프로그램인 Illustrator와 영상 편집 프로그램인 Premiere Pro를 구독하지 않는다면 [계속]을 클릭합니다.

07 ❶ 결제 카드 정보를 입력하고 ❷ [무료 체험기간 시작]을 클릭합니다.

08 기본적으로 포토샵은 운영 체제에 맞춘 한글판으로 설치됩니다. 영문판을 추가로 설치하기 위해 다운로드 된 Creative Cloud 앱을 실행한 후 오른쪽 상단의 ❶ 프로필을 클릭하고 ❷ 환경 설정을 클릭합니다.

TIP 한글판에 종종 오역이나 같은 용어도 다르게 번역한 경우가 있어 영문판을 추천합니다. 버전에 따라 한글판에서 쓰이는 몇몇 용어가 조금씩 다를 수 있습니다.

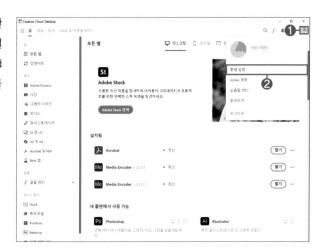

09 팝업 창 왼쪽의 ❶ 앱 탭을 클릭하고 ❷ 기
본 설치 언어를 'English(International)'로
설정한 후 ❸ [완료]를 클릭합니다.

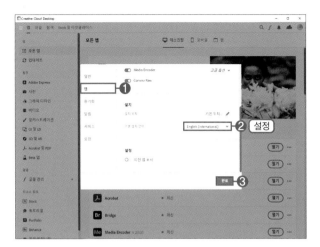

10 '내 플랜에서 사용 가능' 리스트에 있는
Photoshop의 [설치]를 클릭해 설치를 진행
합니다.

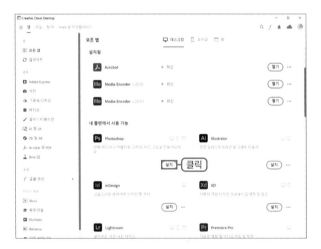

TIP 이렇게 하면 한글판과 영문판 중 선택하여 사용할 수 있습니다. 언어를 설정하는 방법은 [다양한 설치 오류 해결하기]를 참고
하세요.

⊠ 포토샵 버전별 차이점

포토샵 버전별로 차이가 큰 인공지능 및 NFT 기능과 3D 기능에 대해 알아보겠습니다.

포토샵 버전 확인하는 방법

포토샵은 매년 각 연도를 이름으로 하는 새로운 버전을 출시하고 있으며, 하나의 버전 안에서도 계속 업데이트하여 기능을 추가 및 개선하고 있습니다. 각 업데이트 정보는 Creative Cloud 앱의 업데이트 탭에서 확인할 수 있으며, 'v' 뒤에 붙은 숫자가 버전입니다.

인공지능 및 NFT

Photoshop CC 2020 버전부터는 인공지능 기술이 더해지면서 자동으로 개체를 인식하여 선택하는 도구인 Object Selection Tool(개체 선택 도구, ▣)가 생겼으며, Photoshop CC 2021 버전부터는 다양한 자동 필터를 적용할 수 있는 Neural Filter(Neural 필터)가 도입되었습니다. 또한 Photoshop CC 2022 버전부터는 소셜 미디어와 연동한 NFT(콘텐츠 자격 증명)이 도입되면서 전 세계 창작자들의 필수품이 되었습니다.

▲ Object Selection Tool(개체 선택 도구)

▲ Neural Filter(Neural 필터)

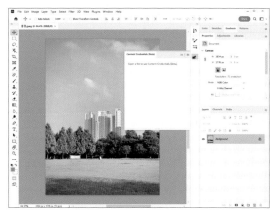

▲ Content Credentials(콘텐츠 자격 증명)

TIP 2022년 12월부터 NFT는 Beta 버전에서만 사용할 수 있습니다. Beta 버전은 Creative Cloud 앱의 Beta 앱 탭에서 설치할 수 있습니다.

3D 기능 중단 및 사용하는 방법

Adobe에서 3D 프로그램을 개발하기 시작하면서 Photoshop CC 2021 버전부터는 3D 기능의 사용을 서서히 중단하고 있습니다. 최신 버전일수록 중단된 3D 기능이 많기 때문에 만약 3D 기능을 꼭 사용해야 한다면 아래 방법을 이용해 2021년 2월 출시된 버전 22.2를 사용해야 합니다.

01 Creative Cloud 앱에서 설치된 포토샵의 ❶ […]을 클릭하고 ❷ 기타 버전을 클릭합니다.

02 Photoshop(22.2)의 [설치]를 클릭합니다.

03 설치 완료 후 Photoshop의 [열기]를 클릭
하여 실행합니다.

TIP 이렇게 특수한 경우가 아닌 이상 버전을 낮춰 사용하는 것은 추천하지 않습니다. 또 하나의 컴퓨터에 두 개 이상의 버전이 설치된 경우 종종 버전이 충돌하는 문제가 발생하므로 사용하지 않는 버전은 바로 삭제하는 것이 좋습니다.

⊠ 다양한 설치 오류 해결하기

포토샵을 설치하고 나서 나타날 수 있는 다양한 설치 오류를 해결하는 방법에 대해 알아보겠습니다.

언어 설정 문제

이미 설치된 포토샵의 언어를 바꾸고 싶다면 먼저 포토샵을 종료합니다. Creative Cloud 앱의 환경 설정에서 언어를 변경하고 재설치한 후 실행합니다.

Ctrl + K 를 눌러 Preferences(환경 설정) 창을 열고, Interface(인터페이스) 메뉴의 UI Language(UI 언어)에서 설치한 언어를 선택할 수 있습니다. 한글판으로 실행하고 싶다면 UI Language(UI 언어)를 '한국어'로 설정 후 재실행합니다. 이렇게 두 개 이상의 언어를 설치하고 필요에 따라 선택하여 사용할 수 있습니다.

▲ Preferences(환경 설정) 창

하나의 포토샵 계정으로 동시 접속하면 발생하는 오류

하나의 Creative Cloud 계정은 최대 두 대의 컴퓨터에서 로그인할 수 있습니다. 세 대 이상의 컴퓨터에서 로그인을 시도할 경우 아래와 같은 창이 뜨며, 기존 두 대의 컴퓨터 중 하나의 [Sign Out(로그아웃)]을 클릭해야 새로운 컴퓨터에서 사용할 수 있습니다.

▲ 세 대 이상의 컴퓨터에서 로그인을 시도할 경우

그 외 Creative Cloud 실행 문제

이 외에 Creative Cloud가 설치 도중 손상되었거나 업데이트가 안 되는 등의 실행 문제가 발생하면 Creative Cloud 앱을 제거해야 합니다. 하지만 제어판에서 앱을 제거해도 완전히 제거되지 않기 때문에 Creative Cloud 전용 제거 프로그램을 별도로 설치해야 합니다.

구글에서 'Creative Cloud 데스크탑 앱 제거'를 검색하고 가장 상단에 있는 사이트를 클릭합니다. 해당 페이지에서 운영 체제에 맞는 제거 프로그램을 찾아 설치합니다. 설치된 프로그램으로 Creative Cloud 앱을 완전히 제거한 후 재설치합니다.

▲ Windows(윈도우)　　　　　　　　　　　　　　　　▲ Mac(맥)

03

꼭 알아두어야 할
그래픽 기초 지식

포토샵뿐만 아니라 그래픽 프로그램을 다룬다면 꼭 알아야 할 그래픽 기초 지식에 대해 알아보겠습니다. 책의 전반적인 부분에 모두 적용되는 내용이니 숙지하고 넘어가는 것이 좋습니다.

⊠ 웹용과 인쇄용의 차이

그래픽 디자인을 하기 위해서는 최종 결과물이 웹용과 인쇄용 중 어느 것에 해당되는지 설정해야 합니다. 아래 웹용과 인쇄용의 특징을 정리해놓은 표를 보며 구분, 쓰임, 단위, 해상도, 색상 모드를 기준으로 웹용과 인쇄용의 차이점을 알아보겠습니다.

구분	웹용	인쇄용
쓰임	스마트폰, 컴퓨터, 태블릿, TV, 모니터 등 모든 디바이스의 스크린으로 출력되는 것	포스터, 명함, 리플렛, 스티커 등을 종이, 플라스틱, 천, 유리 따위에 인쇄 및 출력하는 것
단위	Pixels	Millimeters, Centimeters, Inches
해상도	72 ppi(Pixels/Inch) 등	100, 150, 300, 600 dpi(Dots/Inch) 등
색상 모드	RGB • Red(빨간색), Green(녹색), Blue(파란색) 세 가지 빛을 섞는 색상 모드 • 가산 혼합(빛의 혼합) • 형광색, 원색 등 표현 가능 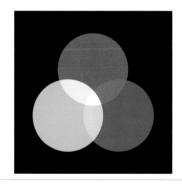	CMYK • Cyan(녹청색), Magenta(마젠타색), Yellow(노란색), Black(검은색) 네 가지의 잉크를 섞는 색상 모드 • 감산 혼합(물감 혼합) • 형광색, 원색 등 표현 불가능 

TIP 우리나라 인쇄소에서는 대부분 'Millimeters'를 기본 단위로 사용합니다. 특정 단위를 기재하지 않는 이상 모두 'Millimeters'라고 생각해도 무방합니다.

Resolution(해상도)를 설정할 때 웹용의 색상점 최소 단위와 인쇄용의 색상점 최소 단위가 각각 Pixel과 Dot로 다르지만 포토샵에서는 모두 'ppi'로 설정합니다. 인쇄용 데이터는 잉크로 색상을 촘촘하게 찍어야 선명하게 보이기 때문에 보통 웹용보다 높은 '300 ppi'로 작업하며 '300 ppi' 이상의 해상도는 특수 인쇄에서 사용합니다. 불필요하게 해상도를 높여 작업하면 파일 용량이 커지고, 잉크가 과도하게 사용되어 낭비되거나 뒷묻음이 발생할 수 있습니다.

Color Mode(색상 모드)를 설정할 때는 RGB와 CMYK를 구분해야 합니다. RGB가 CMYK보다 더 많은 가짓수의 색상을 표현할 수 있습니다. 빛은 섞일수록 밝아져 맑은 원색과 형광색까지 만들 수 있지만, 잉크는 섞일수록 어둡고 탁해지기 때문에 CMYK가 불리적으로 표현할 수 있는 색에 한계가 있기 때문입니다. RGB 이미지를 그대로 인쇄하면 스크린에서보다 색상이 어둡게 보이는데, 이 차이는 특히 파란색과 녹색 계열에서 크게 나타납니다. 이렇게 두 색상 모드는 표현할 수 있는 색 영역 자체가 다릅니다. 따라서 같은 콘텐츠라도 최종 결과물이 웹과 인쇄용으로 모두 출력되어야 한다면 각각 별도의 파일을 만들어 작업하는 것이 좋습니다.

> TIP 형광색 혹은 원색을 인쇄하고 싶다면 Spot Color(별색)을 사용해야 합니다. Spot Color(별색)은 CMYK를 배합하는 것이 아닌 별도의 잉크를 만드는 것으로 CMYK 인쇄보다 가격이 비싸며 일반적으로 벡터 프로그램인 Adobe의 Illustrator 혹은 Indesign에서 설정합니다.

☒ 채널이란 무엇일까?

📁 준비파일 P01\Ch01\03\RGB채널.psd, CMYK채널.psd

우리가 포토샵으로 보는 모든 이미지는 채널로 이루어져 있습니다. 웹용인 RGB와 인쇄용인 CMYK의 채널을 하나씩 살펴보겠습니다.

RGB 채널

01 ❶ File(파일) - ❷ Open(열기)를 클릭해 ❸ 'RGB채널.psd'를 열어줍니다.

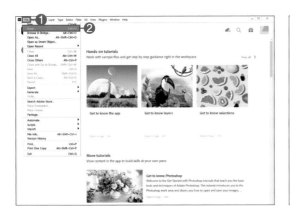
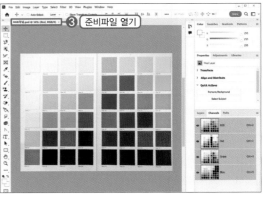

2 ❶ Channels(채널) 패널을 클릭합니다. RGB 색상 모드에서의 각 채널은 빛의 양을 담고 있습니다. ❷∼❹ 각 채널을 클릭하면 해당 채널만 단독으로 볼 수 있습니다. 채널이 밝을수록 빛이 많음을, 어두울수록 빛이 적음을 나타냅니다. Red(빨간 빛), Green(녹색 빛), Blue(파란 빛)이 각각 '0∼255'단계의 강도로 섞여 스크린에 색을 출력합니다.

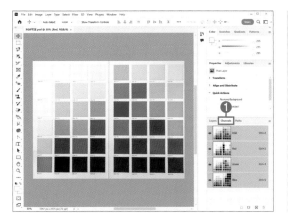
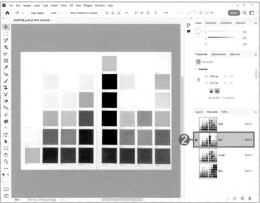

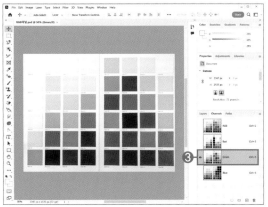
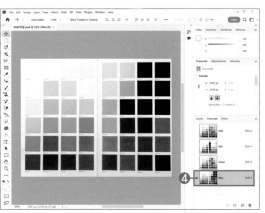

3 ❶ Layers(레이어) 패널을 클릭합니다. 이 레이어들은 각각 Red, Green, Blue의 빛 정보만을 담고 있습니다. ❷ 각 레이어의 눈을 클릭해 가시성을 설정할 수 있습니다.

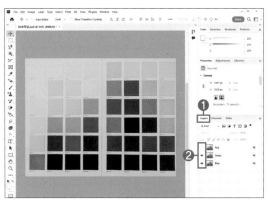

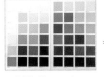

▲ RGB Channel   ▲ Red Channel   ▲ Green Channel   ▲ Blue Channel

CMYK 채널

01 ❶ File(파일) − ❷ Open(열기)를 클릭해 ❸ 'CMYK채널.psd'를 열어줍니다.

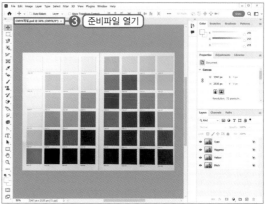

02 ❶ Channels(채널) 패널을 클릭합니다. CMYK 색상 모드에서의 각 채널은 잉크의 양을 담고 있습니다. ❷~❺ 각 채널을 클릭하면 해당 채널만 단독으로 볼 수 있습니다. 채널이 밝을수록 잉크가 적음을, 어두울수록 잉크가 많음을 나타냅니다. Cyan(녹청색 잉크), Magenta(마젠타색 잉크), Yellow(노란색 잉크), Black(검은색 잉크)가 각각 '0~100%'의 비율로 섞여 인쇄 및 출력됩니다.

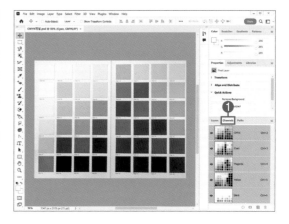

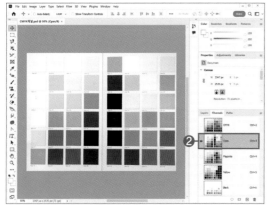

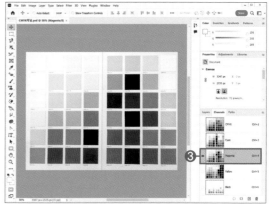

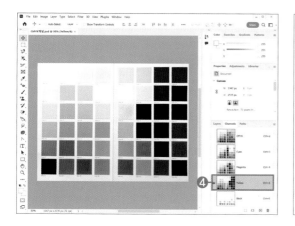

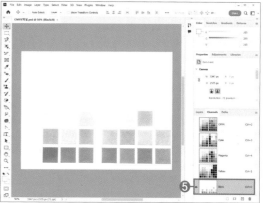

3 **①** Layers(레이어) 패널을 클릭합니다. 이 레이어들은 각각 Cyan, Magenta, Yellow, Black의 잉크 정보만을 담고 있습니다. **②** 각 레이어의 눈을 클릭해 가시성을 설정할 수 있습니다.

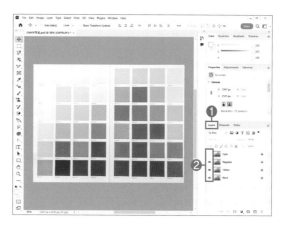

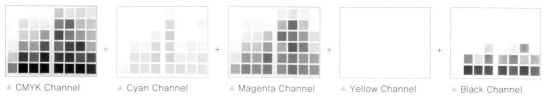

▲ CMYK Channel   ▲ Cyan Channel   ▲ Magenta Channel   ▲ Yellow Channel   ▲ Black Channel

---

⊠ **알고 가야 할 색상 이론**

포토샵 작업을 시작하기 전 색의 3요소와 톤, 색상환, Lab의 개념에 대해 알아보겠습니다.

HSB(HSV)

색은 색조(Hue), 채도(Saturation), 명도(Brightness, Values)로 이루어져 있습니다. 이를 색의 3요소, HSB(HSV)라고 합니다. 사람의 색상 인지 능력에 기초하기 때문에 가장 직관적인 색 표시 방법이라고 할 수 있습니다. 포토샵의 Color Picker(색상 피커) 창은 H를 기준으로 고를 수 있고, S 혹은 B의 라디오 버튼을 클릭하여 색의 기준을 바꿀 수 있습니다. H는 색상환 상에서의 각도인 '0°~359°'로, S는 '0~100%(탁함 ~맑음)'으로, B는 '0~100%(어두움~밝음)'으로 설정할 수 있습니다.

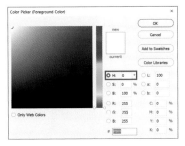 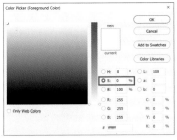 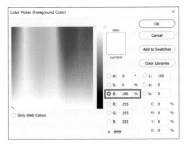

▲ Color Picker(색상 피커) 창 H   ▲ Color Picker(색상 피커) 창 S   ▲ Color Picker(색상 피커) 창 B

TIP   여기에서 말하는 'Hue'는 정확히 해석하면 '색상'이지만, 포토샵을 비롯한 모든 Adobe 한글판 프로그램에서는 '색조'라고 번역하고 있습니다.

톤(Tone)

톤은 주로 채도와 명도를 합한 개념으로 쓰입니다. 비슷한 톤끼리 배색을 하면 안정된 디자인을 할 수 있지만, 자칫 단조로워 보이거나 강조 요소가 너무 많아지는 것에 주의해야 합니다. 아래는 비슷한 톤끼리 열두 가지로 묶어 정리해 놓은 PCCS(Practical Color Coordination System) Color Tone Chart로 원하는 분위기를 골라 배색할 때 참고할 수 있습니다.

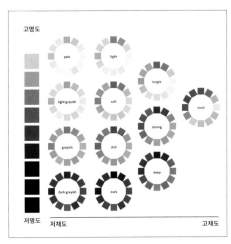

TIP   톤은 종종 '빨간 톤', '노란 톤'처럼 두루뭉술한 색상 계열을 나타낼 때도 사용됩니다.

▲ PCCS Color Tone Chart

색상환(Color Wheel)

색상환은 가시광선의 색조(Hue) 스펙트럼을 원형으로 배열한 것을 말합니다. 포토샵에서는 Color(색상) 패널의 옵션 버튼(≡) – Color Wheel(색상환)을 클릭해 확인할 수 있습니다. 포토샵의 색상환은 RGB를 기준으로 하기 때문에 CMYK 색상 모드의 파일에서는 정확한 색을 구현하기 힘듭니다.

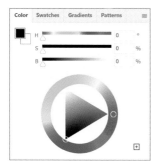

▲ 색상환(Color Wheel)

Lab

Lab는 RGB와 CMYK가 표현할 수 있는 모든 색역을 포함해 인간이 지각할 수 없는 색상까지 포함합니다. 다른 색공간과는 달리 어떤 장치에 의해 나오는 색이 아니기 때문에 장치 독립적인 색상 모델이라고 할 수 있습니다. 때문에 RGB에서 CMYK로, 혹은 CMYK에서 RGB로 색상 모드를 변경할 때 중간에 Lab 색상 모드를 한 번 거치면 색 왜곡을 줄일 수 있습니다.

포토샵의 Color Picker(색상 피커) 창에서 L, a, b 라디오 버튼을 클릭해 색을 확인할 수 있습니다. L은 밝기를 나타내며 '0~100(어두움~밝음)'으로 설정합니다. a는 빨강(+)과 녹색(−)의 정도를, b는 노랑(+)과 파랑(−)의 정도를 나타내며 모두 '−128~127'의 숫자로 설정합니다.

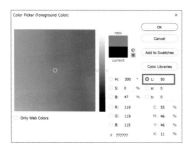

▲ Color Picker(색상 피커) 창 L

▲ Color Picker(색상 피커) 창 a

▲ Color Picker(색상 피커) 창 b

> TIP │ 중간 단계에 Lab를 거치는 것이 필수는 아니지만 조금이라도 색오차를 줄이기 위해서는 이 방법을 사용하는 것이 좋습니다. 파일의 색상 모드를 변경하려면 Image(이미지) – Mode(모드)를 클릭한 후 변경하려는 색상 모드를 클릭합니다.

⊠ 비트맵과 벡터의 차이점 알아보기

포토샵 자체가 비트맵 프로그램이다 보니 벡터 그래픽을 그려도 확대해보면 픽셀로 구성된 것을 확인할 수 있습니다. 때문에 캔버스에 보이는 이미지만으로는 비트맵과 벡터를 구분할 수 없습니다. 아래 표를 보며 비트맵과 벡터의 특징과 도구, 레이어의 종류를 익혀두는 것이 좋습니다.

구분	비트맵	벡터
이미지		
특징	• 픽셀로 이루어진 자연스러운 그래픽 • 사진, 회화 등 사실적인 표현 • 화질이 크기 변동, 필터, 보정 정도에 영향을 받음	• 점, 선, 면으로 이루어진 깔끔한 그래픽 • 아이콘, 로고 등 인공적인 표현 • 화질이 크기 변동, 필터, 보정 정도에 영향을 받지 않음
도구	브러시 도구들, 지우개 도구들, 선택 도구들, 도장 도구들, 복구 브러시 도구들, 번 도구, 닷지 도구, 흐림 효과 도구, 선명 효과 도구, 손가락 도구, 그레이디언트 도구, 페인트 통 도구	문자 도구들, 모양 도구들, 펜 도구들, 패스/직접 선택 도구, 프레임 도구
레이어	픽셀 레이어	문자 레이어, 모양 레이어

TIP 여기에서 말하는 '비트맵'은 '래스터'와 같은 의미로 볼 수 있습니다. 래스터화에 대한 자세한 설명은 [Part 1 > Chapter 02 > 03 작업의 기본, 레이어 정복하기 > 래스터화 알아보기]를 참고하세요. 대표적인 벡터 프로그램은 Adobe의 Illustrator, Indesign 등이 있습니다.

Photoshop CC 2023의 새로운 기능

이번 장에서는 Photoshop CC 2023의 새로운 기능에 대해 알아보겠습니다. 단순한 기능 개선과 Beta 버전 업데이트를 제외한 주요 업데이트 사항들을 위주로 알아봅시다.

☒ Object Selection Preview

📁 준비파일 P01\Ch01\04\새로운 기능 – Object Selection Preview.jpeg

Object Selection Preview는 이미지에서 개체를 선택하여 선택한 개체의 색상, 선의 두께, 불투명도를 설정할 수 있는 기능입니다.

01 ❶ File(파일) – ❷ Open(열기)를 클릭하고 ❸ '새로운 기능—Object Selection Preview.jpeg'를 열어줍니다.

02 ❶ Object Selection Tool(개체 선택 도구, ▣)를 클릭합니다. ❷ 캔버스에 마우스를 오버하면 분석된 개체는 분홍색으로 표시되며 개체를 세분화하여 인식할 수 있습니다.

03 ❶ 옵션바의 톱니바퀴 버튼(⚙)을 클릭하면 ❷ 색상과 ❸ 선의 두께, ❹ 불투명도를 설정할 수 있습니다.

☒ Delete and Fill Selection

📁 준비파일 P01\Ch01\04\새로운 기능–Delete and Fill Selection.jpeg

Delete and Fill Selection은 이미지에서 개체를 선택하여 삭제하면 삭제된 부분이 이미지의 배경으로 채워지는 기능입니다.

01 ❶ File(파일) – ❷ Open(열기)를 클릭하고 ❸ '새로운 기능–Delete and Fill Selection.jpeg'를 열어줍니다.

02 ❶ Object Selection Tool(개체 선택 도구, 🖱)를 클릭합니다. ❷ 이미지의 초 부분에 마우스를 가져다 대어 분홍색으로 변하면 클릭하여 선택합니다.

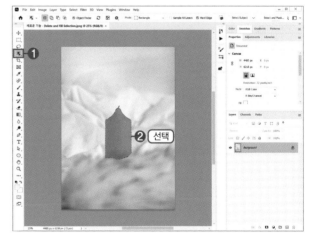

03 ❶ 선택 영역을 마우스 오른쪽 버튼으로 클릭하고 ❷ Delete and Fill Selection(선택 영역 삭제 및 채우기)를 클릭합니다. ❸ 개체가 없어진 것을 확인합니다.

⊠ **3D Materials**

📁 준비파일 P01\Ch01\04\새로운 기능—3D Materials.psd

3D Materials는 포토샵의 3D 기능으로 이미지에서 원하는 부분을 3D 질감으로 변경할 수 있는 기능입니다.

01 ❶ File(파일) – ❷ Open(열기)를 클릭하고 ❸ '새로운 기능—3D Materials.psd'를 열어줍니다.

 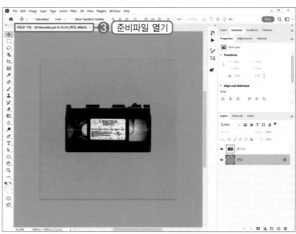

02 ❶ Window(창) – ❷ Materials(질감)을 클릭합니다.

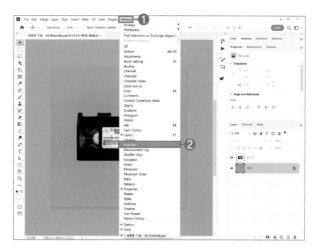

03 Layers(레이어) 패널에서 ❶ '배경' 레이어를 클릭하고 Materials(질감) 패널에서 ❷ 원하는 질감을 클릭합니다.

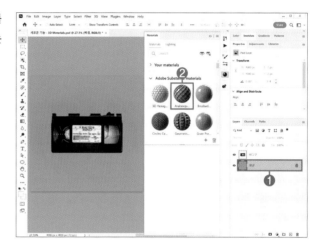

04 Materials(질감) 패널 아래에서 ❶ Color(색상)과 ❷ Pattern Amount(패턴 양)을 조절해 질감을 수정합니다.

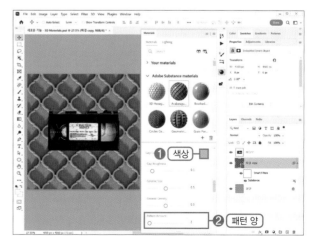

05 ❶ Luminosity(광도), ❷ Height Range(높이 범위), ❸ Height Position(높이 위치)를 조절해 빛을 수정합니다. 이렇게 Materials(질감) 패널을 이용해 다양한 3D 질감을 넣을 수 있습니다.

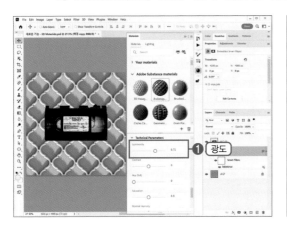 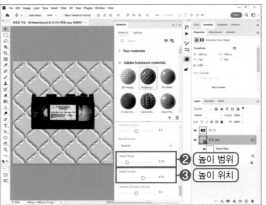

⊠ Invite to Edit

📁 준비파일 P01\Ch01\04\새로운 기능—Invite to Edit.psd

Invite to Edit은 Creative Cloud에 포토샵 파일을 공유하면 공유 링크로 접속한 사용자가 온라인 Photoshop Beta 사이트에서 작품을 확인 및 수정할 수 있는 기능입니다.

01 ❶ File(파일) – ❷ Open(열기)를 클릭하고 ❸ '새로운 기능—Invite to Edit.psd'를 열어줍니다.

 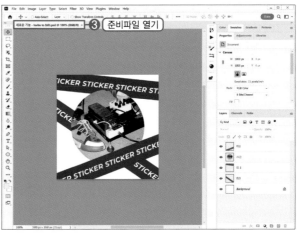

상단의 ❶ Share(공유) − ❷ Invite to
Edit(편집하도록 초대)를 클릭합니다.

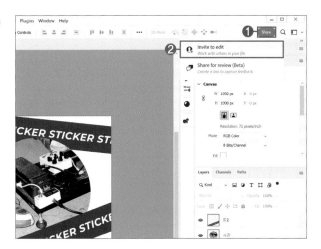

[Continue(계속)]을 클릭합니다.

❶ 이름을 입력하고 ❷ [Save(저장)]을 클
릭합니다.

TIP 이렇게 하면 Creative Cloud에 포토샵 클라우
드 파일인 PSDC로 저장됩니다.

05 Change(변경)을 클릭합니다.

06 ❶ 원하는 공유 방식을 선택한 후 ❷ 꺽쇠를 클릭하여 다시 되돌아갑니다.

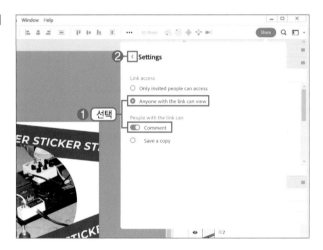

07 [Copy link(링크 복사)]를 클릭한 후 공유할 사람에게 전달합니다.

8 링크로 접속한 사용자는 온라인 Photoshop Beta 사이트에서 작품을 확인 및 수정할 수 있습니다.

02

이제 본격적으로 포토샵을 실행한 후 포토샵의 메뉴를 하나씩 살펴볼 차례입니다. 포토샵의 인터페이스와 메뉴, 화면 구성, 파일 설정 방법, 작업의 기본단위인 레이어의 개념, 포토샵의 변형 기본 동작, 파일 저장 방법 등에 대해알아보겠습니다.

포토샵 시작하기

포토샵은 어떻게 생겼을까?

이번 장에서는 포토샵이 전체적으로 어떻게 구성되어 있는지 포토샵의 UI(사용자 인터페이스)를 살펴보고, 각 도구에 대한 간략한 설명과 작업 영역을 나에게 맞게 수정하는 방법에 대해 알아보겠습니다.

⊠ 포토샵 UI(사용자 인터페이스) 살펴보기

먼저 포토샵의 전체 UI(사용자 인터페이스)를 살펴보겠습니다. 포토샵 첫 화면의 왼쪽 포토샵 아이콘을 클릭하면 아래 그림과 같이 작업 인터페이스를 볼 수 있습니다.

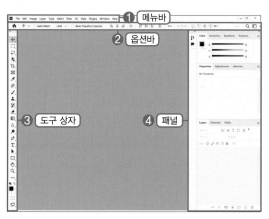

❶ 메뉴바: 메뉴바는 포토샵의 메뉴를 탭별로 모아놓은 곳입니다. 자주 사용하는 메뉴로는 File(파일), View(보기), Window(창)이 있습니다.

- File(파일): 파일을 만들고, 열고, 닫고, 저장하고, 가져오는 등 파일을 관리하는 모든 메뉴가 들어있습니다.
- View(보기): 눈금자, 안내선, 격자, 스크린 모드 등 보조 도구의 역할을 하는 보기 설정 메뉴들이 들어있습니다.
- Window(창): 모든 패널과 작업 영역을 설정하는 곳입니다. 화면 오른쪽에 있는 패널들을 포함해 도구 상자와 옵션바의 표시 여부도 설정할 수 있습니다.

❷ 옵션바: 현재 선택된 도구의 다양한 설정을 바꿀 수 있는 곳입니다.

❸ 도구 상자: 마우스의 역할을 결정하는 곳입니다. 포토샵에서의 클릭, 드래그는 해당 도구의 속성에 따라 그 기능이 달라집니다. 도구의 오른쪽 아래에 작은 삼각형이 있다면 도구 그룹이 숨어있다는 뜻입니다.

해당 도구를 마우스 오른쪽 버튼으로 클릭하면 도구 그룹을 볼 수 있습니다.

❹ 패널: 보통 화면 오른쪽에 있는 창들을 패널이라고 하고, 도구 상자와 옵션바도 일종의 패널이라고 볼 수 있습니다. 모든 패널은 메뉴바의 Window(창) 메뉴에서 표시 여부를 설정할 수 있습니다.

⊠ 도구 상자 한눈에 보기

도구 상자는 포토샵 작업을 할 때 필요한 도구를 모아놓은 곳입니다. 포토샵을 처음 배울 때 도구 상자의 기능을 먼저 이해하는 것이 좋습니다. 지금부터 도구 상자의 기능을 하나씩 살펴보겠습니다.

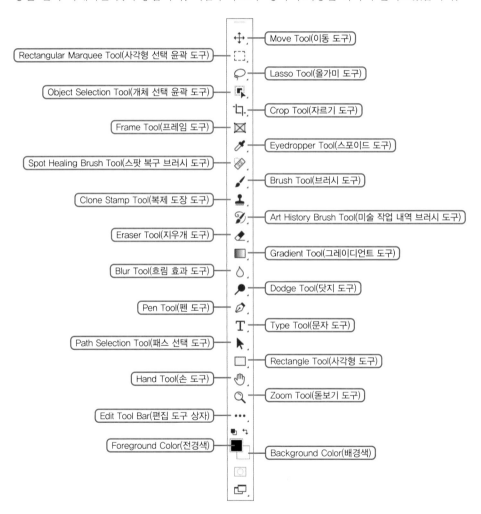

[1] 이동 도구

❶ Move Tool(이동 도구): 레이어 또는 선택 영역을 이동할 수 있습니다.

❷ Artboard Tool(대지 도구): 대지를 추가 또는 삭제하거나 크기를 조절할 수 있습니다.

[2] 선택 영역 설정 도구

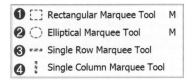

❶ Rectangular Marquee Tool(사각형 선택 윤곽 도구): 직사각 형태로 선택할 수 있습니다.

❷ Elliptical Marquee Tool(원형 선택 윤곽 도구): 타원 형태로 선택할 수 있습니다.

❸ Single Row Marquee Tool(단일 행 선택 윤곽 도구): 가로로 1픽셀만 선택할 수 있습니다.

❹ Single Column Marquee Tool(단일 열 선택 윤곽 도구): 세로로 1픽셀만 선택할 수 있습니다.

❺ Lasso Tool(올가미 도구): 클릭&드래그하는 모양대로 선택할 수 있습니다.

❻ Polygonal Lasso Tool(다각형 올가미 도구): 세 번 이상 클릭하여 다각 형태로 선택할 수 있습니다.

❼ Magnetic Lasso Tool(자석 올가미 도구): 개체 외곽을 따라 클릭&드래그하여 해당 개체만 선택할 수 있습니다.

❽ Object Selection Tool(개체 선택 도구): 인공지능이 개체를 인식하여 자동으로 선택할 수 있습니다.

❾ Quick Selection Tool(빠른 선택 도구): 덩어리 형태로 있는 개체를 빠르게 선택할 수 있습니다.

❿ Magic Wand Tool(자동 선택 도구): 클릭한 부분과 Tolerance(허용치)만큼 비슷한 색의 영역을 선택할 수 있습니다.

[3] 자르기 도구

❶ Crop Tool(자르기 도구): 캔버스의 크기, 위치, 회전값을 바꿀 수 있습니다.

❷ Perspective Crop Tool(원근 자르기 도구): 이미지의 원근에 맞춰 자를 수 있습니다.

❸ Slice Tool(분할 영역 도구): 이미지를 여러 개로 분할하고 각각의 이미지를 별도로 저장할 수 있습니다.

❹ Slice Select Tool(분할 영역 선택 도구): 분할된 각각의 영역을 선택할 수 있습니다.

[4] 프레임 도구

❶ Frame Tool(프레임 도구): 클릭&드래그하여 직사각형 혹은 원형으로 프레임을 씌울 수 있습니다.

[5] 색상 추출 및 기타 도구

❶ Eyedropper Tool(스포이드 도구): 클릭한 부분의 색상을 추출할 수 있습니다.

❷ 3D Material Eyedropper Tool(3D 재질 스포이드 도구): 3D 재질을 추출할 수 있습니다. Photoshop CC 2022 버전부터는 3D 기능이 종료되어 더 이상 사용할 수 없습니다.

❸ Color Sampler Tool(색상 샘플러 도구): 여러 개의 색상 점을 만들어 Info(정보) 패널에서 비교해 볼 수 있습니다.

❹ Ruler Tool(눈금자 도구): 클릭&드래그하여 위치, 폭, 높이, 길이, 각도를 잴 수 있습니다.

❺ Note Tool(메모 도구): 클릭하여 원하는 위치에 메모를 입력해 Notes(메모) 패널에서 확인할 수 있습니다.

❻ Count Tool(카운트 도구): 클릭하여 개수를 셀 수 있습니다.

[6] 이미지 복구 및 보정 도구

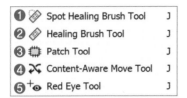

❶ Spot Healing Brush Tool(스팟 복구 브러시 도구): 보정할 부분을 클릭 혹은 드래그하여 작은 잡티를 없앨 수 있습니다.

❷ Healing Brush Tool(복구 브러시 도구): 복사할 부분을 Alt + 클릭하고, 보정할 다른 부분에 클릭 혹은 드래그하여 복사한 것을 자연스럽게 합성할 수 있습니다.

❸ Patch Tool(패치 도구): 보정할 부분을 클릭&드래그하여 선택하고, 해당 선택 영역을 다른 곳으로 클릭&드래그하여 부분 합성을 할 수 있습니다.

❹ Content-Aware Move Tool(내용 인식 이동 도구): 보정할 부분을 클릭&드래그하여 선택하고, 해당 선택 영역을 다른 곳으로 클릭&드래그한 후 크기, 위치, 회전값을 조절하며 부분 합성을 할 수 있습니다.

❺ Red Eye Tool(적목 현상 도구): 클릭하여 적목 현상을 없앨 수 있습니다.

[7] 브러시 도구

❶ Brush Tool(브러시 도구): 브러시를 칠할 수 있습니다.

❷ Pencil Tool(연필 도구): Brush Tool(브러시 도구)는 윤곽선이 자연스럽게 그려지지만, Pencil Tool(연필 도구)는 윤곽선이 계단 모양처럼 울퉁불퉁하게 그려집니다.

❸ Color Replacement Tool(색상 대체 도구): 이미지의 색을 전경색으로 자연스럽게 바꿉니다.

❹ Mixer Brush Tool(혼합 브러시 도구): 이미지를 번지게 만들어 예술적인 느낌을 낼 수 있습니다.

❺ History Brush Tool(작업 내역 브러시 도구): History(작업 내역) 패널에서 설정한 특정 상태로 돌아갈 수 있습니다.

❻ Art History Brush Tool(미술 작업 내역 브러시 도구): 회화 스타일 브러시를 사용해 History(작업 내역) 패널에서 설정한 특정 상태로 돌아갈 수 있습니다.

[8] 스탬프 도구

❶ Clone Stamp Tool(복제 도장 도구): 복사할 부분을 `Alt` + 클릭하고, 보정할 다른 부분에 클릭 혹은 드래 그하여 복사한 것을 선명하게 합성할 수 있습니다.

❷ Pattern Stamp Tool(패턴 도장 도구): 패턴을 칠할 수 있습니다.

[9] 지우개 도구

❶ Eraser Tool(지우개 도구): 클릭 혹은 드래그하여 지울 수 있습니다.

❷ Background Eraser Tool(배경 지우개 도구): 배경을 인식하여 지울 수 있습니다.

❸ Magic Eraser Tool(자동 지우개 도구): 클릭한 부분과 Tolerance(허용치)만큼 비슷한 색의 영역을 지울 수 있습니다.

[10] 그레이디언트 및 페이트 통 도구

❶ Gradient Tool(그레이디언트 도구): 그레이디언트를 만들 수 있습니다.

❷ Paint Bucket Tool(페인트 통 도구): 전경색 혹은 패턴을 채울 수 있습니다.

❸ 3D Material Drop Tool(3D 재질 페인트 통 도구): 3D 재질을 채울 수 있습니다. Photoshop CC 2022 버전부터는 3D 기능이 종료되어 더 이상 사용할 수 없습니다.

[11] 블러 및 밝기 조정 도구

❶ Blur Tool(흐림 효과 도구): 흐리게 만들 수 있습니다.

❷ Sharpen Tool(선명 효과 도구): 선명하게 만들 수 있습니다.

❸ Smudge Tool(손가락 도구): 번짐 효과를 만들 수 있습니다.

❹ Dodge Tool(닷지 도구): 밝게 만들 수 있습니다.

❺ Burn Tool(번 도구): 어둡게 만들 수 있습니다.

❻ Sponge Tool(스펀지 도구): 채도를 높이거나 낮출 수 있습니다.

[12] 펜 도구

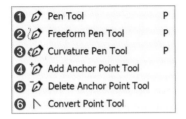

❶ Pen Tool(펜 도구): 직선 혹은 곡선형의 패스를 그릴 수 있습니다.

❷ Freeform Pen Tool(자유 형태 펜 도구): 클릭&드래그하는 모양대로 직관적인 패스를 그릴 수 있습니다.

❸ Curvature Pen Tool(곡률 펜 도구): 곡선형의 패스를 그릴 수 있습니다.

❹ Add Anchor Point Tool(기준점 추가 도구): 패스를 클릭해 기준점을 추가할 수 있습니다.

❺ Delete Anchor Point Tool(기준점 삭제 도구): 기준점을 클릭해 삭제할 수 있습니다.

❻ Convert Point Tool(기준점 변환 도구): 직선점과 곡선점을 서로 바꾸거나 핸들을 끊을 수 있습니다.

[13] 문자 도구

❶ Horizontal Type Tool(수평 문자 도구): 가로로 텍스트를 입력할 수 있습니다.

❷ Vertical Type Tool(수직 문자 도구): 세로로 텍스트를 입력할 수 있습니다.

❸ Vertical Type Mask Tool(수평 문자 마스크 도구): 텍스트 가로쓰기 모양대로 마스크를 만들 수 있습니다.

❹ Horizontal Type Mask Tool(수직 문자 마스크 도구): 텍스트 세로쓰기 모양대로 마스크를 만들 수 있습니다.

[14] 패스 선택 도구

❶ Path Selection Tool(패스 선택 도구): 패스 전체를 선택하고 수정할 수 있습니다.

❷ Direct Selection Tool(직접 선택 도구): 패스 일부, 기준점 혹은 핸들을 선택하고 수정할 수 있습니다.

[15] 모양 도구

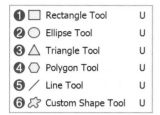

❶ Rectangle Tool(사각형 도구): 직사각형 혹은 둥근 직사각형 모양을 그릴 수 있습니다.

❷ Ellipse Tool(타원 도구): 타원형 모양을 그릴 수 있습니다.

❸ Triangle Tool(삼각형 도구): 삼각형 모양을 그릴 수 있습니다.

❹ Polygon Tool(다각형 도구): 다각형 혹은 별 모양을 그릴 수 있습니다.

❺ Line Tool(선 도구): 직선 혹은 화살표를 그릴 수 있습니다.

❻ Custom Shape Tool(사용자 정의 모양 도구): 사용자가 직접 그린 도형을 등록 및 사용할 수 있습니다.

[16] 화면 조정 도구

❶ Hand Tool(손 도구): 캔버스를 빠르게 스크롤 할 수 있습니다.

❷ Rotate View Tool(회전 보기 도구): 캔버스를 회전해서 볼 수 있습니다.

[17] 돋보기 도구

❶ Zoom Tool(돋보기 도구): 확대/축소할 수 있습니다.

[18] 전경색 · 배경색

❶ Foreground Color(전경색): 브러시, 문자, 모양 도구 등의 기본 색상으로 설정됩니다.

❷ Background Color(배경색): 지우개, 자르기 도구 등의 기본 배경 색상으로 설정됩니다.

⊠ 나만의 작업 영역 설정하기

포토샵의 작업 영역을 나에게 맞게 수정하는 방법을 알아보겠습니다.

• 모든 패널 및 작업 영역은 Window(창) 메뉴의 체
크 여부로 화면에 표시하거나 숨길 수 있습니다.

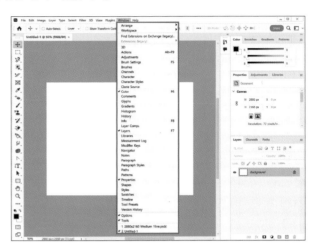

• 도구 상자의 확장 버튼(»)을 클릭하면 1열 또는 2열로 바꿀 수 있습니다.

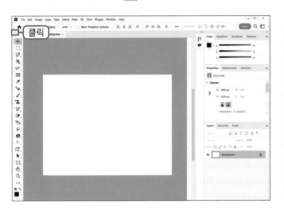 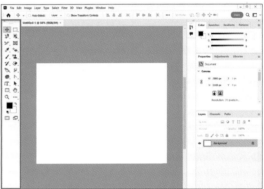

• 도구 상자의 윗 부분을 클릭&드래그하여 위치를 바꿀 수 있습니다. 다른 패널 옆에 붙을 경우 파란색으로 표시됩니다.

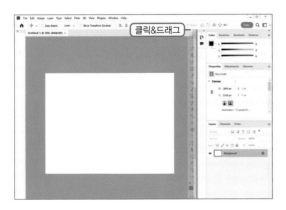 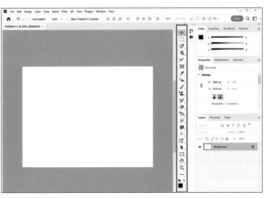

• 옵션바의 왼쪽 부분을 클릭&드래그하여 위치를 바꿀 수 있습니다.

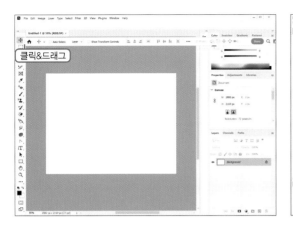
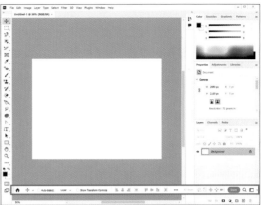

• 패널의 이름 부분을 클릭&드래그하여 패널 하나의 위치를 바꿀 수 있습니다. 다른 패널 옆에 붙을 경우 파란색으로 표시됩니다.

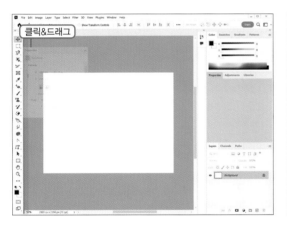
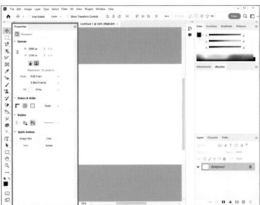

• 플로팅된 패널의 패널 아이콘화 버튼(≪)을 클릭하면 아이콘으로 볼 수 있습니다.

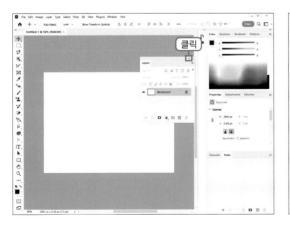
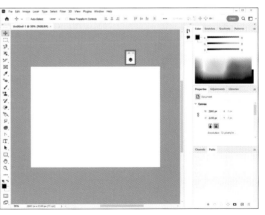

• 패널 사이를 클릭&드래그하여 영역을 조절할 수 있습니다.

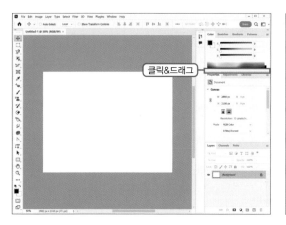 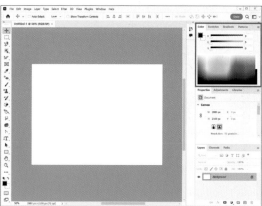

• 패널 이름을 더블 클릭하여 패널을 접거나 펼칠 수 있습니다.

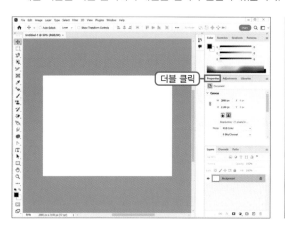 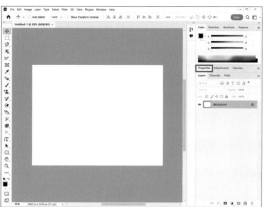

• 패널 옵션 버튼(▤) – Close(닫기)/Close Tap Group(탭 그룹 닫기)를 클릭하여 패널이나 그룹 패널을 닫을 수 있습니다.

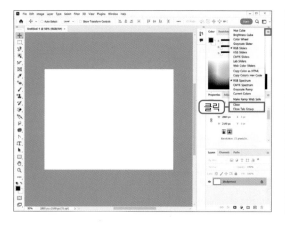 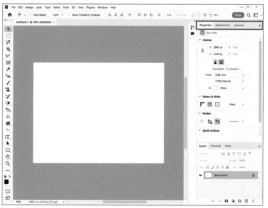

파일 새로 만들기와 열기

포토샵에서 모든 작업은 파일을 새로 만들거나 여는 것으로 시작합니다. 앞부분에서 언급한 그래픽 기초 지식을 토대로 작업 용도에 따른 포토샵 설정 방법과 포토샵에서 열 수 있는 포맷에 대해 알아보겠습니다.

⊠ 작업에 따라 포토샵 설정하고 변경하기

포토샵에서 작업하기 전 작업 파일의 용도에 따라 사전 설정을 다르게 해야 합니다. 특히 웹용과 인쇄용을 구분하여 설정해야 하는데 용도에 따른 사전 설정 방법에 대해 알아보겠습니다.

인스타그램용 이미지를 만들어야 하는 경우

01 ❶ File(파일) – ❷ New(새로 만들기)를 클릭하고 ❸~❻ 새 문서를 그림과 같이 설정한 후 ❼ [Create(만들기)]를 클릭합니다.

 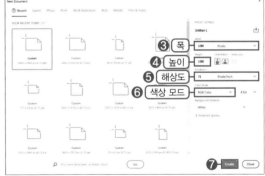

- Width(폭): 1080 Pixels
- Height(높이): 1080 Pixels
- Resolution(해상도): 72 Pixels/Inch
- Color Mode(색상 모드): RGB Color

02 ❶ Color(색상) 패널 옵션 버튼(■) – ❷ RGB Sliders(RGB 슬라이더)와 ❸ RGB Spectrum(RGB 스펙트럼)을 각각 클릭합니다.

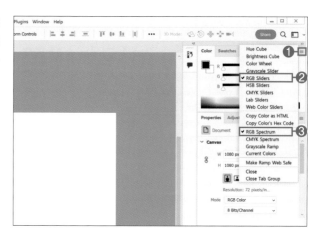

A4 크기의 인쇄물을 만들어야 하는 경우

01 ❶ File(파일) – ❷ New(새로 만들기)를 클릭하고 ❸~❻ 새 문서를 그림과 같이 설정한 후 ❼ [Create(만들기)]를 클릭합니다.

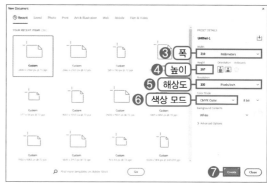

- Width(폭): 210 Millimeters
- Height(높이): 297 Millimeters

- Resolution(해상도): 300 Pixels/Inch
- Color Mode(색상 모드): CMYK Color

02 ❶ Color(색상) 패널 옵션 버튼(■) – ❷ CMYK Sliders(CMYK 슬라이더)와 ❸ CMYK Spectrum(CMYK 스펙트럼)을 각각 클릭합니다.

⊠ 포토샵에서 열 수 있는 포맷 알아보기

아래 정리된 표를 보며 포토샵에서 열어 수정할 수 있는 포맷에 대해 알아보겠습니다.

포토샵 포맷	PSD PSB	PSDC PDD
인쇄용 포맷	EPS	PDF
이미지 포맷	JPEG GIF TIFF DCM DNG HEIC	PNG RAW BMP TGA HDR Cineon
기타 포맷	IFF PCX PXR SCT WBMP FRM	MPO PICT PBM EXR FPX

> TIP 각 포맷별 특징은 아래 링크를, 많이 쓰는 중요한 포맷별 특징은 [Part 1 > Chapter 02 > 06 저장하기]를 참고하세요.
> (https://helpx.adobe.com/kr/photoshop/using/file-formats.html)

작업의 기본,
레이어 정복하기

포토샵에서 파일을 열면 모든 작업은 레이어를 기반으로 진행됩니다.
레이어가 무엇인지 레이어의 개념과 레이어 패널에 대해 자세히 살펴
보고, 레이어가 본래의 속성을 잃고 픽셀 레이어로 변환되는 래스터화
에 대해 알아보겠습니다.

⊠ 레이어란 무엇일까?

'Layer'의 사전적 의미는 '층'입니다. 포토샵에서는 밑에서부터 층층이 쌓여있는 작업의 기본 단위라고 생각
하면 됩니다. 때문에 작업할 때 Layers(레이어) 패널이 필수로 나와있어야 합니다.

01 ❶ File(파일) – ❷ New(새로 만들기)를 클릭하고 ❸~❻ 새 문서를 그림과 같이 설정한 후 ❼ [Create(만들기)]
를 클릭합니다.

 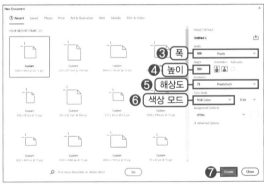

- Width(폭): 500 Pixels
- Height(높이): 500 Pixels
- Resolution(해상도): 72 Pixels/Inch
- Color Mode(색상 모드): RGB Color

02 Layers(레이어) 패널의 새 레이어 버튼(⊡)을 클
릭합니다.

TIP Layers(레이어) 패널이 없다면 Window(창) –
Layers(레이어)를 클릭합니다.

3 ❶ Brush Tool(브러시 도구, ✏️)를 클릭하고 ❷ 전경색을 클릭합니다. ❸ '#000000'을 입력하여 검은색으로 설정한 후 ❹ [OK(확인)]을 클릭합니다.

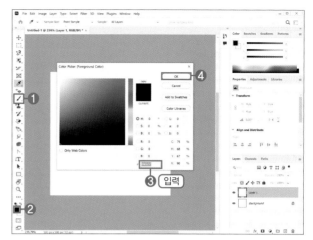

TIP '#'뒤에 여섯 자리의 16진수로 색상을 표현하는 것을 'HEX Code'라고 합니다. RGB 색상 모드에서 정확한 색상을 입력할 때 사용합니다.

4 ❶ 키보드의 ［와 ］를 눌러 브러시의 크기를 조절하고 ❷ 캔버스를 클릭&드래그해 칠합니다. ❸ 레이어의 Thumbnail(축소판)에서 브러시가 칠해진 것을 확인합니다.

5 Layers(레이어) 패널의 ❶ 새 레이어 버튼(🔲)을 클릭합니다. ❷ 전경색을 클릭하고 ❸ '#ff0000'을 입력하여 빨간색으로 설정한 후 ❹ [OK(확인)]을 클릭합니다.

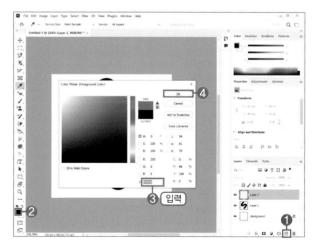

06 ❶ 캔버스를 클릭&드래그해 칠합니다. ❷ 역시 레이어의 Thumbnail(축소판)이 바뀐 것을 확인합니다.

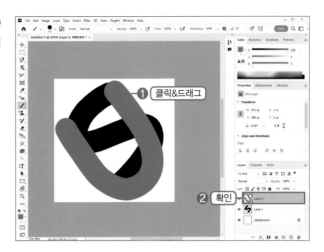

07 Layers(레이어) 패널의 ❶ 'Layer 1(레이어 1)' 레이어를 클릭&드래그해 'Layer 2(레이어 2)' 레이어의 위에 놓습니다. ❷ 캔버스에서도 쌓여있는 순서가 바뀐 것을 확인할 수 있습니다.

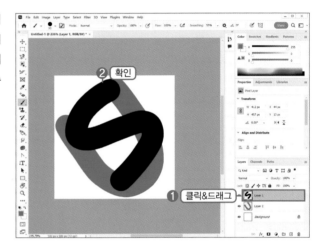

08 ❶ Eraser Tool(지우개 도구,) 를 클릭하고 ❷ 키보드의 와 를 눌러 지우개의 크기를 조절합니다. ❸ 캔버스를 클릭&드래그하면 선택된 레이어만 지워진 것을 확인할 수 있습니다.

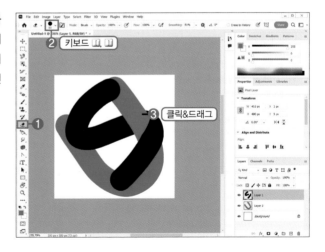

⊠ 레이어 패널의 각 명칭 알아보기

📁 준비파일 P01\Ch02\03\레이어 정복하기.psd, Clouds.mp4

레이어의 개념을 알아보았다면 레이어 패널의 각 명칭에 대해 살펴보겠습니다.

1 ❶ File(파일) – ❷ Open(열기)를 클릭하고 ❸ '레이어 정복하기.psd'를 열어줍니다.

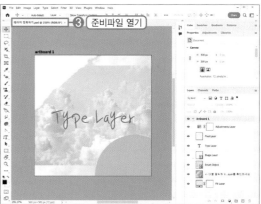

2 Layers(레이어) 패널의 각 명칭을 알아보겠습니다.

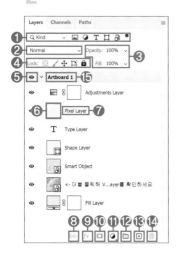

❶ 레이어 검색 및 필터링
❷ Blend Mode(혼합 모드)
❸ Opacity(불투명도)와 Fill(칠)
❹ Lock(잠금)
❺ Visibility(레이어 가시성)
❻ Thumbnail(레이어 축소판)
❼ Layer Name(레이어 이름)
❽ Link Layers(레이어 연결)
❾ Layer Style(레이어 스타일)
❿ Layer Mask(레이어 마스크)

⓫ Adjustment Layer(조정레이어)와
　Fill Layer(칠 레이어)
⓬ Layer Group(레이어 그룹)
⓭ New Layer(새 레이어)
⓮ Delete Layer(레이어 삭제)
⓯ Artboard(대지)

> TIP　Opacity(불투명도)는 레이어와 효과의 투명도를 모두 조절하고, Fill(칠)은 효과를 제외한 레이어 자체의 투명도만을 조절합니다. Artboard(대지)는 Layer Group(레이어 그룹)보다 큰 개념으로, 하나의 파일 안에 여러 캔버스를 만들 때 사용합니다.

⊠ 레이어 관리하는 방법 알아보기

📁 준비파일 P01\Ch02\03\레이어 정복하기.psd, Clouds.mp4

레이어 이름 바꾸기, 레이어 중복 선택하기, 레이어 그룹화하기 등 레이어를 관리하는 방법에 대해 알아보겠습니다.

레이어 이름 바꾸기

레이어 이름을 더블 클릭하면 수정할 수 있습니다.

레이어 중복 선택하기

Ctrl을 누른 채 레이어를 클릭하면 개별 레이어를 중복 선택할 수 있습니다.

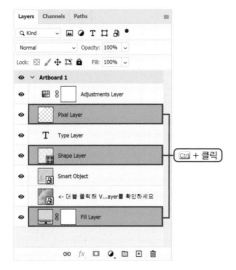

레이어 하나를 클릭한 후 Shift 를 누른 채 다른 레이어를 클릭하면 연속된 레이어를 모두 중복 선택할 수 있습니다.

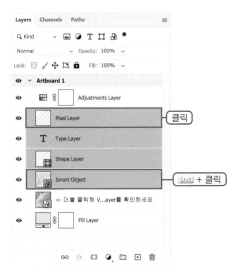

레이어 그룹화하기

Ctrl + G 를 누르면 선택된 레이어를 하나의 그룹으로 묶을 수 있습니다.

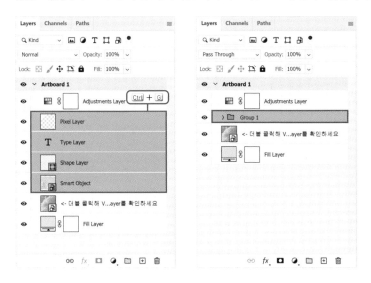

레이어 복제하기

[Ctrl] + [J]를 누르면 선택된 레이어를 제자리에 복제할 수 있습니다. 이때 선택 영역이 있으면 해당 영역만 복제됩니다.

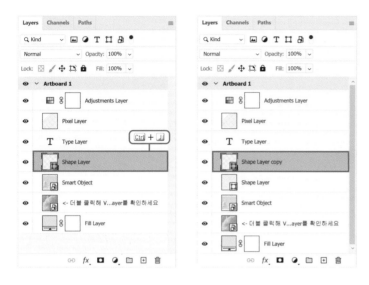

⊠ 레이어의 종류 알아보기

각 레이어의 눈을 클릭해 해당 레이어가 캔버스에서 어떤 역할을 하고 있는지 확인합니다. 레이어의 종류는 Thumbnail(축소판)의 아이콘으로 구별할 수 있습니다.

❶ Pixel Layer(픽셀 레이어)

포토샵의 기본 레이어입니다. Brush Tool(브러시 도구, ✎), Eraser Tool(지우개 도구, ✐), Dodge Tool(닷지 도구, ✎) 등 브러시 속성을 가진 도구들을 사용할 수 있고, 보정 및 변형이 자유로운 레이어입니다. 크기를 심하게 변동하거나 여러 번 수정하면 화질이 손상될 수 있습니다.

❷ Type Layer(문자 레이어)

Type Tool(문자 도구, T)로 만든 레이어입니다. 문자 도구의 옵션바에서 폰트 종류와 크기, 색상, 정렬 등을 설정할 수 있습니다.

❸ Shape Layer(모양 레이어)

Shape Tool(모양 도구, ▢) 혹은 Pen Tool(펜 도구, ✐)로 그린 레이어입니다. 모양 도구 혹은 펜 도구의 옵션바에서 칠과 획 색상, 두께 등을 설정할 수 있습니다.

❹ Smart Object(고급 개체)

원본의 화질, 크기, 효과 등 모든 속성을 그대로 유지하고 있는 레이어입니다. Smart Object(고급 개체) 레이어의 Thumbnail(축소판)을 더블 클릭하면 원본 파일이 열립니다. 원본 파일을 수정한 후 Ctrl + S 를 눌러 저장하면 기존에 작업 중이던 Smart Object(고급 개체) 레이어의 Thumbnail(축소판)에서 수정 사항이 반영된 것을 확인할 수 있습니다.

❺ Video Layer(비디오 레이어)

포토샵에서 영상 파일을 열면 Video Layer(비디오 레이어)가 생성됩니다. Timeline(타임라인) 패널과 함께 움짤을 만들 때 사용할 수 있습니다.

❻ Fill Layer(칠 레이어)

단색, 그레이디언트, 패턴을 넣을 수 있는 Fill Layer(칠 레이어)입니다. Thumbnail(축소판)을 더블 클릭하면 칠을 수정할 수 있습니다.

❼ Adjustments Layer(조정 레이어)

한 개 이상의 레이어의 색을 조정할 때 사용할 수 있습니다. Properties(속성) 패널에서 값을 설정할 수 있습니다.

TIP Adjustments Layer(조정 레이어)는 조정 메뉴에 따라 Thumbnail(축소판)의 모양이 다릅니다.

⊠ 래스터화 알아보기

Rasterize(래스터화)란, 어떤 레이어가 본래의 속성을 잃고 픽셀 레이어로 변환되는 것을 말합니다.

01 ❶ File(파일) − ❷ New(새로 만들기)를 클릭하고 ❸~❻ 새 문서를 그림과 같이 설정한 후 ❼ [Create(만들기)]를 클릭합니다.

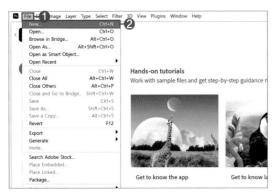 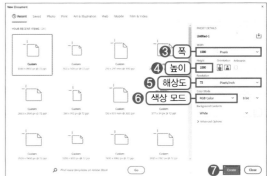

- Width(폭): 1000 Pixels
- Height(높이): 1000 Pixels
- Resolution(해상도): 72 Pixels/Inch
- Color Mode(색상 모드): RGB Color

02 ❶ Horizontal Type Tool(수평 문자 도구, T)를 클릭하고 ❷~❺ 옵션바를 그림과 같이 설정합니다.

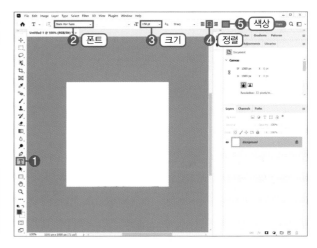

- 폰트: Black Han Sans
- 크기: 150 pt
- 정렬: 가운데 정렬
- 색상: #4e89cc

03 ❶ 캔버스를 클릭한 후 ❷ 'BLUE SKY'를 입력하고 ❸ Ctrl + Enter 를 누릅니다. ❹ 문자 레이어의 이름이
'BLUE SKY'로 바뀐 것을 확인합니다.

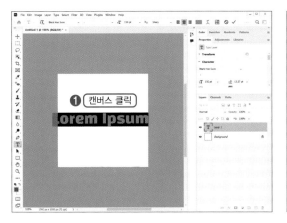 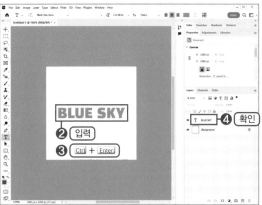

04 Ctrl + J 를 눌러 레이어를 복제합니다.

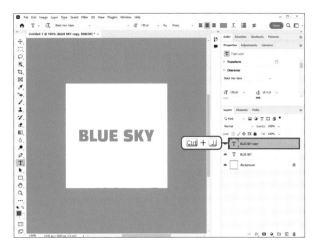

05 ❶ Move Tool(이동 도구, ⊕)를 클릭하고
❷ 캔버스를 클릭&드래그해 텍스트가 서로
겹치지 않게 이동합니다.

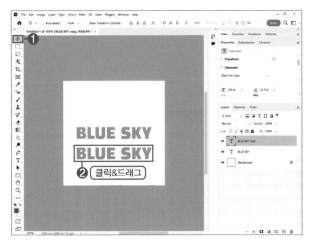

06 ❶ 'BLUE SKY copy(복사)' 레이어를 마우스 오른쪽 버튼으로 클릭하고 ❷ Rasterize Type(문자 래스터화)를 클릭합니다.

07 ❶ 'BLUE SKY' 레이어를 클릭한 후 ❷ Ctrl 을 누른 채 'BLUE SKY copy(복사)' 레이어를 클릭하여 중복 선택합니다.

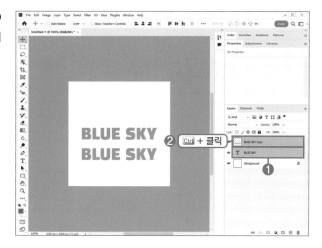

08 ❶ Ctrl + T 를 누르고 ❷ 변형 상자의 모서리를 클릭&드래그해 크기를 작게 줄인 후 ❸ Enter 를 누릅니다.

다시 ❶ Ctrl + T 를 누르고 ❷ 변형 상자의 모서리를 클릭&드래그해 크기를 크게 키운 후 ❸ Enter 를 누릅니다. 문자 레이어인 'BLUE SKY' 레이어는 화질 손상이 없는 반면, 픽셀 레이어로 변환된 'BLUE SKY copy(복사)' 레이어는 화질이 많이 손상된 것을 확인할 수 있습니다.

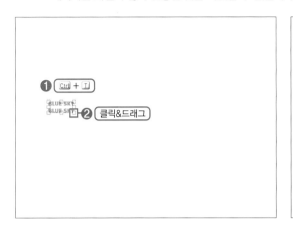 

TIP 작은 이미지의 크기를 키우면 적은 양의 색 정보를 가지고 포토샵이 억지로 많은 색을 만들어야 하기 때문에 화질이 손상될 수밖에 없습니다. 이미지 수정의 자유도를 높이기 위해서는 용량이 허용되는 한에서 규격이 큰 이미지를 사용하는 것이 좋습니다.

04

포토샵의
변형 기본 동작 알아보기

포토샵에서 변형이란. 이동, 크기 조절, 회전, 뒤집기 등을 말합니다. 이 번 장에서는 이동 도구의 사용 방법과 다양한 변형 방법에 대해 알아 보겠습니다. 디자인 작업의 기본이 되는 다양한 변형 방법을 꼭 숙지 하도록 합니다.

⊠ Move Tool로 선택하고 이동하기

📁 준비파일 P01\Ch02\04\Move Tool.psd

먼저 포토샵 작업에서 가장 기본적으로 사용하는 Move Tool(이동 도구)과 옵션바의 Auto-Select(자동 선택) 기능에 대해 알아보겠습니다.

옵션바의 Auto-Select(자동 선택) 기능 알아보기

01 ❶ File(파일) – ❷ Open(열기)를 클릭해 ❸ 'Move Tool.psd'를 열어줍니다.

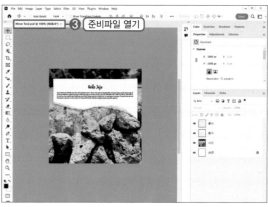

02 ❶ Move Tool(이동 도구, ⊹)를 클릭하고 ❷ 옵션바의 'Auto-Select(자동 선택)'을 체크 해제합니다.

> **TIP** 사용하는 모니터의 해상도가 낮으면 'Auto-Select(자동 선택)'이 ⬛ 버튼으로 대체되기도 합니다.

03 Layers(레이어) 패널에서 ❶ '종이' 레이어를 클릭하고 ❷ 캔버스를 클릭&드래그합니다. 캔버스의 어느 부분을 클릭&드래그하든 상관없이 Layers(레이어) 패널에서 선택된 레이어만 이동할 수 있습니다.

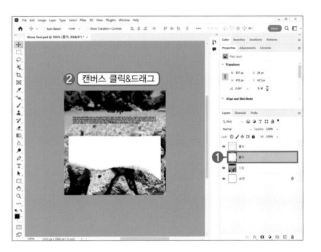

04 ❶ 옵션바의 'Auto-Select(자동 선택)'을 체크하고 캔버스에서 ❷ 이미지와 ❸ 텍스트를 각각 클릭&드래그합니다. Layers(레이어) 패널과 상관없이 캔버스에서 클릭한 레이어 중 가장 위에 있는 레이어만 이동할 수 있습니다.

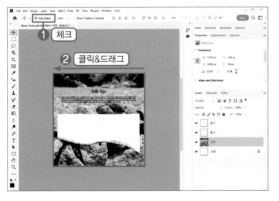

> **TIP** 보통은 Auto-Select(자동 선택)을 체크 해제해 사용하지만, 레이어가 수십 개 이상으로 많아졌을 경우에는 Auto-Select(자동 선택)을 체크해 직관적으로 사용하기도 합니다.

`Ctrl` + 클릭&드래그 기능 알아보기

Move Tool(이동 도구, ⊹)가 선택되어 있을 때 `Ctrl` + 클릭&드래그하면 Auto-Select(자동 선택)의 체크 여부가 변환됩니다.

▲ Auto-Select(자동 선택) 비활성화 상태

▲ `Ctrl` + 클릭&드래그하면 Auto-Select(자동 선택) 활성화

Move Tool(이동 도구, ⊹)가 아닌 다른 도구가 선택되어 있을 때 `Ctrl` + 클릭&드래그하면 마우스가 Move Tool(이동 도구)로 잠시 변환됩니다.

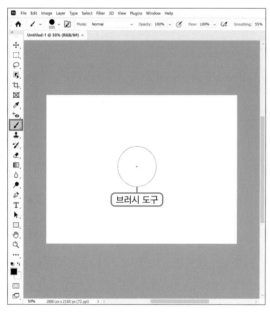

▲ 마우스가 Brush Tool(브러시 도구) 기능 상태

▲ `Ctrl` + 클릭&드래그하면 Move Tool(이동 도구) 기능으로 변환

> TIP   Path(패스)와 관련된 도구인 Pen Tool(펜 도구) 그룹이나 Shape Tool(모양 도구) 그룹이 선택된 상태에서 `Ctrl` + 클릭&드래 그하면 Path/Direct Selection Tool(패스/직접 선택 도구)로 변환됩니다.

⊠ 이미지 파일 전체를 변형하기

📁 준비파일 P01\Ch02\04\이미지 파일 전체를 변형하기.psd

캔버스를 자르거나 덧붙이고 싶을 때 혹은 이미지 자체의 크기나 해상도를 조절하고 싶을 때 이미지 파일 전체를 변형하는 방법에 대해 알아보겠습니다.

캔버스를 자르거나 덧붙이기

01 ❶ File(파일) – ❷ Open(열기)를 클릭해 ❸ '이미지 파일 전체를 변형하기.psd'를 열어줍니다.

02 직관적으로 변형하기 위해 Crop Tool(자르기 도구, 터.)를 클릭합니다.

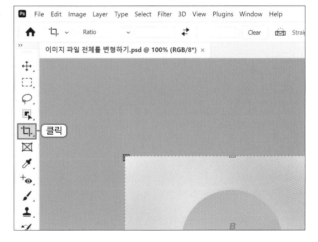

TIP 옵션바의 'Delete Cropped Pixels(자른 픽셀 삭제)'를 체크하면 캔버스 바깥의 픽셀 이미지를 삭제하고, 체크 해제하면 삭제하지 않습니다.

03 ❶ 캔버스의 모서리를 클릭&드래그하여 크기를 작게 조절하고 ❷ Enter 를 눌러 마무리합니다.

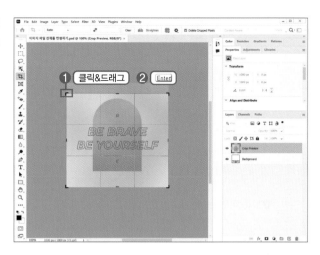

TIP Ctrl + T 로 자유 변형할 때와 같이 캔버스의 위치와 회전값을 조절할 수 있습니다. 또한 Shift + 클릭&드래그하면 비율을 고정하고, Alt + 클릭&드래그하면 중심을 고정할 수 있습니다. 캔버스의 크기를 늘릴 때 늘어나는 부분은 도구 상자의 배경색으로 늘어납니다.

04 ❶ 화면의 왼쪽 아래 화살표 버튼(›) - ❷ Document Dimensions(문서 치수)를 클릭하면 현재 파일의 규격과 해상도를 확인할 수 있습니다.

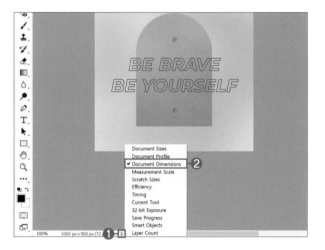

05 정확한 수치로 변형하기 위해 ❶ Image(이미지) − ❷ Canvas Size(캔버스 사이즈)를 클릭합니다. ❸~❺ 그림과 같이 설정하고 ❻ [OK(확인)]을 클릭합니다. Crop Tool(자르기 도구)와 Canvas Size(캔버스 사이즈)는 사용하는 방법에만 차이가 있을 뿐, 결과적으로 같은 이미지를 만듭니다. 자르거나 덧붙이기를 직관적으로 하고 싶다면 Crop Tool(자르기 도구)를, 정확한 규격으로 하고 싶다면 Canvas Size(캔버스 사이즈)를 사용합니다.

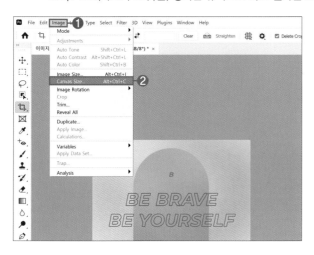 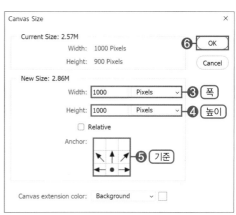

- Width(폭): 1000 Pixels
- Height(높이): 1000 Pixels

- Anchor(기준): 아래쪽 화살표 클릭

TIP Anchor(기준)의 반대 방향으로 캔버스가 늘어나거나 잘리며, 늘어나는 부분은 도구 상자의 배경색으로 채워집니다.

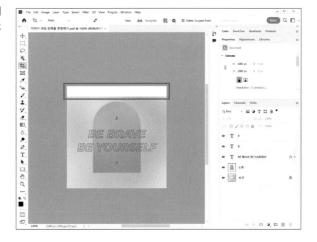

이미지 자체의 크기와 해상도 조절하기

01 ❶ Image(이미지) − ❷ Image Size(이미지 사이즈)를 클릭합니다. ❸~❺ 그림과 같이 입력하고 ❻ [OK(확인)]을 클릭합니다.

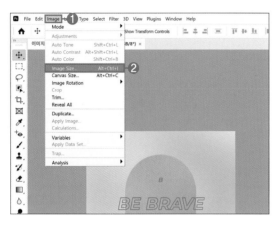

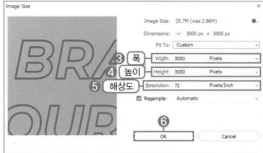

- Width(폭): 3000 Pixels
- Height(높이): 3000 Pixels
- Resolutions(해상도): 72 Pixels/Inch

> TIP Image Size(이미지 사이즈)를 이용해 파일의 규격을 키우면 색상의 정보를 임의로 늘리는 것이기 때문에 화질이 손상될 수 있습니다. 물론 포토샵에서 최대한 화질이 깨지지 않게 계산해주긴 하지만 한계가 있으므로 원본 이미지는 용량이 허용하는 한에서 큰 이미지로 구하는 것이 좋습니다.

02 이미지 자체의 크기와 해상도를 조절하였습니다.

05 작업 화면 확대/축소/스크롤 손쉽게 하기

작업하는 중간에 캔버스를 확대, 축소하거나 상하좌우로 스크롤해야 할 때가 많습니다. 확대, 축소, 스크롤을 다양한 방법으로 실습해봅시다. 이번 장에서는 '확대 축소 스크롤 손쉽게 하기.psd' 파일을 열어놓고 시작하겠습니다.

📁 준비파일 P01\Ch02\05\확대 축소 스크롤 손쉽게 하기.psd

☒ 작업 화면 확대/축소하는 방법

포토샵 작업을 하다보면 세밀하게 보거나 전체적으로 보면서 작업해야 하는 경우가 많습니다. 때문에 확대/축소하는 아래 두 가지 방법은 반드시 알아두는 것이 좋습니다. 확대/축소된 정도는 화면의 왼쪽 아래의 %로 확인할 수 있습니다.

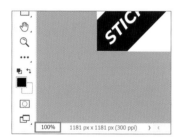

준비 단계

1 ❶ File(파일) - ❷ Open(열기)를 클릭해 ❸ '확대 축소 스크롤 손쉽게 하기.psd'를 열어줍니다.

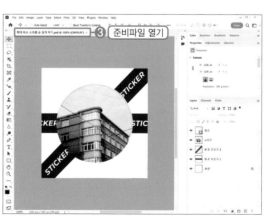

[방법1] Alt + 마우스 휠 이용하기

먼저 가장 기본으로 사용하는 확대/축소 방법입니다. Alt 를 누른 채로 마우스 휠을 올리거나 내리면 마우스가 있는 지점을 기준으로 확대하거나 축소할 수 있습니다.

 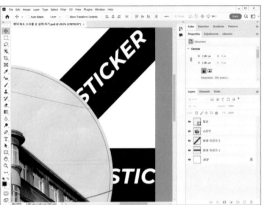

TIP   Mac(맥)에서는 트랙패드를 두 손가락으로 핀치하여 손쉽게 확대/축소할 수 있습니다.

[방법2] 단축키 Ctrl + + / - 사용하기

마우스가 없을 때 사용하는 방법입니다. 화면의 한 가운데를 기준으로 확대하거나 축소할 수 있습니다.

▲ Ctrl + + 두 번 눌렀을 때　　　　　　　　▲ Ctrl + - 세 번 눌렀을 때

⊠ 작업 화면 스크롤 빨리하는 방법

캔버스를 Space Bar + 클릭&드래그하면 상하좌우로 스크롤해서 볼 수 있습니다. 캔버스의 오른쪽과 아래에 있는 스크롤 바를 사용하는 것보다 훨씬 빠른 방법으로 캔버스가 너무 크거나 확대를 많이 한 경우에 사용합니다.

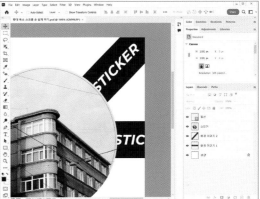

TIP   Space Bar + 클릭&드래그 마우스 모양에서 볼 수 있듯이 Hand Tool(손 도구, ☜)를 사용하는 것과 같지만, 작업 시 많이 사용하기 때문에 단축키를 외워두는 것이 좋습니다. Mac(맥)에서는 트랙패드를 두 손가락으로 밀어 빠르게 스크롤할 수 있습니다.

Window(창) – Navigator(내비게이터)를 클릭하여 Navigator(내비게이터) 패널을 꺼내면 현재 캔버스의 어느 부분을 보고 있는지 알 수 있습니다.

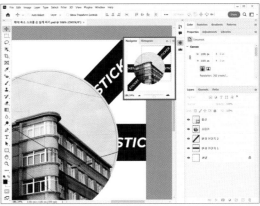

저장하기

작업의 마무리는 저장입니다. 저장하는 방법을 실습해보고, 포토샵에서 저장할 수 있는 형식들을 알아봅시다. 이번 장에서는 '저장하기.psd' 파일을 열어놓고 시작하겠습니다.

📁 준비파일 P01\Ch02\06\저장하기.psd

⊠ 파일 저장 방법과 파일 포맷별 특징 알아보기

포토샵에서 파일을 저장하는 방법과 파일 포맷별 특징에 대해 알아보겠습니다.

다양한 문서 파일 및 포토샵 클라우드 파일로 저장하기

01 ❶ File(파일) – ❷ Open(열기)를 클릭해 ❸ '저장하기.psd'를 열어줍니다.

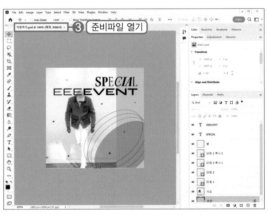

02 ❶ File(파일) – ❷ Save As(다른 이름으로 저장)을 클릭합니다. ❸ [Save on your computer(내 컴퓨터에 저장)]을 클릭합니다.

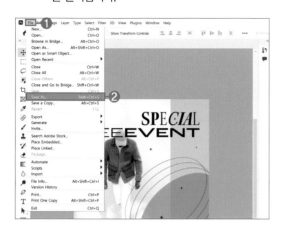

03 ❶ 경로를 설정하고 ❷ 파일 이름을 입력합니다. ❸ 저장할 파일의 형식을 선택한 후 ❹ [저장]을 클릭합니다.

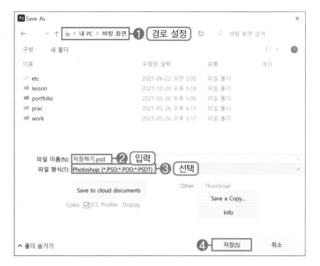

🔔 알아두기

- PSD: 포토샵의 기본 파일 형식으로 모든 레이어와 효과 등이 같이 저장되어 자유롭게 수정할 수 있는 원본 용도의 파일입니다.
- PDF: 호환성이 높은 문서 형식으로 포토샵에서는 인쇄 업체 등에 발주할 때 사용하는 형식입니다.
- TIF: 고품질의 무손실 압축 이미지 형식으로 화질이 좋고 용량이 큽니다.

04 ❶ File(파일) – ❷ Save As(다른 이름으로 저장)을 클릭합니다. ❸ [Save to Creative Cloud(Creative Cloud에 저장)]을 클릭합니다. 이렇게 하면 Creative Cloud에 PSDC 형식으로만 저장할 수 있습니다.

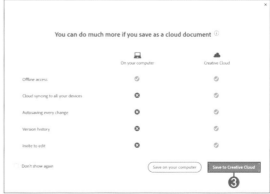

- PSDC

포토샵 클라우드 파일로 Adobe Creative Cloud 시스템에 저장되며, 다른 사람과 손쉽게 공유할 수 있습니다. PSD 파일과 같이 모든 레이어와 효과 등이 함께 저장되므로 자유롭게 수정할 수 있는 원본 용도의 파일입니다. 포토샵 오류로 인해 프로그램이 비정상적으로 종료되더라도 PSDC 파일은 자동으로 저장된다는 장점이 있습니다. 포토샵에서는 파일명 탭 옆에 구름 아이콘으로 확인할 수 있습니다.

이미지 파일로 저장하기

01 ❶ File(파일) − ❷ Save a Copy(사본 저장)을 클릭합니다. ❸ [Save on your computer(내 컴퓨터에 저장)]을 클릭합니다.

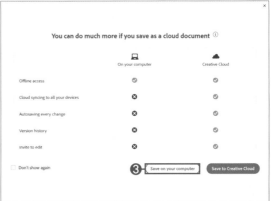

02 ❶ 경로를 설정하고 ❷ 파일 이름을 입력합니다. ❸ 저장할 파일의 형식을 설정한 후 ❹ [저장]을 클릭합니다.

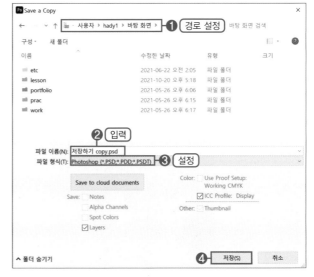

- JPEG

압축률이 뛰어나 가장 무난하게 쓰는 이미지 파일 형식입니다. 1,680만 가지의 색상을 표현할 수 있어 웹용, 인쇄용으로 모두 사용하며 손실 압축을 하므로 여러 번 수정하면 화질이 손상될 수 있습니다. 따라서 수정용이 아닌 배포용 파일로 사용하는 것이 가장 좋습니다.

- PNG

JPEG와 함께 많이 사용하는 이미지 형식으로, 1,680만 가지의 색상과 256단계의 투명도를 표현할 수 있습니다. 웹용 파일이므로 색상 모드가 RGB일 때만 저장할 수 있으며, 무손실 압축 형식이기 때문에 JPEG보다 더 높은 품질로 저장할 수 있습니다. 품질이 좋은 만큼 압축률이 JPEG보다는 좋지 못하고, 이미지에 있는 색상 개수에 따라 JPEG에 비해 용량이 몇 배로 커질 수 있습니다.

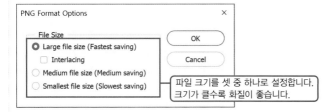

- GIF

주로 움직이는 이미지를 만들 때 사용하며, 가벼운 웹용 이미지를 만들 때에도 사용할 수 있습니다. 표현할 수 있는 색상이 256가지로 매우 적기 때문에, 색상이 화려하지 않은 아이콘 등을 저장할 때 적합합니다. 2단계의 투명도(완전 불투명하거나, 완전 투명하거나)만 을 표현할 수 있습니다.

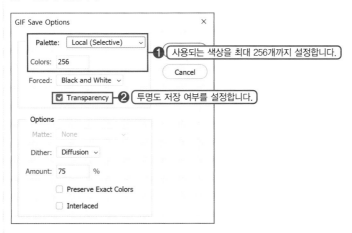

03

모든 작업의 기본 단위는 레이어이지만, 하나의 레이어 안에서 일부분만 작업하고 싶을 때는 영역을 선택해야 합니다. 다양한 선택 도구를 사용하여 원하는 영역을 선택하고, 저장하는 방법에 대해 알아보겠습니다.

영역을 선택하는 다양한 방법

Marquee Tool로
원하는 영역 선택하기

먼저 직사각형과 원형 등 간단한 도형으로 선택하는 선택 윤곽 도구인 Rectangular Marquee Tool(사각형 선택 윤곽 도구)와 Elliptical Marquee Tool(원형 선택 윤곽 도구)에 대해 알아보겠습니다. 이번 장에서는 'Marquee Tool.jpg' 파일을 열어놓고 시작하겠습니다.

📁 준비파일 P01\Ch03\01\Marquee Tool.jpg

⊠ 간단한 도형으로 선택하는 선택 윤곽 도구

Rectangular Marquee Tool(사각형 선택 윤곽 도구)는 직사각 형태로 영역을 선택할 수 있고, Elliptical Marquee Tool(원형 선택 윤곽 도구)는 타원 형태로 영역을 선택할 수 있습니다.

01 File(파일) – Open(열기) 명령으로 'Marquee Tool.jpg'를 열어줍니다.

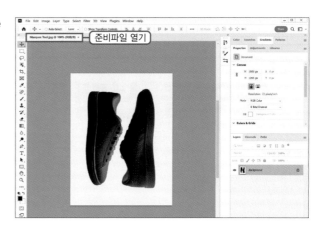

02 사각형 모양으로 선택하기 위해 ❶ Rectangular Marquee Tool(사각형 선택 윤곽 도구, ▱)를 클릭합니다. ❷ 선택하고 싶은 부분을 클릭&드래그하여 직사각형으로 선택합니다.

TIP 선택 영역이 안 보인다면 Ctrl + H를 누릅니다. View(보기) – Hide Edge(가장자리 숨기기) 기능으로 선택 영역 표시가 작업에 방해될 때 숨기거나 다시 표시할 수 있습니다.

03 클릭&드래그하면서 Shift 를 눌러 정사각형으로 선택할 수 있습니다.

04 클릭&드래그하면서 Alt 를 눌러 클릭한 지점을 중심으로 선택할 수 있습니다.

TIP Shift 를 누른 채로 클릭&드래그하는 것이 아닌, 클릭&드래그하면서 Shift 를 누른다는 순서에 유의합니다.

TIP Alt 를 누른 채로 클릭&드래그하는 것이 아닌, 클릭&드래그하면서 Alt 를 누른다는 순서에 유의합니다.

05 옵션바의 ❶ Add to Selection(선택 영역에 추가, ▣)를 클릭하고 ❷ 마우스가 아래 그림과 같이 변한 것을 확인합니다. ❸ 클릭&드래그하여 기존 선택 영역에서 새로운 영역을 추가합니다.

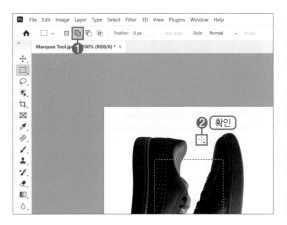

06 옵션바의 ❶ Subtract from Selection(선택 영역에서 빼기, 🔳)를 클릭하고 ❷ 마우스가 아래 그림과 같이 변한 것을 확인합니다. ❸ 클릭&드래그하여 기존 선택 영역에서 새로운 영역을 제외합니다.

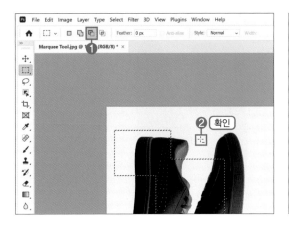
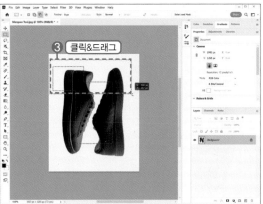

07 옵션바의 ❶ Intersect with Selection(선택 영역과 교차, 🔳)를 클릭하고 ❷ 마우스가 아래 그림과 같이 변한 것을 확인합니다. ❸ 클릭&드래그하여 기존 선택 영역과 새로운 영역의 교집합 부분만을 선택합니다.

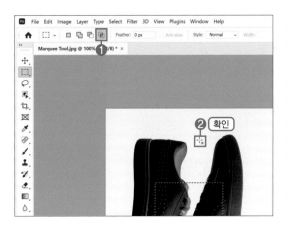
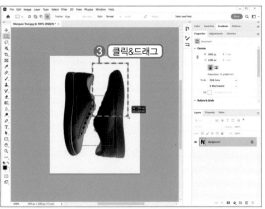

08 선택은 하나의 레이어 안에서 일부만 작업하기 위해 사용합니다. 다시 새 선택 영역을 지정하기 위해 옵션바의 ❶ New Selection(새 선택 영역, 🔳)을 클릭하고 ❷ 캔버스를 클릭&드래그하여 선택 영역을 만듭니다.

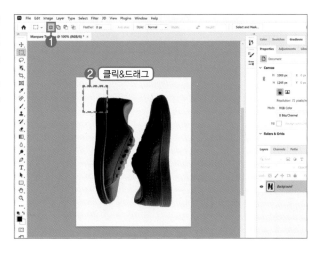

9 ❶ 전경색을 클릭하고 ❷ 색상을 '#2f34e6' 으로 설정한 후 ❸ [OK(확인)]을 클릭합니다.

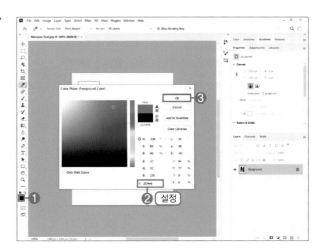

10 ❶ Brush Tool(브러시 도구, ✎)를 클릭하고 ❷ 키보드의 [[ ]와 [ ]]를 눌러 브러시의 크기를 조절합니다. ❸ 캔버스를 클릭해 선택 범위만 칠해지는 것을 확인합니다.

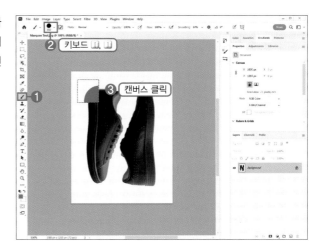

11 ❶ Ctrl + D를 눌러 선택 영역을 해제하고 ❷ 8~11 작업을 한 번 더 반복해줍니다.

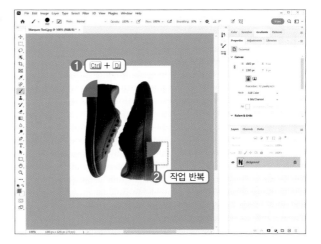

12 원형 모양으로 선택하기 위해 ❶ Rectangular Marquee Tool(사각형 선택 윤곽 도구, 🔲)를 마우스 오른쪽으로 클릭하고 ❷ Elliptical Marquee Tool(원형 선택 윤곽 도구, ⭕)를 클릭합니다.

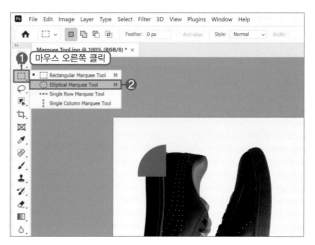

13 ❶ 배경색을 클릭하고 ❷ 색상을 '#ea4639' 로 설정한 후 ❸ [OK(확인)]을 클릭합니다.

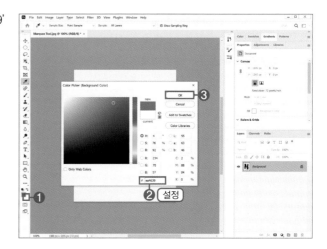

14 클릭&드래그하면서 [Shift]를 눌러 정원형으로 선택합니다.

> TIP   Rectangular Marquee Tool(사각형 선택 윤곽 도구, 🔲)와 마찬가지로 클릭&드래그하면서 [Alt]를 눌러 클릭한 지점을 중심으로 선택할 수 있습니다.

15 ❶ Ctrl + 드래그하여 선택 영역을 이동하고 ❷ Ctrl + D를 눌러 선택 영역을 해제합니다.

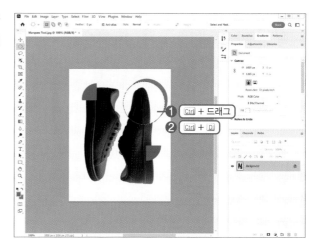

16 14~15 작업을 한 번 더 반복해줍니다.

Lasso Tool로 원하는 영역 선택하기

Lasso Tool(올가미 도구)는 직관적인 방법으로 사용하는 선택 도구입니다. 마우스로 클릭하거나 드래그하는 모양대로 선택할 수 있습니다. 이번 장에서는 'Lasso Tool. png' 파일을 공통으로 열어놓고 실습하겠습니다.

📁 준비파일 P01\Ch03\02\Lasso Tool.png

⊠ 자유로운 모양으로 선택하는 올가미 도구

Lasso Tool(올가미 도구)는 클릭&드래그하는 모양대로 영역을 선택할 수 있습니다. 자유롭게 영역을 선택하고 싶을 때 사용하는 도구입니다.

01　File(파일) – Open(열기) 명령으로 'Lasso Tool.png'를 열어줍니다.

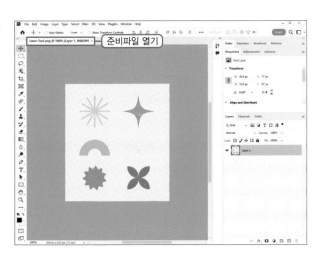

02　❶ Lasso Tool(올가미 도구, ⟋)를 클릭한 후 ❷ 캔버스를 클릭&드래그하여 마우스가 지나간 모양 그대로 선택합니다.

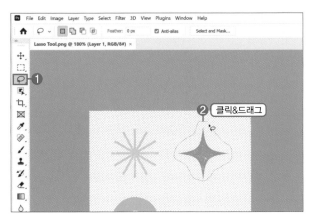

TIP　여러 선택 도구들의 옵션바에 있는 네 가지 아이콘은 선택 영역을 수정하는 용도로, Marquee Tool에서 설명한 것과 사용 방법이 같습니다.

3 ❶ `Ctrl` + 클릭&드래그하여 이동하면 선택된 부분만 이동하는 것을 확인할 수 있습니다. ❷ `Ctrl` + `D`를 눌러 선택을 해제합니다.

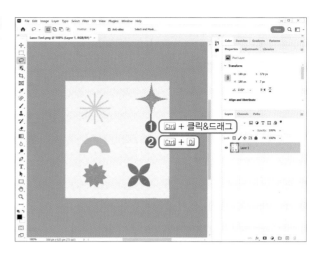

⊠ 복잡한 도형으로 선택하는 다각형 올가미 도구

Polygonal Lasso Tool(다각형 올가미 도구)는 세 번 이상 클릭하여 다각 형태로 영역을 선택할 수 있습니다. 지금부터 Polygonal Lasso Tool(다각형 올가미 도구)를 사용하는 방법에 대해 알아보겠습니다.

1 ❶ Lasso Tool(올가미 도구, ☺)를 마우스 오른쪽 버튼으로 클릭하고 ❷ Polygonal Lasso Tool(다각형 올가미 도구, ☑)를 클릭합니다. ❸ 캔버스를 클릭, 클릭해 꼭지점을 세 개 이상 만듭니다.

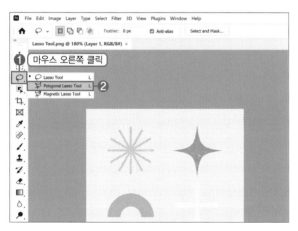 

TIP 중간에 잘못 클릭한 지점이 있을 때 `Delete`를 누르면 직전 단계만 지워지고, `Esc`를 누르면 전체가 지워집니다.

02 첫 번째 클릭한 점에 마우스를 오버한 후 그림과 같이 동그라미 표시가 나올 때 클릭하여 선택을 완료합니다.

TIP [Enter]를 누르면 현재 마우스가 있는 지점과 첫 번째 클릭한 점이 자동으로 연결됩니다.

03 ❶ [Ctrl] + 클릭&드래그하여 이동하면 선택된 부분만 이동하는 것을 확인할 수 있습니다. ❷ [Ctrl] + [D]를 눌러 선택을 해제합니다.

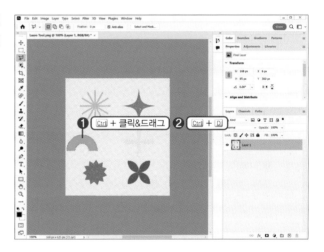

선택 영역 저장하기

한 번 선택한 영역을 나중에 다시 선택해야 하는 경우 선택 영역을 저장하는 방법이 있습니다. 이번 장에서는 Channel(채널), Work Path(작업 패스)를 이용해 선택 영역을 저장하는 방법에 대해 알아보겠습니다.

📁 준비파일 P01\Ch03\03\선택 영역 저장하기.jpg

⊠ 초승달 모양의 선택 영역 만들기

선택 영역을 저장하는 두 가지 방법에 대해 배우기 전에 먼저 초승달 모양으로 선택 영역을 만드는 방법에 대해 알아보겠습니다.

01 File(파일) − Open(열기) 명령으로 '선택 영역 저장하기.jpg'를 열어줍니다.

02 ❶ Elliptical Marquee Tool(원형 선택 윤곽 도구, ◯)를 클릭하고 ❷ 캔버스를 클릭&드래그하면서 Shift 를 눌러 정원형으로 선택합니다.

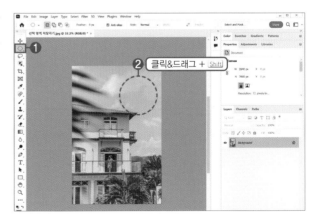

03 ❶ 옵션바의 Subtract from Selection(선택 영역에서 빼기, 🖻)를 클릭하고 ❷ 캔버스를 클릭&드래그하면서 Shift 를 눌러 정원형으로 선택 영역을 제외합니다. ❸ 초승달 모양으로 선택된 것을 확인합니다.

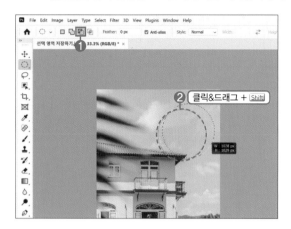 

TIP 앞부분 [01 Marquee Tool로 원하는 영역 선택하기]와 [02 Lasso Tool로 원하는 영역 선택하기]에서 배웠던 다른 도구로 자유롭게 영역을 선택해도 좋습니다.

⊠ Channel로 선택 영역 저장하기

초승달 모양의 선택 영역을 저장하는 첫 번째 방법인 Channel(채널)로 저장하는 방법에 대해 알아보겠습니다.

01 초승달 모양으로 선택이 완료된 상태에서 ❶ Select(선택) – ❷ Save Selection(선택 영역 저장)을 클릭합니다.

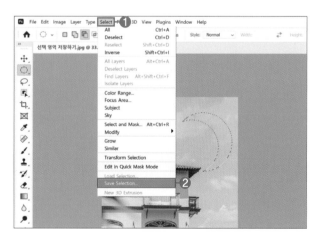

02 ❶ Name(이름)을 '나의 선택 영역 저장'으로 입력하고 ❷ [OK(확인)]을 클릭합니다.

03 ❶ Channels(채널) 패널을 클릭하고 ❷ 선택 영역이 '나의 선택 영역 저장' 채널로 저장된 것을 확인합니다. 흰색으로 표시되는 영역이 선택 영역입니다.

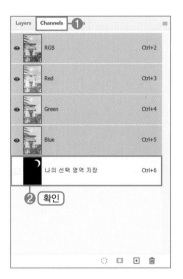

04 '나의 선택 영역 저장' 채널의 Thumbnail (축소판)을 Ctrl + 클릭하여 다시 선택할 수 있습니다.

⊠ Work Path로 선택 영역 저장하기

두 번째 방법인 Work Path(작업 패스로) 저장하기에 대해 알아보겠습니다.

01 초승달 모양으로 선택이 완료된 상태에서 ❶ 선택 영역을 마우스 오른쪽 버튼으로 클릭하고 ❷ Make Work Path(작업 패스 만들기)를 클릭합니다.

02 ❶ Tolerance(허용치)를 '2.0'으로 설정하고 ❷ [OK(확인)]을 클릭합니다.

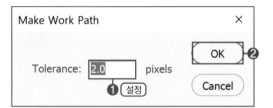

> TIP 선택 영역은 픽셀 단위로 잡히므로 외곽이 울퉁불퉁한 형태이고, 작업 패스는 벡터이기 때문에 외곽이 깔끔하게 떨어지는 형태입니다. 때문에 선택 영역을 작업 패스로 만들 때에는 울퉁불퉁한 것을 매끄럽게 변환하기 위한 Tolerance(허용치)를 설정해야 하며, 숫자가 커질수록 패스가 둔해집니다.

03 ❶ Paths(패스) 패널을 클릭하면 ❷ 선택 영역이 'Work Path(작업 패스)'로 저장된 것을 확인할 수 있습니다. Thumbnail(축소판)에서 흰색으로 표시되는 영역이 선택 영역입니다.

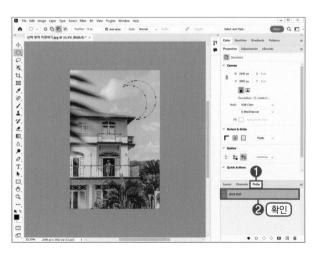

04 ❶ Work Path(작업 패스)를 클릭 후 ❷ Ctrl + Enter 를 눌러 다시 선택할 수 있습니다.

TIP Channel(채널)은 보다 자연스러운 경계선을, Path(패스)는 보다 또렷한 경계선을 저장할 수 있습니다.

04

브러시는 포토샵에서 가장 많이 사용하는 도구 중 하나입니다. 포토샵을 그림 그리는데 사용하지 않더라도 브러시에서 파생된 도구들이 많기 때문에 사용 방법을 숙지해놓으면 전체적인 도구 활용도를 높일 수 있습니다.

브러시 활용의 모든 것

Brush Settings 패널 활용하기

Brush Settings(브러시 설정) 패널은 Brush Tool(브러시 도구)뿐만 아니라 Eraser Tool(지우개 도구), Dodge Tool(닷지 도구) 등 옵션바에 브러시 설정 버튼이 있는 모든 도구에서 사용할 수 있어 활용도가 높습니다.

⊠ Brush Settings 패널의 모든 것

브러시 사용법에 대해 배우기 전에 먼저 브러시 설정 방법에 대해 알아보겠습니다.

01 File(파일) – New(새로 만들기) 명령으로 새 문서를 ❶~❹와 같이 설정한 후 ❺ [Create(만들기)]를 클릭합니다.

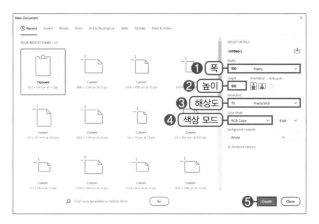

- Width(폭): 500 Pixels
- Height(높이): 500 Pixels
- Resolution(해상도): 72 Pixels/Inch
- Color Mode(색상 모드): RGB Color

02 ❶ 전경색을 클릭하고 ❷ 색상을 '#000000'으로 설정한 후 ❸ [OK(확인)]을 클릭합니다.

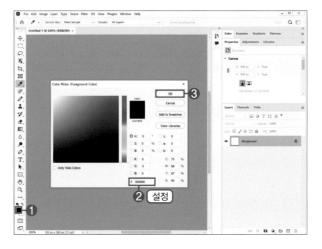

03 ❶ Brush Tool(브러시 도구, ✏️)를 클릭합니다. ❷ 옵션바의 브러시 모양 버튼(●)을 클릭하고 ❸ General Brushes(일반 브러시) - ❹ Hard Round(선명한 원)을 클릭합니다.

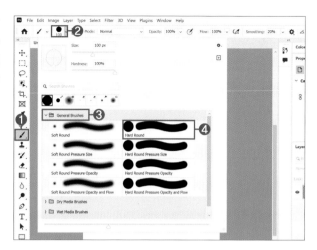

⏰ 알아두기

• Size(크기): 브러시의 크기를 설정할 수 있으며, 키보드의 [와] 를 사용하여 간편하게 조절할 수 있습니다.

• Hardness(경도): 브러시 외곽의 단단한 정도를 설정할 수 있으며 낮을수록 부드러운 브러시가 됩니다. Hardness(경도)가 낮으면 Size(크기)도 작아 보이기 때문에 이 둘은 항상 같이 조절하는 것이 좋습니다.

04 ❶ 옵션바의 브러시 설정 버튼(✏️)을 클릭해 ❷ Brush Settings(브러시 설정) 패널을 꺼냅니다.

TIP Photoshop CC 2018 이후 버전에서는 Window(창) - Brush Settings(브러시 설정)을, Photoshop CC 2017 이전 버전에서는 Window(창) - Brushes(브러시)를 클릭하면 같은 창이 나옵니다. Brush Settings(브러시 설정, ✏️)을 클릭하면 패널을 접었다 펼 수 있습니다.

05 Brush Tip Shape(브러시 모양)의 메뉴를 ❶ Size(크기)는 '123 px', ❷ Angle(각도)는 '60°', ❸ Roudness(원형율)은 '80%', ❹ Spacing(간격)은 '50%'로 설정합니다.

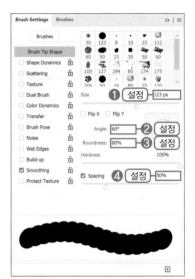

🔔 **알아두기**

- Angle(각도): 브러시가 회전하는 각도이며, '−180°~180°'로 설정할 수 있습니다. 오른쪽의 삼각형을 클릭&드래그하는 것과 같습니다.
- Roundness(원형율): 브러시의 납작하고 둥근 정도이며, '0~100%'로 설정할 수 있습니다. 오른쪽의 작은 원형을 클릭&드래그하는 것과 같습니다.

06 불투명도와 흐름의 차이를 알아보기 위해 옵션바의 ❶ Opacity(불투명도)를 '50%'로, ❷ Flow(흐름)을 '100%'로 설정합니다. ❸ 캔버스를 클릭&드래그하면서 Shift 를 눌러 일직선으로 칠합니다.

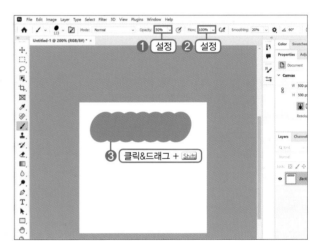

🔔 **알아두기**

- Opacity(불투명도): 브러시를 한 번 클릭&드래그했을 때의 진한 정도이며, '0~100%'로 설정할 수 있습니다.
- Flow(흐름): 브러시 팁 하나하나마다의 진한 정도이며, '0~100%'로 설정할 수 있습니다.

07 옵션바의 ❶ Opacity(불투명도)를 '100%'
로, ❷ Flow(흐름)을 '50%'로 설정합니다.
❸ 캔버스를 클릭&드래그하면서 Shift 를
눌러 일직선으로 칠합니다.

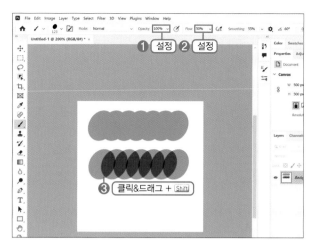

08 옵션바의 ❶ Opacity(불투명도)를 '50%'로,
❷ Flow(흐름)을 '50%'로 설정합니다. ❸ 캔
버스를 클릭&드래그하면서 Shift 를 눌러
일직선으로 칠합니다.

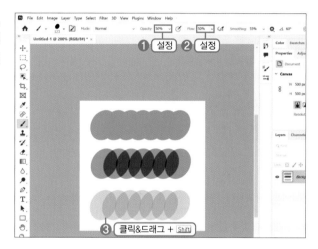

09 브러시 칠한 것을 다시 지워보겠습니다. ❶
배경색을 클릭하고 ❷ 색상을 '#ffffff'로 설정
한 후 ❸ [OK(확인)]을 클릭합니다.

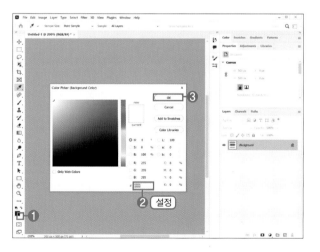

10 ❶ `Ctrl` + `Delete` 를 눌러 'Background(배경)' 레이어를 모두 흰색으로 채우고 옵션 바의 ❷ Opacity(불투명도)를 '100%'로, ❸ Flow(흐름)을 '100%'로 재설정합니다.

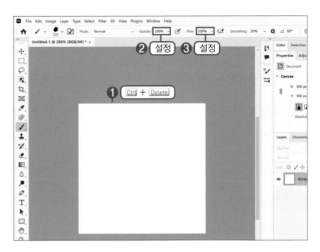

11 ❶ Brush Settings(브러시 설정,)을 클릭하여 패널을 열고 ❷ Shape Dynamics(모양) 메뉴를 클릭합니다.

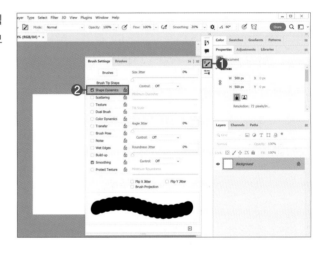

> TIP Shape Dynamics(모양), Scattering(분산) 등 패널의 왼쪽 메뉴를 바꿀 때에는 각 메뉴의 체크 박스가 아닌 메뉴명 부분을 클릭해야 오른쪽 세팅이 해당 메뉴에 맞춰 바뀝니다.

12 ❶ Size Jitter(크기 지터)는 '70%', ❷ Angle Jitter(각도 지터)는 '10%', ❸ Roundness Jitter(원형율 지터)는 '5%'로 설정하고 ❹ 캔버스를 클릭&드래그해 그려봅니다. 브러시가 랜덤으로 나오면서 질감이 더해진 느낌을 내거나, 자유롭게 날리는 모양을 만들 수 있습니다.

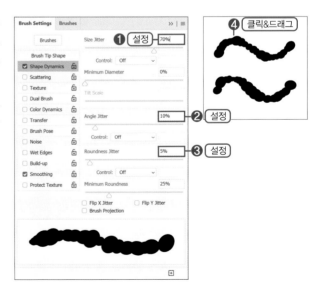

Jitter(지터)란, 랜덤값을 의미합니다. Jitter(지터)가 높아질수록 브러시가 더 다양하게 나옵니다.

- Size Jitter(크기 지터): 크기가 랜덤으로 나오는 정도이며, '0~100%'로 설정할 수 있습니다.
- Angle Jitter(각도 지터): 각도가 랜덤으로 나오는 정도이며, '0~100%'로 설정할 수 있습니다.
- Roundness Jitter(원형율 지터): 원형율이 랜덤으로 나오는 정도이며, '0~100%'로 설정할 수 있습니다.

13 다른 브러시를 칠하기 위해 Ctrl + Delete 를 눌러 'Background(배경)' 레이어에 흰 색을 채웁니다.

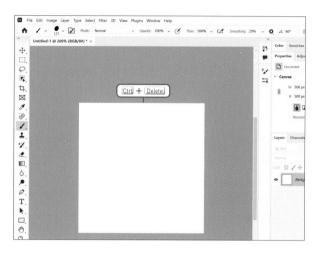

14 Brush Settings(브러시 설정) 패널의 ❶ Scattering(분산) 메뉴를 클릭하고 ❷ Scatter(분산)을 '300%', ❸ Count(개수)를 '1', ❹ Count Jitter(개수 지터)를 '0%'로 설정한 후 ❺ 캔버스를 클릭&드래그해 그려 봅니다. 흩날리는 모양이나 패턴 배경을 만들 때 사용할 수 있습니다.

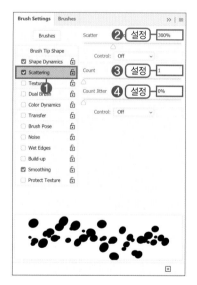

- Scatter(분산): 브러시 획을 기준으로 위 아래로 퍼지는 정도이며, '0~1000%'로 설정할 수 있습니다.
- Count(개수): 단위 길이당 브러시 팁이 그려지는 개수이며, '1~16'으로 설정할 수 있습니다.
- Count Jitter(개수 지터): 개수가 랜덤으로 나오는 정도이며, '0~100%'로 설정할 수 있습니다.

15 다른 브러시를 칠하기 위해 Ctrl + Delete 를 눌러 다시 'Background(배경)' 레이어에 흰색을 채웁니다.

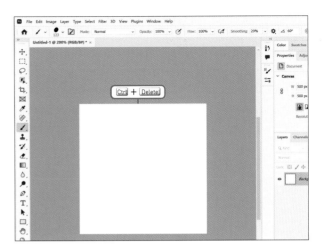

16 Brush Settings(브러시 설정) 패널의 ❶ Transfer(전송) 메뉴를 클릭하고 ❷ Opacity Jitter(불투명도 지터)를 '60%', ❸ Flow Jitter(플로우 지터)를 '30%'로 설정한 후 ❹ 캔버스를 클릭&드래그해 그려봅니다. 투명한 수채화같은 느낌을 낼 수 있습니다.

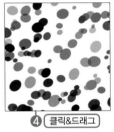

🔔 **알아두기**

• Opacity Jitter(불투명도 지터): 불투명도가 랜덤으로 나오는 정도이며, '0~100%'로 설정할 수 있습니다.
• Flow Jitter(플로우 지터): 플로우가 랜덤으로 나오는 정도이며, '0~100%'로 설정할 수 있습니다.

TIP Control(제어)를 'Pen Pressure(펜 압력)'으로 설정하고 타블렛을 연결하면 펜의 압력에 따라 불투명도를 조절할 수 있습니다.

⊠ 나만의 브러시 등록하고 삭제하기

브러시 설정 방법에 대해 알아보았다면, 나만의 브러시를 등록하는 방법과 삭제하는 방법에 대해 알아보겠습니다.

1 Brush Settings(브러시 설정) 패널의 ❶ 새 브러시 버튼(🔲)을 클릭합니다. ❷ Name(이름)을 '나의 브러시'로 입력하고 ❸ [OK(확인)]을 클릭합니다.

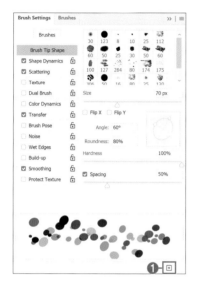

TIP 현재 브러시의 크기도 같이 저장하려면 'Capture Brush Size in Preset(사전 설정으로 브러시 크기 캡처)'를 체크합니다.

2 옵션바의 ❶ 브러시 모양 버튼(🔵)을 클릭하고 ❷ 맨 아래에 내가 만든 브러시가 있는 것을 확인합니다. ❸ '나의 브러시'를 마우스 오른쪽 버튼으로 클릭하고 ❹ Delete Brush(브러시 지우기)를 클릭해 삭제할 수 있습니다.

나만의 브러시 만들기

포토샵에서 직접 그린 그림이나 이미지에서 추출한 것을 브러시로 등록할 수 있습니다. 이번 장에서는 포토샵에서 그림을 그려 브러시로 등록하는 방법과 이미지에서 브러시로 등록할 부분을 추출하여 나만의 개성 있는 브러시를 만드는 방법을 알아보겠습니다.

☒ 직접 그린 그림을 브러시로 만드는 방법

먼저 직접 그린 그림을 브러시로 만드는 방법에 대해 알아보겠습니다.

01 File(파일) – New(새로 만들기) 명령으로 새 문서를 ❶~❹와 같이 설정한 후 ❺ [Create(만들기)]를 클릭합니다.

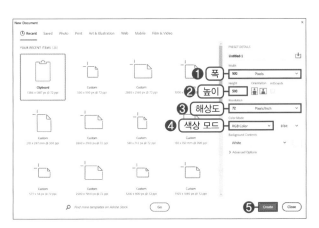

- Width(폭): 500 Pixels
- Height(높이): 500 Pixels
- Resolution(해상도): 72 Pixels/Inch
- Color Mode(색상 모드): RGB Color

02 ❶ 전경색을 클릭하여 ❷ '#000000'으로 설정한 후 ❸ [OK(확인)]을 클릭합니다.

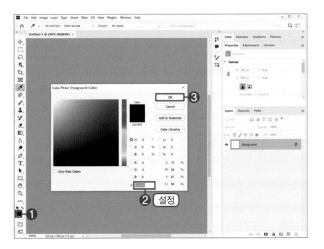

03 ❶ Brush Tool(브러시 도구, ✏️)를 클릭하고 옵션바의 ❷ 브러시 모양 버튼(●)을 클릭한 후 ❸ Dry Media Brushes(드라이 재질) – ❹ KYLE Ultimate Charcoal Pencil 25px Med2(KYLE 궁극의 목탄색 연필 25픽셀 중간2)를 클릭합니다.

04 캔버스를 클릭&드래그하여 ❶ 십자의 선을 그린 후 ❷ 한 번 더 클릭&드래그하여 X자의 선을 그립니다. ❸ 각 선의 끝 부분에 클릭&드래그로 V자를 그려 눈꽃 모양을 완성합니다.

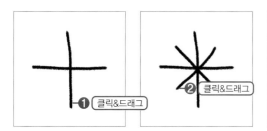

05 ❶ Edit(편집) – ❷ Define Brush Preset(브러시 사전 설정 정의)를 클릭합니다. ❸ Name(이름)을 '눈꽃 브러시'로 입력하고 ❹ [OK(확인)]을 클릭합니다.

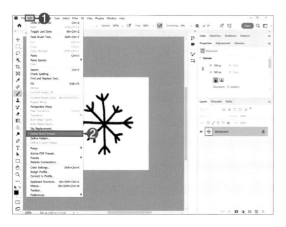

06 ❶ 배경색을 클릭하여 ❷ '#ffffff'로 설정한 후 ❸ [OK(확인)]을 클릭합니다.

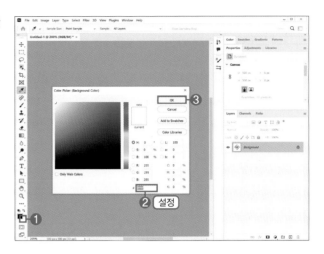

07 ❶ [Ctrl] + [Delete]를 눌러 'Background(배경)' 레이어에 흰색을 채웁니다. Layers(레이어) 패널의 ❷ 새 레이어 버튼(⊞)을 클릭하여 새 레이어를 만듭니다.

08 ❶ 전경색을 클릭하여 ❷ '#6099d2'로 설정한 후 ❸ [OK(확인)]을 클릭합니다. ❹ 키보드의 [[]와 []]를 눌러 브러시 크기를 조절합니다.

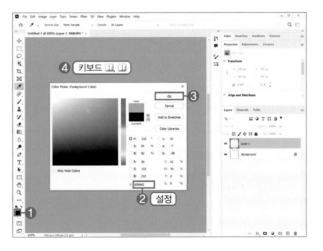

❶ 캔버스를 클릭 혹은 드래그하여 칠합니다. ❷ 내가 그린 눈꽃 모양의 그림이 브러시로 등록된 것을 확인할 수 있습니다.

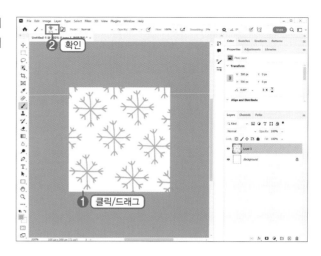

⊠ 이미지를 브러시로 만드는 방법

준비파일 P01\Ch04\02\사진을 브러시로 만드는 방법.jpg

앞에서 직접 그린 그림을 브러시로 만드는 방법에 대해 알아보았다면, 이번에는 이미지를 브러시로 만드는 방법에 대해 알아보겠습니다.

File(파일) – Open(열기) 명령으로 '사진을 브러시로 만드는 방법.jpg'를 열어줍니다.

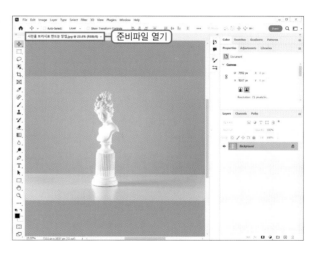

02 ❶ Image(이미지) – ❷ Adjustments(조정) – ❸ Levels(레벨)을 클릭하고 ❹ 그림과 같이 화살표를 클릭&드래 그해 밝기를 조정한 후 ❺ [OK(확인)]을 클릭합니다.

 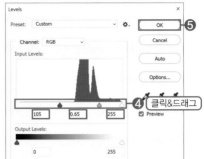

- shadow input(어두운 영역 입력 레벨): 105
- midtone input(중간 영역 입력 레벨): 0.65
- highlight input(밝은 영역 입력 레벨): 255

> **TIP** 이미지의 색상과는 상관없이 어두운 부분만 브러시로 등록되 기 때문에 밝기 조정을 필수로 해야 합니다.

03 ❶ Object Seleciton Tool(개체 선택 도구, ⬚)를 클릭하고 ❷ 조각상 주변을 클릭&드 래그하여 선택합니다.

04 ❶ Edit(편집) – ❷ Define Brush Preset(브러시 사전 설정 정의)을 클릭합니다. ❸ Name(이름)을 '조각상 브러 시'로 입력하고 ❹ [OK(확인)]을 클릭합니다.

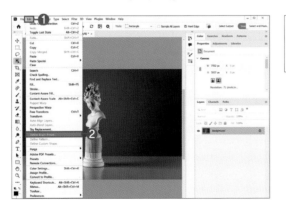

05 Ctrl + D를 눌러 선택 영역을 해제합니다.

06 Layers(레이어) 패널의 ❶ 칠 레이어 버튼(◔)− ❷ Solid Color(단색)을 클릭합니다. ❸ '#ffffff'로 설정 후 ❹ [OK(확인)]을 클릭합니다.

 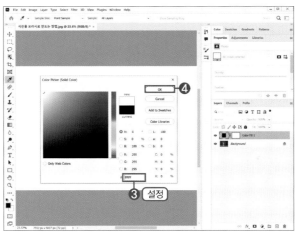

07 Layers(레이어) 패널의 새 레이어 버튼(⊡)을 클릭합니다.

08 ❶ 전경색을 클릭하여 ❷ '#9e22de'로 설정한 후 ❸ [OK(확인)]을 클릭합니다. ❹ 키보드의 [와] 를 눌러 브러시 크기를 조절합니다.

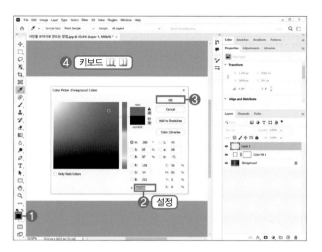

09 ❶ 캔버스를 클릭 혹은 드래그하여 칠합니다. ❷ 추출한 이미지가 브러시로 등록된 것을 확인할 수 있습니다.

03 브러시 다운로드와 관리하는 방법

다른 사람이 만든 브러시를 다운로드해 사용할 수 있는 방법이 있습니다. 이번 장에서는 Adobe에서 제공하는 브러시를 사용하겠습니다. 만약 다른 해외 사이트나 블로그 등에서 브러시를 다운로드할 경우 상업적 이용 가능 여부와 저작권 표시 여부를 꼭 확인해야 합니다.

⊠ 브러시 다운로드하고 가져오기

Adobe에서 제공하는 브러시를 다운로드하는 방법과 다운받은 브러시를 포토샵으로 가져오는 방법에 대해 알아보겠습니다.

01 ❶ Brush Tool(브러시 도구, ✏)를 클릭한 후 옵션바의 ❷ 브러시 모양 버튼(●) – ❸ 톱니바퀴 버튼(⚙) – ❹ Get More Brushes(추가 브러시 다운로드)를 클릭합니다.

02 Adobe 페이지에 로그인 후 브러시 리스트 중 하나를 고르고 [Download]를 클릭합니다.

03 ❶ 경로를 설정하고 ❷ 파일 이름을 입력한 후 ❸ [저장]을 클릭합니다.

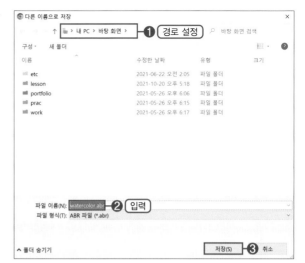

TIP '.abr' 확장자는 'Adobe Brush'를 뜻하는 파일 형식입니다.

04 옵션바의 ❶ 브러시 모양 버튼(●) - ❷ 톱니바퀴 버튼(⚙) - ❸ Import Brushes(브러시 가져오기)를 클릭합니다.

05 ❶ 다운로드한 브러시 파일을 선택하고 ❷ [Load]를 클릭합니다.

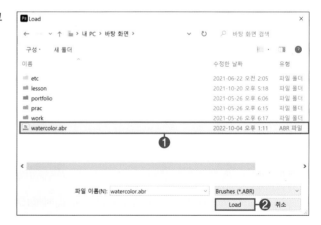

06 브러시 목록 맨 아래에 새 브러시가 추가된 것을 확인할 수 있습니다. 브러시는 한 번 가져오면 포토샵을 재시작해도 그대로 유지됩니다.

TIP 구글에 'Photoshop Free Brush'를 검색하면 무료 브러시를 다운받을 수 있는 다양한 해외 사이트들이 나옵니다. 저작권 및 사용 범위를 확인한 후 다운로드합니다.

⊠ 브러시 관리하기

브러시 패널에서 브러시를 그룹으로 묶는 방법과 사용하지 않는 브러시를 삭제하여 관리하는 방법에 대해 알아보겠습니다.

01 ❶ Window(창) – ❷ Brushes(브러시)를 클릭해 패널을 열어줍니다.

02 여러 브러시를 그룹으로 묶기 위해 ❶ 브러시를 각각 [Ctrl] + 클릭하여 중복 선택합니다. 브러시 패널 아래의 ❷ 그룹 버튼(▢)을 클릭합니다.

TIP [Shift] + 클릭하면 연속된 브러시를 한 번에 중복 선택할 수 있습니다.

03 ❶ Name(이름)을 '나의 브러시 그룹'으로 입력한 후 ❷ [OK(확인)]을 클릭합니다.

04 그룹의 이름을 수정하려면 ❶ '나의 브러시 그룹'을 더블 클릭하여 ❷ 이름을 '그룹 1'로 수정한 후 [Enter]를 누릅니다.

05 브러시 혹은 그룹을 삭제하고 싶으면 ❶ 삭제할 브러시 혹은 그룹을 클릭 후 ❷ 휴지통 버튼(🗑)을 클릭하고
❸ [OK(확인)]을 클릭합니다.

> **TIP** 브러시 혹은 그룹을 마우스 오른쪽 버튼
> 으로 클릭한 후 Delete Brush/Group(브러시/그
> 룹 삭제)를 클릭해도 삭제할 수 있습니다.

05

이번 챕터에서는 포토샵의 가상의 선인 Path(패스)와 Pen Tool(펜 도구) 그리고 Shape Tool(모양 도구)에 대해 알아보겠습니다. 포토샵에서 어떤 것을 직접 그리거나, 모양을 만들어야 할 때 자주 사용하는 기능입니다.

펜 도구와 모양 도구 알아보기

펜 도구 마스터하기

Pen Tool(펜 도구)는 Path(패스)를 그리는 가장 대표적인 도구입니다. 처음에 사용 방법이 익숙하지 않아 많은 분이 헷갈려 하지만 그 원리는 단순합니다. 이 장은 반복 연습하면서 Pen Tool(펜 도구)를 손에 익힐 수 있도록 합니다.

📁 준비파일 P01\Ch05\01\Pen Tool 마스터하기.jpg

⊠ 반듯한 직선 그리기

Pen Tool(펜 도구)를 손에 익히기 위해 먼저 반듯한 직선을 그리는 연습을 해보겠습니다.

01 File(파일) – Open(열기) 명령으로 'Pen Tool 마스터하기.jpg'를 열어줍니다.

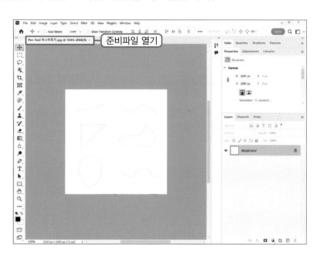

02 ❶ Pen Tool(펜 도구, ✎)를 클릭하고 옵션바의 ❷ 도구 모드를 'Shape(모양)'으로 설정합니다.

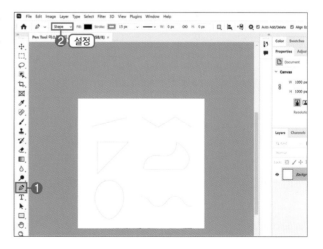

3 옵션바의 ❶ Fill(칠) 버튼을 클릭하고 ❷ 없
음 버튼(⬚)을 클릭합니다.

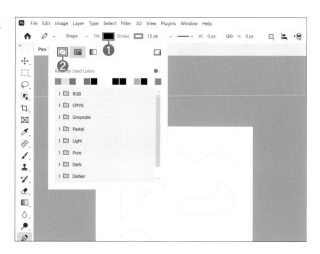

4 옵션바의 ❶ Stroke(획) 버튼을 클릭하고 ❷ 색상 피커 버튼(☐)을 클릭합니다. ❸ 색상을 '#ff0000'으로 설정한
후 ❹ [OK(확인)]을 클릭합니다. 옵션바의 ❺ 획 두께를 '5 px'로 설정합니다.

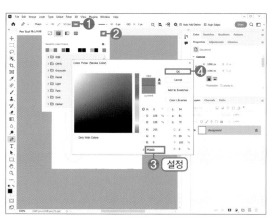

5 ❶ 직선의 시작점을 클릭하고 ❷ 끝나는 지점에서
클릭합니다. ❸ Ctrl + 바깥쪽을 클릭하여 모양을
완료합니다.

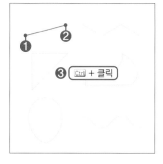

06 ❶ 직선의 시작점을 클릭하고 ❷ 끊기는 꼭지점에서 클릭합니다. ❸ 나머지도 같은 방법으로 클릭 후 ❹ Ctrl + 바깥쪽을 클릭하여 모양을 완료합니다.

07 ❶ 직선의 시작점을 클릭하고 ❷ 나머지 두 꼭지점에서 Shift + 클릭하여 수직, 수평으로 그립니다.

TIP Shift + 클릭하면 45° 단위로 이어지는 꼭지점을 만들 수 있습니다.

08 ❶ 첫 번째 점에 마우스를 오버하여 그림과 같이 펜 아래에 동그라미 표시가 나올 때 클릭하여 닫힌 패스를 만들어줍니다. ❷ Ctrl + 바깥쪽을 클릭하여 모양을 완료합니다.

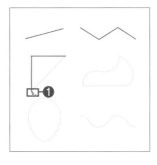 

TIP 펜 도구에서 Ctrl + 클릭&드래그하면 직접 선택 도구의 역할을 합니다.

⊠ 부드러운 곡선 그리기

Pen Tool(펜 도구)로 반듯한 직선을 그리는 연습해보았다면, 이번에는 부드러운 곡선을 그려보겠습니다.

01 ❶ 곡선의 시작점을 클릭하고 ❷ 곡선의 모양이 변하는 지점에서 클릭&드래그합니다. 이때 곡선의 반대 방향으로 드래그함을 유의합니다.

TIP 곡선의 모양이 변하는 것은 위로 볼록하느냐 아래로 볼록하느냐로 구분하면 편합니다.

02 ❶ 곡선이 꺾이는 지점을 클릭하고 ❷ 핸들을 Ctrl + 클릭&드래그하여 곡선의 모양을 조정합니다.

TIP 기준점이란, 패스를 이루는 꼭지점을 뜻하며 네모로 표시됩니다. 핸들이란, 곡선 패스의 길이와 방향을 조정하는 손잡이이며 동그라미로 표시됩니다.

03 ❶ 곡선이 끝나는 지점을 클릭&드래그해 그려줍니다. ❷ 곡선점을 Alt + 클릭하여 핸들을 끊어줍니다. 그림과 같이 펜 아래에 뾰족한 표시가 나올 때 클릭해야 한다는 것을 유의합니다.

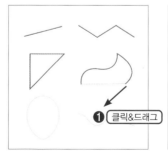 

TIP 곡선점을 Alt + 클릭하면 필요 없는 핸들을 끊어서 다음 직선 혹은 곡선을 자유롭게 그릴 수 있습니다.

04 ❶ 첫 번째 점에 마우스를 오버한 후 그림과 같이 펜 아래에 동그라미 표시가 나올 때 클릭하여 닫힌 패스를 만들어줍니다. ❷ Ctrl + 바깥쪽을 클릭하여 모양을 완료합니다.

05 ❶ 곡선의 가장 윗 부분을 왼쪽으로 클릭&드래그하고 ❷ 가장 왼쪽 부분을 아래로 클릭&드래그합니다.

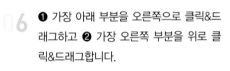
TIP 첫 번째 곡선점에서는 드래그한 방향으로, 나머지 곡선점에서는 반대 방향으로 곡선이 생성됩니다.

06 ❶ 가장 아래 부분을 오른쪽으로 클릭&드래그하고 ❷ 가장 오른쪽 부분을 위로 클릭&드래그합니다.

07 ❶ 첫 번째 점에 마우스를 오버하여 그림과 같이 펜 아래에 동그라미 표시가 나올 때 클릭하여 닫힌 패스를 만들어줍니다. ❷ Ctrl + 바깥쪽을 클릭하여 모양을 완료합니다.

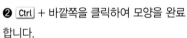

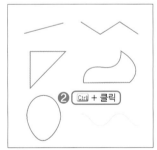

8 ❶ 곡선의 시작점을 오른쪽으로 Shift + 클릭&드래그하고 ❷ 가장 아래 부분을 오른쪽으로 Shift + 클릭&드래그합니다.

TIP Shift + 클릭&드래그하면 핸들의 각도를 45° 단위로 맞출 수 있습니다.

9 ❶ 가장 윗 부분을 오른쪽으로 Shift + 클릭&드래그하고 ❷ 끝나는 부분을 오른쪽으로 Shift + 클릭&드래그합니다. ❸ Ctrl + 바깥쪽을 클릭하여 모양을 완료합니다.

TIP 이렇게 곡선의 극점을 기준점의 위치로 잡으면 보다 빠르게 그릴 수 있습니다.

⊠ 직선과 곡선을 바꾸는 방법

Convert Point Tool(기준점 변환 도구)를 이용해 직선을 곡선으로, 곡선을 직선으로 바꾸는 방법에 대해 알아보겠습니다.

1 ❶ Pen Tool(펜 도구, ✎)를 마우스 오른쪽 버튼으로 클릭하고 ❷ Convert Point Tool(기준점 변환 도구, ⌐)를 클릭합니다.

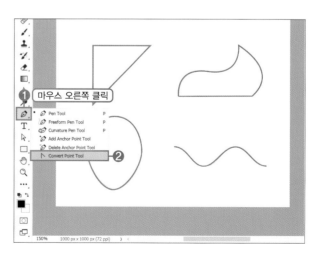

02 Layers(레이어) 패널에서 수정할 'Shape 4(모양 4)' 레이어를 클릭합니다.

TIP 각 레이어의 눈을 껐다가 켰다가 하면서 해당 레이어를 찾으면 됩니다.

03 직선점을 클릭&드래그해 곡선점으로 바꿉니다.

04 ❶ 곡선점을 클릭해 직선점으로 바꿉니다. ❷ Ctrl + 바깥쪽을 클릭하여 수정을 완료합니다.

TIP 모든 패스에는 임의로 설정된 방향이 있습니다. 8자 형태의 모양을 만드는 것이 아니라면 핸들이 반대 방향으로 생겨 그림과 같이 패스가 꼬이지 않게 만들어주는 것이 좋습니다.

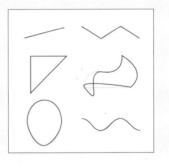

⊠ 패스 선택 도구와 직접 선택 도구로 수정하기

Path Selection Tool(패스 선택 도구)와 Direct Selection Tool(직접 선택 도구)로 패스를 수정하는 방법에 대해 알아보겠습니다.

01 Layers(레이어) 패널에서 ❶ 'Shape 3(모양 3)' 레이어를 클릭하고 ❷ Shape 4(모양 4)' 레이어를 Ctrl + 클릭하여 레이어를 중복 선택합니다.

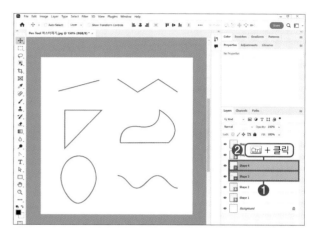

02 Ctrl + E 를 눌러 레이어를 병합합니다. 하나의 레이어에 두 개의 패스가 있는 상태입니다.

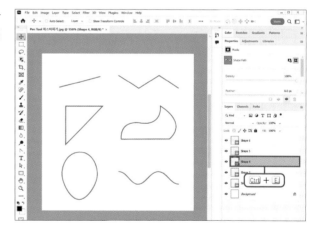

03 ❶ Path Selection Tool(패스 선택 도구, ▶)를 클릭하고 옵션바의 ❷ Select(선택)을 'All Layers(모든 레이어)'로 설정합니다. 이렇게 하면 레이어 패널에서의 선택 여부와 상관없이 패스를 선택 및 변형할 수 있습니다.

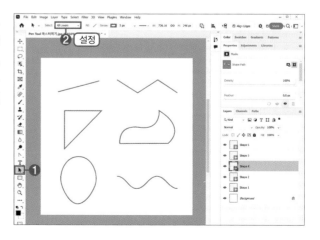

04 ❶ 바깥쪽부터 패스가 포함되게 클릭&드
래그하여 선택합니다. ❷ 표시된 패스를
클릭&드래그하여 이동할 수 있습니다.

05 ❶ Path Selection Tool(패스 선택 도구,
►▷)를 마우스 오른쪽 버튼으로 클릭하고
❷ Direct Selection Tool(직접 선택 도구,
▷)를 클릭합니다.

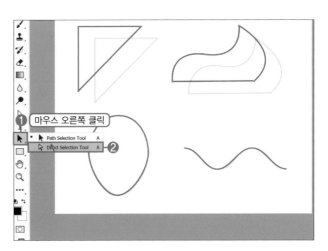

TIP Path Selection Tool(패스 선택 도구, ►▷)와
Direct Selection Tool(직접 선택 도구, ▷)는 Ctrl +
클릭/드래그해서 서로를 사용할 수 있습니다.

06 ❶ 바깥쪽부터 패스가 포함되게 클릭&드
래그하여 선택합니다. ❷ 표시된 패스를
클릭&드래그하면 모양을 바꿀 수 있습니
다.

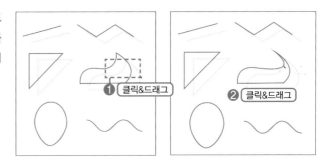

07 네모로 표시된 기준점을 클릭&드래그하
면 점의 위치를 바꿀 수 있습니다.

8 동그라미로 표시된 핸들을 클릭&드래그하면 곡선의 길이와 방향을 바꿀 수 있습니다.

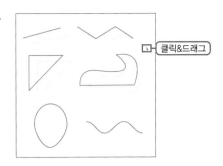

☒ 펜 도구와 비슷한 도구들

Pen Tool(펜 도구)와 비슷하게 사용할 수 있는 도구들에 대해 알아보겠습니다.

1 ❶ Pen Tool(펜 도구, ✐)를 마우스 오른쪽 버튼으로 클릭하고 ❷ Freeform Pen Tool(자유 형태 펜 도구, ✐)를 클릭합니다.

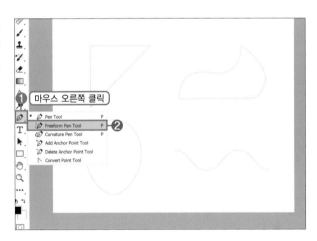

2 클릭&드래그하여 자유 형태의 패스를 그릴 수 있습니다.

03 ❶ Freeform Pen Tool(자유 형태 펜 도구, ✐)를 마우스 오른쪽 버튼으로 클릭하고 ❷ Curvature Pen Tool(곡률 펜 도구, ✐)를 클릭합니다.

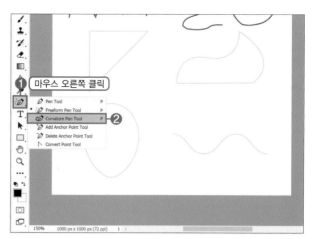

04 그림과 같이 각각 네 번을 클릭하여 부드러운 곡선점을 만들 수 있습니다. Pen Tool(펜 도구, ✐)로 부드러운 곡선을 그리는 것이 어려울 때 사용할 수 있지만, 정교한 곡선을 그리기는 어렵습니다.

모양 도구 마스터하기

Shape Tool(모양 도구)는 사각형, 원형, 다각형, 선 등의 다양한 도형을 그릴 수 있는 도구입니다. Pen Tool(펜 도구)와 함께 Path(패스)를 그릴 수 있는 대표적인 도구로 사용 방법이 비교적 간단합니다.

☒ 사각형 도구와 타원 도구 정복하기

Shape Tool(모양 도구) 중 먼저 Rectangle Tool(사각형 도구)와 Ellipse Tool(타원 도구)를 사용하는 방법에 대해 알아보겠습니다.

01 File(파일) – New(새로 만들기) 명령으로 새 문서를 ❶~❹와 같이 설정한 후 ❺ [Create(만들기)]를 클릭합니다.

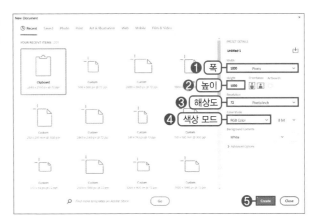

- Width(폭): 1000 Pixels
- Height(높이): 1000 Pixels
- Resolution(해상도): 72 Pixels/Inch
- Color Mode(색상 모드): RGB Color

02 ❶ Rectangle Tool(사각형 도구, ▭)를 클릭하고 옵션바의 도구 모드를 ❷ 'Shape(모양)'으로 설정합니다.

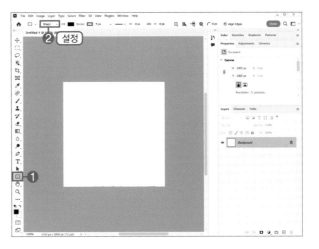

03 옵션바의 ❶ Fill(칠) 버튼 – ❷ 없음 버튼 (☐)을 클릭합니다.

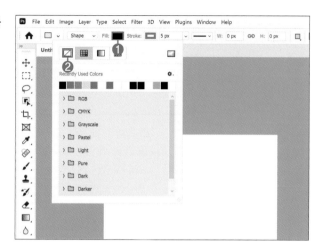

04 옵션바의 ❶ Stroke(획) 버튼 – ❷ 색상 피커 버튼(☐)을 클릭합니다. ❸ 색상을 '#ec008c'로 설정한 후 ❹ [OK (확인)]을 클릭합니다. 옵션바의 ❺ 획 두께를 '5 px'로 설정합니다.

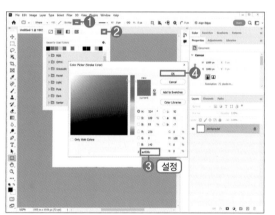

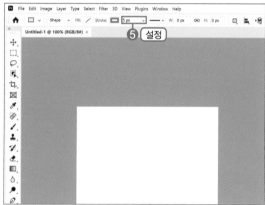

05 ❶ Rectangle Tool(사각형 도구, ☐)를 클릭하고 ❷ 클릭&드래그해 직사각형을 그립니다.

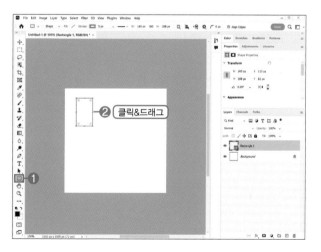

6 클릭&드래그하면서 Shift 를 눌러 정사각형을 그립니다.

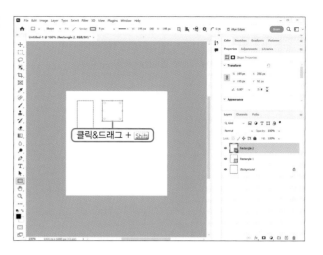

7 폭과 높이가 각각 '100 px', '50 px'인 사각형을 그리고 싶을 땐 ❶ 캔버스를 한 번 클릭하고 ❷ Width(폭)을 '100 px', ❸ Height(높이)를 '50 px'로 설정한 후 ❹ [OK(확인)]을 클릭합니다.

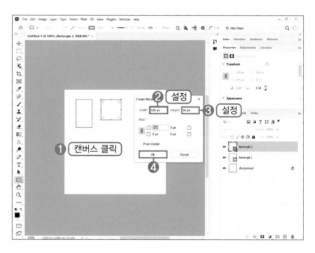

8 옵션바의 ❶ Radius(반경, ⌐)을 '50 px'로 설정하고 ❷ 캔버스를 클릭&드래그해 모서리가 둥근 사각형을 그립니다.

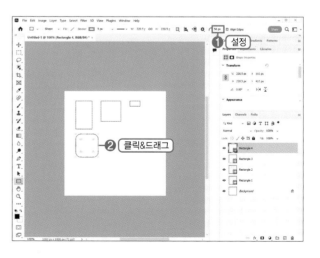

TIP Photoshop CC 2020 이전 버전에서는 Rounded Rectangle Tool(모서리가 둥근 사각형 도구, ▢)를 클릭해 설정할 수 있습니다.

09 Properties(속성) 패널의 Appearance(모양) 메뉴에서 ❶ 링크 버튼(⛓)을 클릭하여 해제하면 ❷ 네 개의 반경을 각각 수정할 수 있습니다.

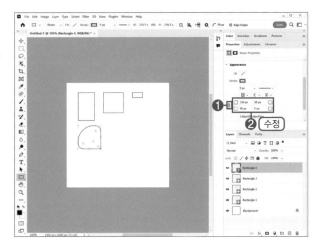

> [TIP] Photoshop CC 2020 이전 버전에서는 이 기능이 지원되지 않습니다.

10 ❶ Rectangle Tool(사각형 도구, ▢)를 마우스 오른쪽 버튼으로 클릭하고 ❷ Ellipse Tool(타원 도구, ○)를 클릭합니다.

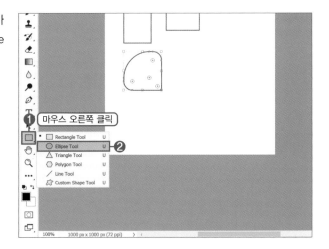

11 ❶ 클릭&드래그하면 타원형을 그릴 수 있고 ❷ 클릭&드래그하면서 Shift를 누르면 정원형을 그릴 수 있습니다.

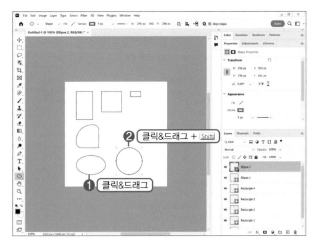

12 폭과 높이가 각각 '250 px', '400 px'인 원형을 그리고 싶을 땐 ❶ 캔버스를 한 번 클릭하고 ❷ Width(폭)을 '250 px', ❸ Height(높이)를 '400 px'로 설정한 후 ❹ [OK(확인)]을 클릭합니다.

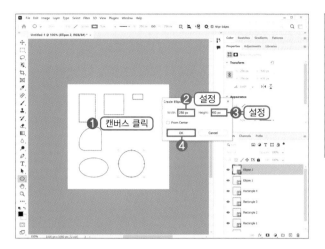
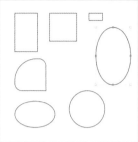
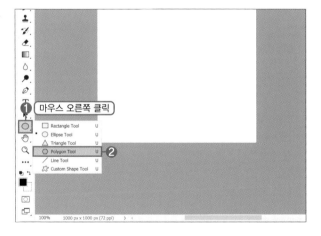

⊠ 다각형 도구로 다각형과 별 그리기

이번에는 Polygon Tool(다각형 도구)로 다각형과 별을 그리는 방법에 대해 알아보겠습니다.

1 ❶ Ellipse Tool(타원 도구, ○.)를 마우스 오른쪽 버튼으로 클릭하고 ❷ Polygon Tool(다각형 도구, ○.)를 클릭합니다.

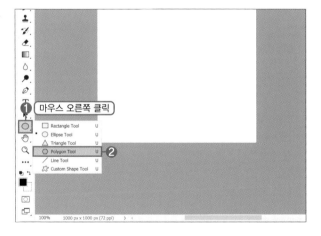

02 옵션바의 ❶ Sides(측면, ⌗)을 '6'으로 설정하고 ❷ 캔버스를 클릭&드래그하여 육각형을 그립니다.

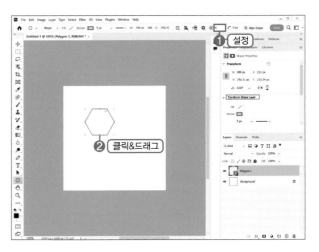

03 옵션바의 ❶ Sides(측면, ⌗)을 '5'로 설정하고 ❷ 톱니바퀴 버튼(⚙) 클릭, ❸ Star Ratio(별 비율)을 '70%'로 설정합니다. ❹ 캔버스를 클릭&드래그하여 별 모양을 그립니다.

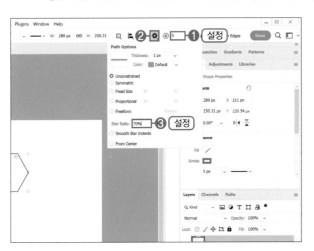

TIP Star Ratio(별 비율)이 작을수록 날카로운 형태의 별을 만들 수 있습니다. Smooth Star Indents(매끄러운 별 들여쓰기)를 체크하면 별 내부의 각을 둥글게 만들 수 있습니다.

⊠ 선 도구로 직선과 화살표 그리기

Line Tool(선 도구)로 직선과 화살표를 그리는 방법에 대해 알아보겠습니다.

1 ❶ Polygon Tool(다각형 도구, ◯.)를 마우스 오른쪽 버튼으로 클릭하고 ❷ Line Tool(선 도구, ⁄.)를 클릭합니다.

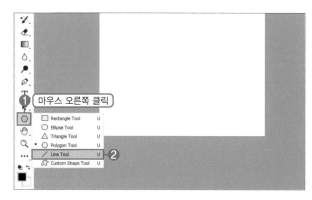

2 옵션바의 ❶ Weight(두께)를 '10 px'로 설정하고 ❷ 캔버스를 클릭&드래그하여 직선을 그립니다.

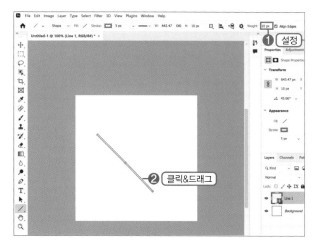

TIP 선 도구로 그린 선분은 사실상 얇은 직사각형으로 그려지기 때문에 그린 후에 두께를 조절하고 싶으면 Ctrl + T를 눌러 사각형의 크기를 조절해야 합니다.

3 옵션바의 ❶ 톱니바퀴 버튼(⚙)을 누르고 ❷~❻ 그림과 같이 설정합니다. ❼ 캔버스를 클릭&드래그하여 화살표를 그립니다.

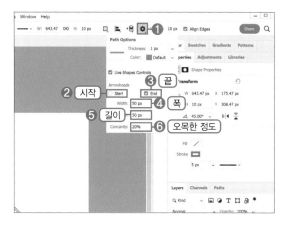

- Start(시작): 체크 해제
- End(끝): 체크
- Width(폭): 50 px
- Length(길이): 50 px
- Concavity(오목한 정도): 20%

⊠ 사용자 정의 모양 도구로 특이한 도형 그리기

Custom Shape Tool(사용자 정의 모양 도구)를 이용해 특이한 도형을 그려보겠습니다.

01 ❶ Line Tool(선 도구, ✎)를 마우스 오른 쪽 버튼으로 클릭하고 ❷ Custom Shape Tool(사용자 정의 모양 도구, ☆)를 클릭합 니다.

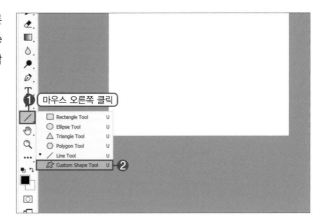

02 Photoshop CC 2022 이후 버전에는 모 양을 관리할 수 있는 패널이 있습니다. ❶ Window(창) – ❷ Shapes(모양)을 클릭 합니다.

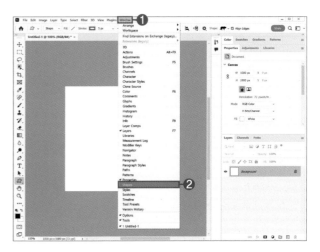

03 포토샵에서 제공하는 모든 모양을 불러오기 위해 ❶ 패널 옵션 버튼(≡)을 클릭하고 ❷ 'Legacy Shapes and More(레거시 모양 및 기타)'를 클릭합니다.

TIP   레거시란, 이전 버전부터 제공되던 기본 기능 을 뜻합니다. 모양 도구뿐만 아니라 포토샵 곳곳에서 레 거시라는 단어가 종종 나옵니다.

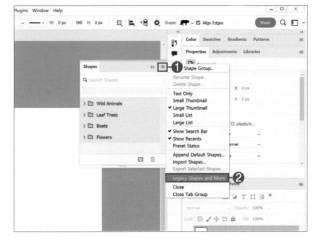

04 ❶ 옵션바의 모양 버튼(Shape: 🐘 ▾)을 클릭하고 ❷ 'Nature' 그룹에서 ❸ 원하는 모양을 골라 클릭합니다.

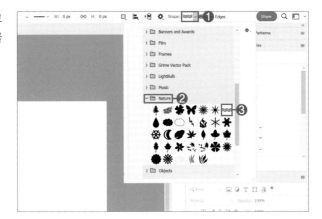

05 캔버스에 클릭&드래그하면서 ⎡Shift⎤를 눌러 비율을 고정하여 그립니다.

⊠ 직접 그린 도형 등록하기

직접 그린 도형을 사용자 정의 모양 도구에 등록하는 방법에 대해 알아보겠습니다.

01 ❶ Pen Tool(펜 도구, ⌀.)를 마우스 오른쪽 버튼으로 클릭하고 ❷ Curvature Pen Tool(곡률 펜 도구, ⌀.)를 클릭한 후 ❸∼❽ 그림과 같이 클릭하여 도형을 그립니다.

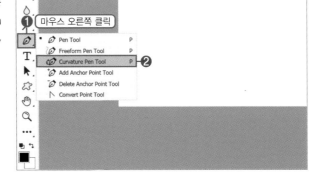

⎡TIP⎤ 옵션바의 도구 모드는 'Shape(모양)', 'Path(패스)' 어떤 것이든 상관없습니다.

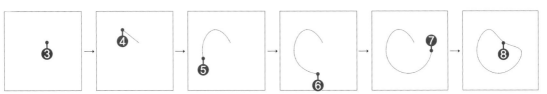

02 ❶ Edit(편집) – ❷ Define Custom Shape(사용자 정의 모양 정의)를 클릭합니다. ❸ Name(이름)을 '나의 도형' 으로 입력하고 ❹ [OK(확인)]을 클릭합니다.

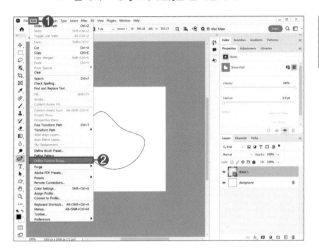

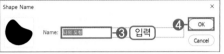

03 ❶ Custom Shape Tool(사용자 정의 모양 도구, ⬚)를 클릭합니다. ❷ 옵션바의 모양 버튼(Shape 🐖 ∨)을 클릭하고 ❸ 맨 아래에 새로 등록된 도형을 클릭합니다.

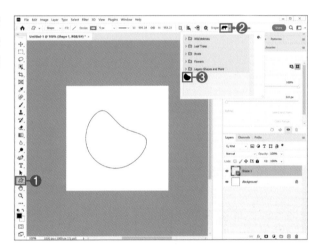

04 ❶ Layers(레이어) 패널에서 'Shape 1(모양 1)' 레이어의 눈을 클릭해 끕니다. ❷ 캔버스를 클릭&드래그하면서 Shift 를 눌러 비율을 고정하여 그립니다.

TIP 클릭&드래그하면서 Shift 를 누르면 모양의 비율을 고정하여 그릴 수 있습니다. Shift 를 누른 채로 클릭&드래그하면 원래 있던 모양 레이어와 병합됩니다. 단축키와 마우스의 순서를 주의하며 그려줍니다.

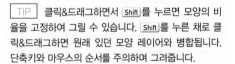

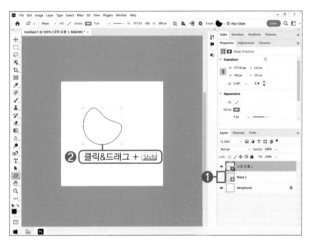

Part

2

중급으로 업그레이드하기

06

누끼란, 이미지의 외곽을 따내서 배경을 없애는 것을 말합니다. 일어에서 파생된 단어이기 때문에 '외곽 따기', '배경 없애기' 등으로 순화해서 표현할 수 있지만, 실무에서는 아직도 '누끼 따기'라는 말을 더 많이 사용합니다. 실무에서 유용하게 사용할 수 있는 이미지별 누끼 따는 여러 가지 방법을 알아보겠습니다.

이미지에 따른 누끼 따는 방법

윤곽이 또렷한 이미지일 때

피사체와 배경의 색상이 잘 분리된 윤곽이 또렷한 이미지일 때는 비교적 누끼를 쉽게 딸 수 있습니다. 포토샵에 인공지능 기술이 더해지면서 어떤 이미지는 1초 만에 누끼를 따기도 합니다. 다양한 도구를 사용해 윤곽이 또렷한 이미지일 때 누끼 따는 방법을 알아보겠습니다.

⊠ 인공지능이 선택하는 개체 선택 도구

📁 준비파일 P02\Ch06\01\누끼-Object Selection Tool.jpg

윤곽이 또렷한 이미지일 때 Object Selection Tool(개체 선택 도구)를 이용해서 누끼를 따는 방법에 대해 알아보겠습니다.

01 File(파일) – Open(열기) 명령으로 '누끼–Object Selection Tool.jpg'를 열어줍니다.

02 ❶ Object Selection Tool(개체 선택 도구, 🔲)를 클릭하고 ❷ 옵션바의 Mode(모드)를 'Rectangle(사각형)'으로 설정합니다.

03 건물 부근을 클릭&드래그해서 영역을 지정합니다. 포토샵이 알아서 개체를 인식하여 건물만 깔끔하게 선택해줍니다.

TIP   Photoshop CC 2022 이후 버전에서는 마우스를 개체에 오버했을 때 파란색 혹은 분홍색으로 개체를 자동 인식해주기도 합니다. 하지만 이미지에 따라 간혹 자동 인식이 안될 때도 있으므로 개체 부근을 클릭&드래그해서 대략적인 영역을 지정해주세요.

04 ❶ Ctrl + J 를 눌러 레이어를 복제하고 ❷ 'Background(배경)' 레이어의 눈을 클릭해 끕니다. Object Selection Tool(개체 선택 도구)를 이용한 누끼 따기를 완성하였습니다.

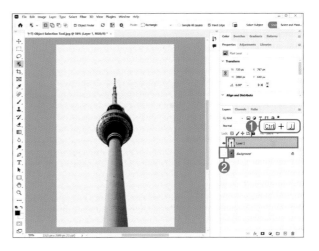

⊠ 덩어리를 한 번에 선택하는 빠른 선택 도구

준비파일 P02\Ch06\01\누끼-Quick Selection Tool.jpg

이번에는 Quick Selection Tool(빠른 선택 도구)를 이용해서 누끼 따는 방법에 대해 알아보겠습니다.

01 File(파일) – Open(열기) 명령으로 '누끼-Quick Selection Tool.jpg'를 열어줍니다.

02 보라색 띠 영역을 선택하기 위해 ❶ Object Selection Tool(개체 선택 도구, ▣)를 마우스 오른쪽 버튼으로 클릭하고 ❷ Quick Selection Tool(빠른 선택 도구, ✔)를 클릭합니다. ❸ 키보드의 ⬜와 ⬜를 눌러 마우스의 크기를 조절합니다. 이때 마우스의 크기는 선택하려는 범위보다 조금 작아야 합니다.

03 옵션바의 ❶ Add to Selection(선택 영역에 추가, ✔)를 클릭하고 ❷ 이미지의 보라색 띠 영역을 클릭 혹은 클릭&드래그하여 선택합니다.

04 ❶ Ctrl + J 를 눌러 레이어를 복제하고 ❷
'Background(배경)' 레이어의 눈을 클릭
해 끕니다. Quick Selection Tool(빠른 선
택 도구)를 이용한 누끼 따기를 완성하였습
니다.

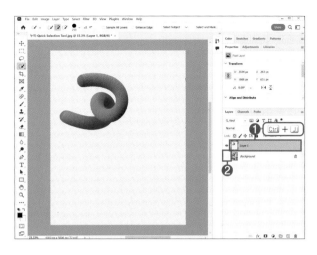

⊠ 비슷한 색상만 선택하는 자동 선택 도구

📁 준비파일 P02\Ch06\01\누끼-Magic Wand Tool.jpg

이미지에서 비슷한 색상을 자동으로 인식하여 선택하는 Magic Wand Tool(자동 선택 도구)로 누끼를 따는
방법에 대해 알아보겠습니다.

01 File(파일) − Open(열기) 명령으로 '누끼−
Magic Wand Tool.jpg'를 열어줍니다.

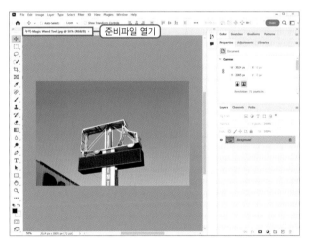

02 ❶ Quick Selection Tool(빠른 선택 도구, ✔️)를 마우스 오른쪽 버튼으로 클릭하고 ❷ Magic Wand Tool(자동 선택 도구, ✔️)를 클릭합니다. 옵션바의 ❸ Tolerance(허용치)를 '60'으로 설정하고 ❹ Contiguous(인접)을 체크 해제합니다.

> TIP '0~255'의 정수로 설정할 수 있는 Tolerance(허용치)는 숫자가 작을수록 클릭한 영역과 최대한 비슷한 색상만 선택하고, 클수록 덜 비슷한 색상까지 선택합니다. Contiguous(인접)을 체크하면 클릭한 영역과 맞닿아 있는 비슷한 색상만 선택하고, 체크 해제하면 이미지 전체에서 비슷한 색상을 모두 선택합니다.

03 하늘 부분을 클릭하여 선택합니다.

> TIP 하늘 안에도 다양한 농도의 하늘색이 그라데이션처럼 있으므로 클릭 위치를 다르게 하여 적절한 선택 영역을 잡아줍니다.

❶ Select(선택) - ❷ Inverse(반전)을 클릭하여 선택 영역을 반전시킵니다.

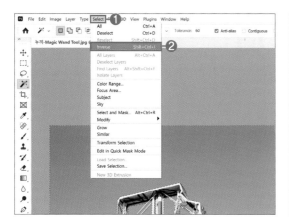

❶ Ctrl + J 를 눌러 레이어를 복제하고 ❷ 'Background(배경)' 레이어의 눈을 클릭해 끕니다. Magic Wand Tool(자동 선택 도구)를 이용한 누끼 따기를 완성하였습니다.

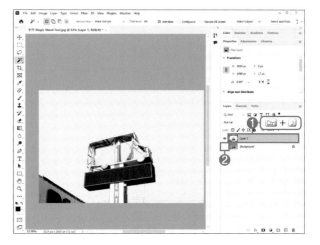

윤곽이 또렷하지 않은 이미지일 때

이번에는 피사체의 윤곽이 또렷하지 않아 누끼를 따고 싶은 부분을 직접 그려야 하는 경우 사용할 수 있는 방법을 알아보겠습니다. 피사체와 배경의 색상이 비슷한 이미지이거나, 배경이 복잡해 피사체와 시각적 분리가 잘 되지 않는 이미지에서 응용할 수 있습니다.

⊠ Pen Tool과 Path로 깔끔하게 누끼 따기

준비파일 P02\Ch06\02\누끼-Pen Tool.jpg

먼저 윤곽이 또렷하지 않은 이미지일 때 Pen Tool(펜 도구)과 Path(패스)를 이용해 깔끔하게 누끼를 따는 방법을 알아보겠습니다.

01 File(파일) – Open(열기) 명령으로 '누끼-Pen Tool.jpg'를 열어줍니다.

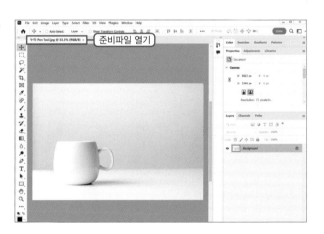

02 ❶ Pen Tool(펜 도구, ✎)를 클릭하고 옵션바의 ❷ 도구 모드를 'Path(패스)'로, ❸ 패스 작업을 'Combine Shapes(모양 결합, ▣)'으로 설정합니다. ❹ Alt 를 누른 채로 마우스 휠을 올려 컵 부근으로 확대합니다.

3 ❶ 패스의 시작점을 정해 클릭하고 ❷ 둥근 부분에 클릭&드래그해 곡선을 만듭니다. ❸ 적당한 간격을 두면서 컵 밑의 곡선을 따라 클릭&드래그하여 곡선을 그립니다.

4 ❶ 꺾이는 부분의 곡선 점을 Alt + 클릭하여 핸들을 끊어줍니다. ❷ 나머지 손잡이도 바깥쪽을 따라 클릭&드래그하여 곡선을 만듭니다.

5 ❶ 안 맞는 부분의 핸들을 Ctrl + 드래그하여 맞춰줍니다. ❷ 꺾이는 부분의 곡선 점을 Alt + 클릭하여 핸들을 끊어줍니다.

6 ❶ 나머지 외곽도 따라 그린 후 ❷ 첫 번째 점에 다시 클릭하여 닫힌 패스를 완성합니다.

07 ❶ 손잡이 안쪽 영역을 따라 클릭&드래그하여 같은 방법으로 닫힌 패스를 만듭니다. 옵션바의 ❷ 패스 작업을 'Subtract Front Shape(전면 모양 빼기, 🔲)'로 설정합니다.

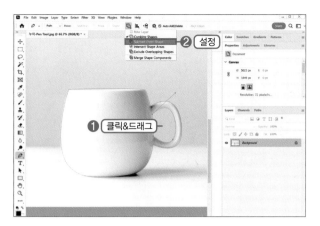

08 ❶ Ctrl + Enter를 눌러 선택합니다. ❷ Ctrl + J를 눌러 레이어를 복제하고 ❸ 'Background(배경)' 레이어의 눈을 클릭해 끕니다. Pen Tool(펜 도구)과 Path(패스)를 이용한 누끼 따기를 완성하였습니다.

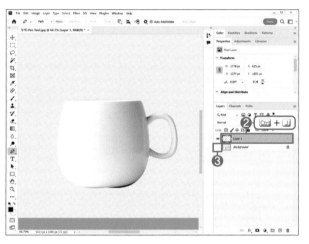

⊠ Quick Mask를 활용한 누끼 따기

📁 준비파일 P02\Ch06\02\누끼-Quick Mask.jpg

Quick Mask(빠른 마스크)는 누끼를 따고 싶은 부분을 브러시로 그리듯이 선택할 수 있습니다. 이번에는 Quick Mask(빠른 마스크)를 이용해서 윤곽이 또렷하지 않은 이미지일 때 누끼를 따는 방법에 대해 알아보겠습니다.

01 File(파일) – Open(열기) 명령으로 '누 끼-Quick Mask.jpg'를 열어줍니다.

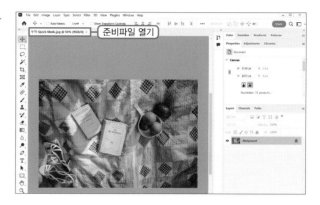

02 ❶ 도구 상자의 Quick Mask Mode(빠른 마스크 모드, ▣)를 클릭하고 ❷ Alt 를 누른 채로 마우스 휠을 올려 책 부근으로 확대합니다.

03 ❶ Brush Tool(브러시 도구, ✎)를 클릭하고 ❷ 키보드의 🗓, 🗓를 눌러 마우스의 크기를 책보다 작게 조절합니다.

04 ❶ 전경색을 클릭하고 ❷ 색상을 '#000 000'으로 설정한 후 ❸ [OK(확인)]을 클릭합니다.

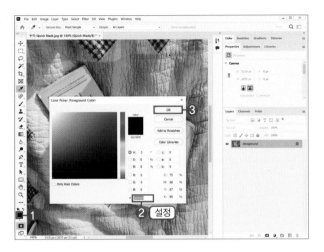

05 책이 있는 부분을 클릭&드래그해 칠합니다. 빨간색으로 표시되는 영역이 최종 선택 범위에서 제외되는 영역입니다.

06 ❶ Eraser Tool(지우개 도구, ◢)를 클릭하고 ❷ 잘못 칠한 부분을 클릭&드래그해 지워줍니다.

07 다시 도구 상자의 Quick Mask Mode(빠른 마스크 모드, )를 클릭합니다.

08 ❶ Ctrl + 0을 눌러 화면을 축소하고 ❷ Select(선택) – ❸ Inverse(반전)을 클릭하여 선택 영역을 반전시킵니다.

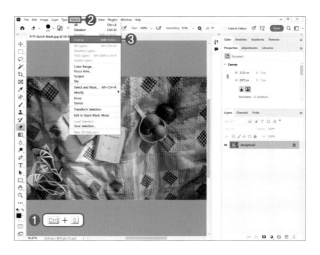

09 ❶ Ctrl + J를 눌러 레이어를 복제하고 ❷ 'Background(배경)' 레이어의 눈을 클릭해 끕니다. Quick Mask(빠른 마스크)를 이용한 누끼 따기를 완성하였습니다.

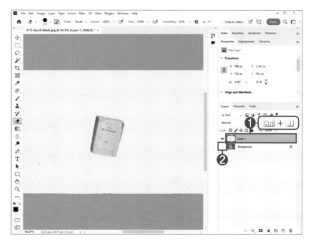

동물의 털, 머리카락이 있는 이미지일 때

머리카락이나 동물의 털 등은 다양한 속성값을 조절해 누끼를 따야 합니다. 하지만 2020년도 이후 버전에서는 인공지능이 자동으로 외곽을 잡아주고 있습니다. 이번에는 인공지능 기능과 수동 조작법을 같이 사용해 털이 있는 동물의 누끼를 따보겠습니다.

☒ Select and Mask로 섬세하게 선택하여 누끼 따기

📁 준비파일 P02\Ch06\03\누끼-Select and Mask.jpg

가장 섬세하게 누끼 따는 작업을 할 수 있는 Select and Mask(선택 및 마스크)에 대해 알아보겠습니다.

01 File(파일) – Open(열기) 명령으로 '누끼-Select and Mask.jpg'를 열어줍니다.

02 ❶ Object Selection Tool(개체 선택 도구, ▣)를 클릭하고 ❷ 옵션바의 [Select Subject(피사체 선택)]을 클릭합니다. 포토샵이 개체를 인식해서 자동으로 선택해줍니다.

3 옵션바의 [Select and Mask(선택 및 마스크)]를 클릭합니다.

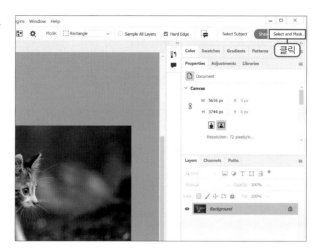

04 View(보기)를 'Overlay(오버레이)'로 설정합니다. 빨간색으로 표시되는 영역이 최종 선택에서 제외되는 영역입니다.

TIP View(보기)는 이미지에 따라 보기 편한 것으로 골라주면 됩니다.

05 옵션바의 [Refine Hair(가는 선 다듬기)]를 클릭하여 포토샵이 가장자리 털과 수염을 자연스럽게 추적해준 것을 확인합니다.

06 ❶ Alt 를 누른 채로 마우스 휠을 올려 고양이 얼굴 부분으로 확대합니다. 귀와 입의 일부분이 선택 영역에서 제외되었습니다. ❷ Brush Tool(브러시 도구, ✏️)를 클릭하고 ❸ 키보드의 [와] 를 눌러 크기를 조절합니다.

TIP 왼쪽 도구 상자의 Quick Selection Tool(빠른 선택 도구), Object Selection Tool(개체 선택 도구), Lasso Tool(올가미 도구) 등의 사용 방법은 모두 일반 도구와 같습니다.

07 옵션바의 ❶ Add to Selection(선택 영역에 추가, ⊕)를 클릭하고 ❷ 선택이 안 된 부분을 클릭&드래그하여 칠해줍니다.

TIP View(보기)의 Opacity(불투명도)를 낮추면 원본 이미지를 보면서 수정할 수 있습니다.

08 가장자리를 더 디테일하게 다듬기 위해 ❶ Refine Edge Brush Tool(가장자리 다듬기 브러시 도구, ✏️)를 클릭하고 ❷ 키보드의 [,] 를 눌러 크기를 조절합니다. 이때 마우스의 크기는 털의 가장자리만 포함될 수 있을 정도로 작게 설정합니다.

09 오른쪽 다리와 두 앞발의 테두리를 따라 클릭&드래그해서 가장자리를 다듬어줍니다.

10 선택 영역을 보다 명확하게 확인하기 위해 View(보기)를 'Black & White(흑백)'으로 설정합니다. 흰색 부분은 최종 선택 영역에 포함되고, 검은색인 부분은 포함되지 않으며, 회색인 부분은 반투명하게 포함됩니다.

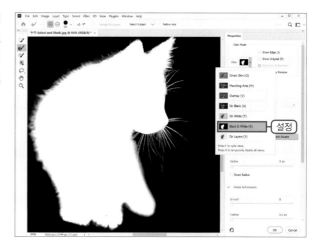

TIP 극세사나 부드러운 동물의 털의 외곽은 이렇게 반투명하게 선택되는 것이 자연스러운 경우가 많습니다.

11 ❶~❹ 오른쪽의 메뉴를 그림과 같이 설정합니다.

- Smooth(매끄럽게): 7
- Feather(페더): 0.0 px
- Contrast(대비): 16%
- Shift Edge(가장자리 이동): 0%

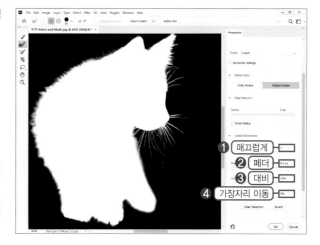

12 ❶ Output To(출력 위치)를 'New Layer(새 레이어)'로 설정하고 ❷ [OK(확인)]을 클릭합니다.

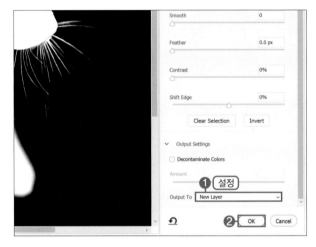

13 선택 영역만큼 새 레이어가 자동으로 생성된 것을 확인할 수 있습니다.

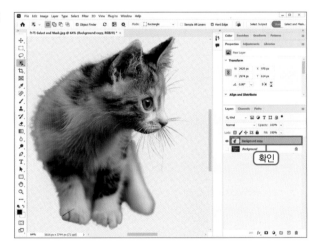

14 Select and Mask(선택 및 마스크)를 이용한 누끼 따기를 완성하였습니다.

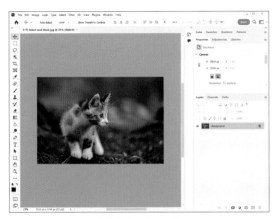

▲ Select and Mask(선택 및 마스크) 사용 전

▲ Select and Mask(선택 및 마스크) 사용 후

07

이번 챕터에서는 인물, 물체, 풍경 이미지 등에서 잡티와 불필요한 부분을 없애는 연습과 수평, 수직, 원근 맞추기, 성형 및 왜곡하기 등의 다양한 이미지 보정 연습을 해보겠습니다.

전문가처럼 이미지 보정하기

불필요한 부분을 깔끔하게 없애는 방법

인물, 풍경 이미지 등에서 점, 주름 등의 잡티를 깔끔하게 지우고 싶거나, 어떤 물체를 지우고 싶을 때 불필요한 부분을 깔끔하게 없앨 수 있는 다양한 방법을 알아보겠습니다.

☒ Spot Healing Brush Tool로 간단하게 잡티 없애기

📁 준비파일 P02\Ch07\01\잡티-Spot Healing Brush Tool.jpeg

Spot Healing Brush Tool(스팟 복구 브러시 도구)를 사용해 간단하게 잡티를 없애는 방법을 알아보겠습니다.

01 File(파일) – Open(열기) 명령으로 '잡티-Spot Healing Brush Tool.jpeg'를 열어줍니다.

02 피부에 있는 잡티를 없애기 위해 ❶ Spot Healing Brush Tool(스팟 복구 브러시 도구, ✐.)를 클릭하고 ❷ 키보드의 []와 []를 눌러 브러시 크기를 조절합니다. 브러시 크기는 잡티 크기보다 조금 더 크게 설정합니다.

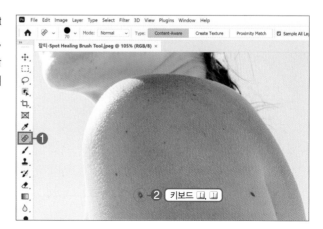

3 잡티를 클릭해 삭제합니다. 이 도구는 클릭한 부분 주변의 색상을 가져와 합성합니다.

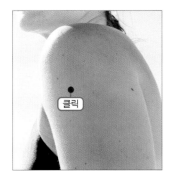 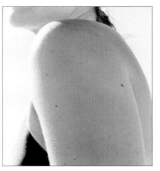

TIP 브러시 크기를 너무 크게 하거나 클릭&드래그를 너무 광범위하게 칠하는 경우, 그림과 같이 이미지가 왜곡될 수 있습니다.

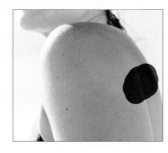 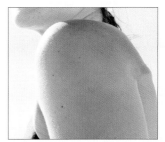

04 마우스의 크기와 범위를 잘 조절하여 필요한 부분에만 클릭해 몸과 얼굴의 잡티를 모두 삭제합니다.

▲ 얼굴 보정 전   ▲ 얼굴 보정 후

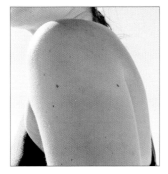 

▲ 팔 보정 전   ▲ 팔 보정 후

⊠ Healing Brush Tool로 복잡한 잡티 없애기

📁 준비파일 P02\Ch07\01\잡티-Healing Brush Tool.jpeg

이번에는 Healing Brush Tool(복구 브러시 도구)를 이용해 보다 복잡한 잡티를 지우는 방법에 대해 알아
보겠습니다.

01 File(파일) – Open(열기) 명령으로 '잡티-
Healing Brush Tool.jpeg'를 열어줍니다.

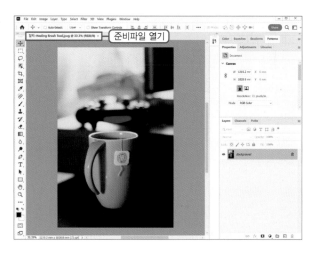

02 ❶ Spot Healing Brush Tool(스팟 복구 브
러시 도구, 🖌️)를 마우스 오른쪽 버튼으로
클릭하고 ❷ Healing Brush Tool(복구 브
러시 도구, 🖌️)를 클릭합니다. ❸ 키보드의
[]와 []를 눌러 브러시 크기를 조절합니다.

03 티백을 없애기 위해 티백 부분을 덮을 수 있
는 컵 부분을 [Alt] + 클릭하여 추출합니다.

4 티백 부분을 아래에서 위쪽으로 마우스를 둥글리며 클릭&드래그하여 추출한 곳을 합성합니다. 밝기가 비슷한 곳을 각각 합성하는 것이 좋습니다.

> TIP 클릭&드래그할 때 복제되고 있는 부분이 십자(+) 표시로 나옵니다. 적절한 부분이 복제되고 있는지 확인하면서 진행합니다.

5 드래그를 하다가 다시 티백이 나오면 ❶ 티백이 없는 부분을 다시 Alt + 클릭하여 새로 추출하고 ❷ 클릭&드래그하여 추출한 곳을 합성합니다.

6 컵의 입구 부분에 있는 실을 없애기 위해 실이 없는 입구 부분을 Alt + 클릭하여 추출합니다.

07 옵션바의 ❶ 각도를 '−6'으로 입력한 후 ❷ 실이 있는 부분을 클릭하여 합성합니다.

⊠ Clone Stamp Tool로 흔적 없이 깔끔하게 지우기

📁 준비파일 P02\Ch07\01\잡티−Clone Stamp Tool.jpeg

이미지에서 지우고 싶은 부분을 흔적 없이 깔끔하게 지울 수 있는 Clone Stamp Tool(복제 도장 도구)에 대해 알아보겠습니다.

01 File(파일) − Open(열기) 명령으로 '잡티−Clone Stamp Tool.jpeg'를 열어줍니다.

2 ❶ Clone Stamp Tool(복제 도장 도구, 🔳)를 클릭하고 ❷ 키보드의 ⊡와 ⊡를 눌러 브러시 크기를 조절합니다.

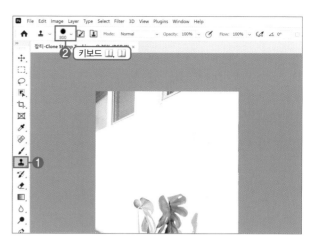

03 화분 및 그림자를 없애기 위해 벽과 바닥의 경계 부분 중 ❶ 그림자가 없는 곳을 Alt + 클릭하여 추출합니다. ❷ 유리 화분 및 그림자가 있는 경계에 클릭&드래그하여 붙여넣습니다.

TIP Clone Stamp Tool(복제 도장 도구, 🔳)는 추출한 부분을 그대로 붙여넣어 흔적 없이 깔끔하게 지울 수 있고, Healing Brush Tool(복구 브러시 도구, 🔳)는 자연스럽게 합성하여 붙여넣기 할 수 있습니다. 두 도구의 사용 방법은 동일합니다.

04 ❶ 벽에 아무것도 없는 부분을 Alt + 클릭하여 추출하고 ❷ 잎사귀와 그림자가 있는 벽 부분에 클릭&드래그하여 붙여넣습니다.

TIP 클릭&드래그할 때 복제되고 있는 부분이 십자 표시로 나옵니다. 적절한 부분이 복제되고 있는지 확인하면서 진행합니다.

05 드래그하다가 다시 잎사귀 및 그림자가 나오면 ❶ 벽에 아무것도 없는 부분을 Alt + 클릭하여 새로 추출하고 ❷ 클릭&드래그하여 추출한 곳을 합성합니다.

06 ❶ 바닥에 아무것도 없는 부분을 Alt + 클릭하여 추출하고 ❷ 화분과 그림자가 있는 바닥 부분에 클릭&드래그 하여 붙여넣습니다.

07 남은 부분을 모두 지우기 위해 다시 ❶ 벽과 바닥의 경계 부분 중 그림자가 없는 곳을 Alt + 클릭하여 추출합니다. ❷ 식물이 남은 부분을 클릭&드래그하여 붙여넣습니다.

이미지의 수평, 수직, 원근 맞추기

이미지의 퀄리티를 결정짓는 가장 큰 요인은 수평, 수직, 원근을 맞추는 것입니다. 수평, 수직, 원근이 맞지 않는 이미지는 상업적으로 이용하기 어렵기 때문에 수평, 수직, 원근을 맞추는 보정은 포토샵에서 필수로 다룰 줄 알아야 합니다.

☒ Camera Raw Filter의 Geometry로 손쉽게 수평, 수직 맞추기

📁 준비파일 P02\Ch07\02\수평 수직 원근—Geometry.jpeg

먼저 Camera Raw Filter(Camera Raw 필터)의 Geometry(도형)을 이용해 수평, 수직을 맞추는 방법을 알아보겠습니다.

01 File(파일) – Open(열기) 명령으로 '수평 수직 원근—Geometry.jpeg'를 열어줍니다.

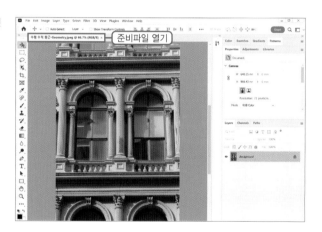

02 ❶ Filter(필터) – ❷ Camera Raw Filter (Camera Raw 필터)를 클릭합니다.

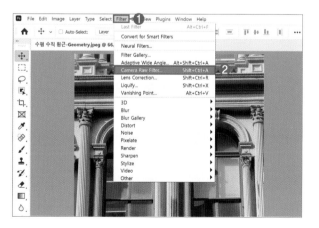

03 오른쪽 메뉴 중 ❶ Geometry(도형)을 클릭하고 ❷ ⊞ 버튼을 클릭합니다.

04 이미지에서 ❶ 수평으로 설정할 부분과 ❷ 수직으로 설정할 부분을 각각 클릭&드래그하여 안내선을 만듭니다. 최소 두 개의 안내선이 있을 때부터 수직 및 수평이 맞춰지며, 각 수직, 수평선은 최대 두 개씩 그릴 수 있습니다. 완료 후 ❸ [OK(확인)]을 클릭합니다.

TIP 잘못 그린 안내선은 한 번 클릭한 후 Delete 를 눌러 삭제합니다.

☒ Perspective Warp으로 네모난 물체가 있을 때 원근 맞추기

📁 준비파일 P02\Ch07\02\수평 수직 원근—Perspective Warp.jpeg

이미지에 네모난 물체가 있을 때 Perspective Warp(원근 뒤틀기)를 이용해 이미지의 원근을 맞추는 방법에 대해 알아보겠습니다.

01 File(파일) – Open(열기) 명령으로 '수평 수직 원근—Perspective Warp.jpeg'를 열어줍니다.

02 ❶ Edit(편집) – ❷ Perspective Warp(원근 뒤틀기)를 클릭합니다.

03 ❶ 클릭&드래그하여 직사각형 모양을 만들고 ❷ 각 꼭지점을 클릭&드래그하여 건물의 앞면에 맞춥니다.

04 ❶ 다시 클릭&드래그하여 직사각형 모양을 만들고 ❷ 각 꼭지점을 클릭&드래그하여 건물의 옆면에 맞춥니다.

TIP 건물 옆면에 그린 직사각형은 자동으로 다른 직사각형과 한쪽 면이 맞춰집니다.

05 옵션바의 ❶ [Warp(뒤틀기)]를 클릭하고 ❷ 각 꼭지점을 클릭&드래그하여 원근을 조정합니다. 모두 조정 후 ❸ Enter 를 눌러 마무리합니다.

TIP 옵션바의 ❶ ||| ☰ # 버튼을 각각 클릭하면 정확한 수직 혹은 수평을 맞출 수 있고 ❷ 되돌리기 버튼(↺)을 눌러 처음부터 다시 수정할 수 있습니다.

06 외곽을 자르기 위해 ❶ Crop Tool(자르기 도구, 🔲)를 클릭합니다. ❷ 캔버스의 모서리를 클릭&드래그해 크기를 조절하고 ❸ Enter 를 눌러 마무리합니다.

이미지를 자유롭게 변형하고 왜곡하기

이전 장에서 수평, 수직, 원근을 조절하고 깔끔하게 맞추는 연습을 해 보았다면, 이번에는 인물 이미지를 성형하고, 텍스트와 이미지를 뒤트는 등의 보다 자유로운 변형을 하는 방법에 대해 알아보겠습니다.

⊠ Liquify로 몸매 보정 및 성형하기

📁 준비파일 P02\Ch07\03\성형 및 왜곡-Liquify.jpeg

먼저 Liquify(픽셀 유동화)를 이용해 인물의 몸매를 보정하고 성형하는 방법을 알아보겠습니다.

01 File(파일) – Open(열기) 명령으로 '성형 및 왜곡-Liquify.jpeg'를 열어줍니다.

02 ❶ Filter(필터) – ❷ Liquify(픽셀 유동화)를 클릭합니다.

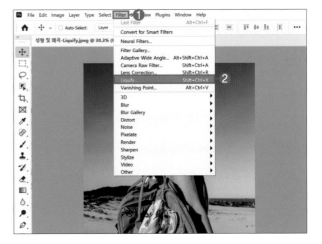

03 얼굴을 보정하기 위해 왼쪽 도구 상자의 ❶ Face Tool(얼굴 도구, 🔲)를 클릭합니다. 오른쪽 메뉴의 ❷ Face-Aware Liquify(얼굴 인식 픽셀 유동화)의 ▶ 버튼을 클릭하여 메뉴를 열어줍니다.

04 ❶ 인물의 눈, 코, 입, 얼굴 모양을 각각 클릭&드래그하여 성형하거나 표정을 바꿀 수 있습니다. 이미지를 수정하면 오른쪽에 있는 ❷ Eyes(눈), ❸ Nose(코), ❹ Mouth(입), ❺ Face Shape(얼굴 모양) 메뉴에 바로 반영됩니다.

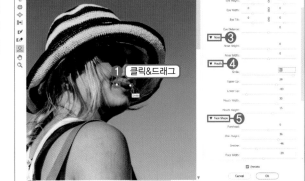

TIP | Alt + 마우스 휠을 이용해 이미지를 확대/축소해 볼 수 있고, 창 오른쪽 하단의 Preview(미리보기)에 체크하여 전후를 비교할 수 있습니다.

05 몸매를 보정하기 위해 왼쪽 도구 상자의 ❶ Forward Warp Tool(뒤틀기 도구, 🔲)를 클릭합니다. 오른쪽 메뉴의 ❷ Pressure(압력)을 '40', ❸ Density(밀도)를 '30'으로 설정하고 ❹ 키보드의 [와]를 눌러 마우스의 크기를 조절합니다.

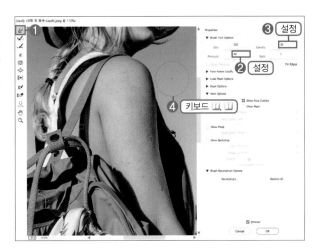

06 ❶ 겨드랑이 부분과 ❷ 팔 앞쪽 라인을 클릭&드래그하여 팔 두께를 조절합니다.

TIP 그림과 같이 마우스의 중심부가 왜곡할 부분의 경계선에 닿는 것이 좋습니다.

07 허벅지 부분을 보정해보겠습니다. 왜곡하지 않을 부분을 설정하기 위해 ❶ Freeze Mask Tool(마스크 고정 도구, ✎)를 클릭하고 ❷ 키보드의 []와 []를 눌러 마우스의 크기를 조절합니다. ❸ 핸드폰을 들고 있는 손과 왼쪽 허벅지 앞 부분을 클릭&드래그합니다.

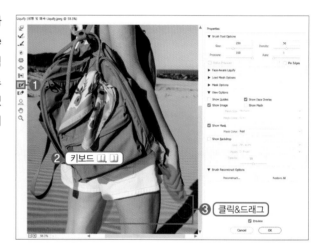

TIP 마스크를 잘못 칠한 부분이 있다면 ❶ Thaw Mask Tool(마스크 고정 해제 도구, ✎)를 클릭합니다. ❷ 키보드의 []와 []를 눌러 마우스의 크기를 조절합니다. ❸ 마스크를 삭제할 부분을 클릭&드래그하여 지웁니다.

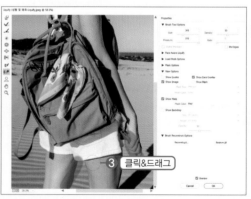

08 ❶ Forward Warp Tool(뒤틀기 도구, )를 클릭하고 ❷ 키보드의 [ ]와 [ ]를 눌러 마우스의 크기를 조절합니다. ❸ 허벅지를 클릭&드래그하여 몸매 보정까지 완료한 후 ❹ [OK(확인)]을 클릭합니다.

☒ Warp으로 둥그렇게 휜 텍스트 만들기

📁 준비파일 P02\Ch07\03\성형 및 왜곡–Warp 1.jpeg, 성형 및 왜곡–Warp 2.png

Warp(뒤틀기)를 이용하여 이미지와 텍스트를 둥그렇게 휘게 변형하는 방법을 알아보겠습니다.

01 File(파일) – Open(열기) 명령으로 '성형 및 왜곡–Warp 1.jpeg'를 열어줍니다.

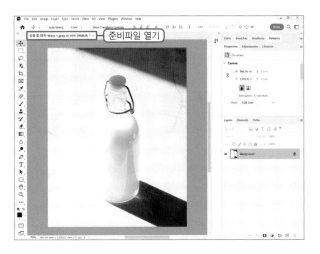

02 ❶ Horizontal Type Tool(수평 문자 도구, T.)를 클릭하고 ❷~❺ 옵션바를 그림과 같이 설정합니다.

- **폰트**: Termina Bold
- **크기**: 150 pt
- **정렬**: 가운데 정렬
- **색상**: #000000

03 ❶ 캔버스를 클릭하고 ❷ 'BOTTLE' 입력 후 ❸ Ctrl + Enter 를 눌러 마무리합니다. ❹ Ctrl + T 를 눌러 변형 상자를 켜고 ❺ 변형 상자를 마우스 오른쪽 버튼으로 클릭한 후 ❻ Warp(뒤틀기)를 클릭합니다.

04 옵션바의 ❶ Warp(뒤틀기)를 'Arch(아치)'로 설정하고 ❷ 변형 상자에 생긴 네모난 점을 클릭&드래그하여 병과 비슷한 둥근 모양을 만듭니다. 완료 후 ❸ Enter 를 누릅니다.

TIP 옵션바의 Bend(구부리기)에 숫자를 입력해 정확한 왜곡 정도를 설정할 수도 있습니다.

5 ❶ File(파일) – ❷ Place Embedded(포함 가져오기)를 클릭하고 ❸ '성형 및 왜곡–Warp 2.png'를 가져옵니다.
❹ 크기와 위치를 조절합니다.

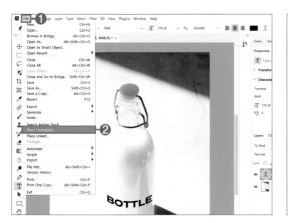 

6 ❶ 변형 상자를 마우스 오른쪽 버튼으로 클릭하고 ❷ Warp(뒤틀기)를 클릭합니다. ❸ 네 모서리에 있는 점과
❹ 점 양쪽에 이어진 핸들을 클릭&드래그하여 볼록한 하트 모양을 만듭니다. 완료 후 ❺ Enter 를 누릅니다.

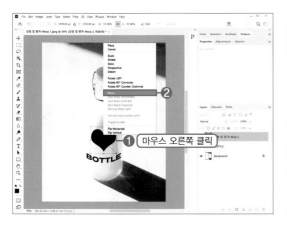 

7 자연스럽게 합성하기 위해 Layers(레이어)
패널에서 ❶ 'BOTTLE' 레이어를 클릭하고
❷ '성형 및 왜곡–Warp 2' 레이어를 Ctrl
+ 클릭하여 중복 선택합니다. ❸ 혼합 모드
를 'Color Burn(색상 번)'으로, ❹ Fill(칠)을
'76%'로 설정합니다.

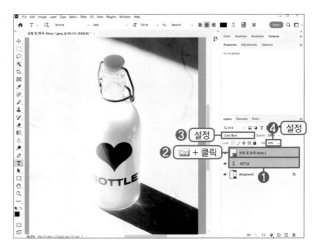

08

포토샵의 꽃이라 할 수 있는 색감 보정에 대해 알아보겠습니다. 밝기와 색상, 채도 조정 메뉴를 다양하게 실습하며 익히고, 실무에서는 필요에 따라 각 메뉴를 선택하여 혼합 사용합니다.

색감 보정의 모든 것

밝기를 조정하는 메뉴 알아보기

포토샵에서 밝기를 조정할 수 있는 세 가지 대표 메뉴인 Brightness/Contrast(명도/대비), Levels(레벨), Curves(곡선)에 대해 알아보겠습니다. 이번 장에서는 '밝기 조정.jpeg' 파일을 공통으로 열어놓고 실습합니다.

📁 준비파일 P02\Ch08\01\밝기 조정.jpeg

⊠ **Brightness/Contrast로 간단하게 밝기 조정하기**

먼저 가장 간단하게 밝기를 조정할 수 있는 Brightness/Contrast(명도/대비)로 이미지의 밝기를 조정해 보겠습니다.

01 File(파일) − Open(열기) 명령으로 '밝기 조정.jpeg'를 열어줍니다.

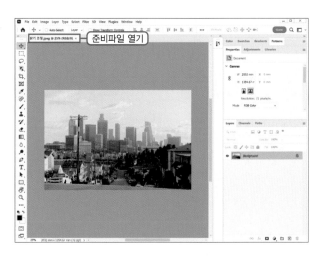

02 ❶ Image(이미지) − ❷ Adjustments(조정) − ❸ Brightness/Contrast(명도/대비)를 클릭합니다.

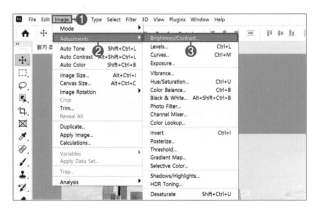

3 Brightness(명도)는 이미지의 전체적인 밝기를 조정합니다. ❶ 숫자가 커질수록 전체적인 밝기가 밝아지고 ❷ 작아질수록 어두워집니다. 하지만 디테일한 밝기 보정을 할 수는 없습니다.

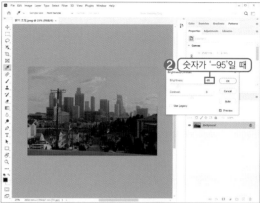

4 Contrast(대비)는 명도 대비를 조정합니다. 숫자가 커질수록 명도 대비가 커집니다. 밝은 부분은 더 밝아지고, 어두운 부분은 더 어두워져 또렷하고 선명한 분위기를 만듭니다.

TIP 대비에는 색의 3요소에 따른 색상 대비, 채도 대비, 명도 대비가 있습니다.

5 숫자가 작아질수록 명도 대비가 작아집니다. 밝은 부분은 어두워지고, 어두운 부분은 밝아져 은은하고 차분한 분위기를 만듭니다. 또 이미지의 숨은 디테일이 드러나 동화 같은 느낌을 내기도 합니다.

06 ❶ [Auto(자동)]을 클릭하면 포토샵에서 이
미지를 분석해 자동으로 적절한 명도 및
대비값을 설정합니다. 모든 조정 완료 후
❷ [OK(확인)]을 클릭합니다.

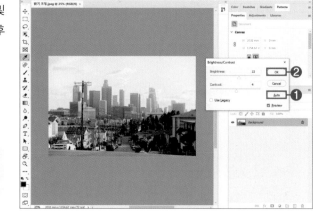

TIP 포토샵의 모든 메뉴 창의 [Cancel(취소)]는
Alt + 클릭하면 [Reset(재설정)]으로 변환되어 초기값
에서 다시 조정할 수 있습니다.

⊠ Levles를 사용해 극단적으로 밝기 조정하기

Levels(레벨)은 이미지의 밝기를 극단적으로 조정하는 메뉴로 디테일한 밝기 보정은 하지 못합니다.
Levels(레벨)로 이미지의 밝기를 조정하는 방법을 알아보겠습니다.

01 ❶ Image(이미지) – ❷ Adjustments(조정)
– ❸ Levels(레벨)을 클릭합니다.

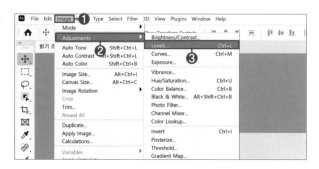

02 ❶ 이 화살표는 이미지의 어두운 부분을 담
당합니다. 오른쪽으로 클릭&드래그하거나
❷ 숫자를 '0~253' 사이로 입력해 어두운
부분을 더 어둡게 할 수 있습니다. 어두운
부분이 거의 검은색으로 변하면서 디테일이
사라집니다.

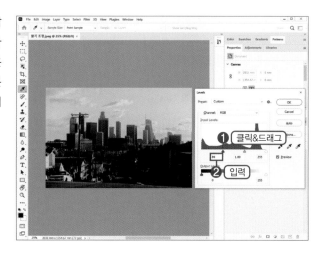

03 ❶ 이 화살표는 이미지의 전체적인 밝기를 담당합니다. 왼쪽으로 클릭&드래그하면 전체적으로 밝아지고, 오른쪽으로 클릭&드래그하면 전체적으로 어두워집니다. ❷ 숫자를 '0.01~9.99' 사이로 입력해 조정하는 것과 같습니다.

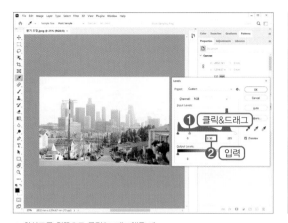

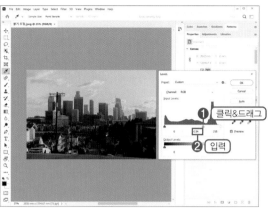

▲ 화살표를 왼쪽으로 클릭&드래그했을 때

▲ 화살표를 오른쪽으로 클릭&드래그했을 때

04 ❶ 이 화살표는 이미지의 밝은 부분을 담당합니다. 왼쪽으로 클릭&드래그하거나 ❷ 숫자를 '2~255' 사이로 입력해 밝은 부분을 더 밝게 할 수 있습니다. 밝은 부분이 거의 흰색으로 변하면서 디테일이 사라집니다.

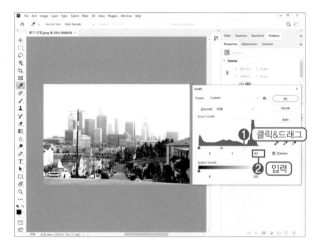

05 ❶ 이 화살표는 이미지의 어두운 부분을 담당합니다. 오른쪽으로 클릭&드래그하거나 ❷ 숫자를 '0~255' 사이로 입력해 어두운 부분을 밝게 할 수 있습니다. 이미지에서 완전한 검은색은 사라지게 됩니다.

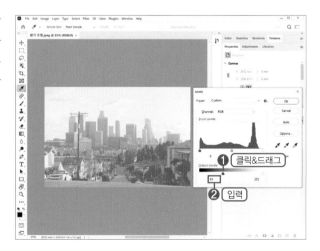

06 ❶ 이 화살표는 이미지의 밝은 부분을 담당합니다. 왼쪽으로 클릭&드래그하거나 ❷ 숫자를 '0~255' 사이로 입력해 밝은 부분을 어둡게 할 수 있습니다. 이미지에서 완전한 흰색은 사라지게 됩니다. 모든 조정 완료 후 ❸ [OK(확인)]을 클릭합니다.

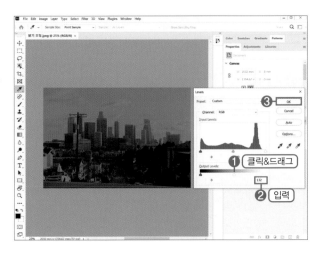

⊠ Curves로 자연스럽게 색감 보정하기

Curves(곡선)은 이미지의 밝기와 색감을 세밀하게 조정하는 메뉴로 포토샵에서 색감 보정을 할 때 가장 많이 사용하는 메뉴 중 하나입니다. Curves(곡선)으로 이미지의 밝기를 조정하는 방법을 알아보겠습니다.

01 ❶ Image(이미지) – ❷ Adjustments(조정) – ❸ Curves(곡선)을 클릭합니다.

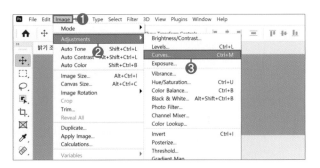

02 그래프의 ❶ 윗 부분은 밝은 영역을 ❷ 아래 부분은 어두운 영역을 담당합니다. ❸ 중간 부분은 아주 어둡거나 밝은 부분을 제외한 전체적인 영역을 담당합니다. ❹ 위로 올리면 밝아지고 ❺ 아래로 내리면 어두워집니다.

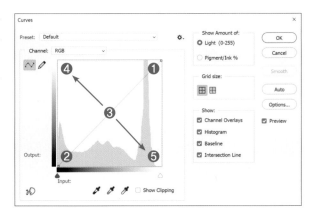

03 그래프 위에 클릭&드래그를 하면 새로운 점이 추가되어 곡선의 모양을 변경할 수 있습니다.

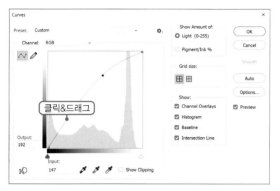 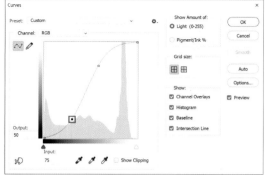

04 그래프에 있는 점을 클릭&드래그하여 밖으로 빼면 삭제할 수 있습니다.

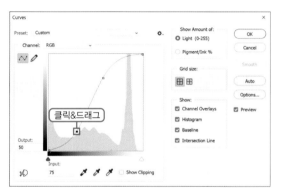 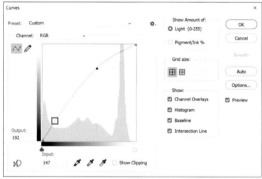

05 Channel(채널)을 'Red(빨강)'으로 변경합니다.

06 그래프의 ❶ 윗 부분은 밝은 영역을 ❷ 아래 부분은 어두운 영역을 담당합니다. ❸ 중간 부분은 아주 어둡거나 밝은 부분을 제외한 전체적인 영역을 담당합니다.

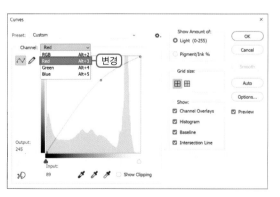 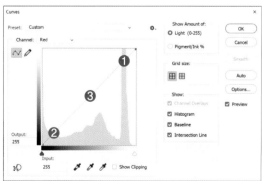

07 그래프를 ❶ 위로 올리면 밝은 빨간색이 더해지고 ❷ 아래로 내리면 빨간색이 빠지면서 어두운 녹청색(Cyan)이 더해집니다.

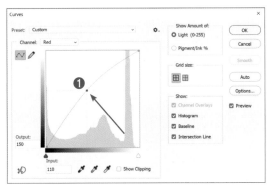

▲ 그래프를 위로 올렸을 때

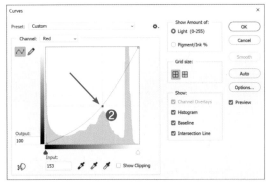

▲ 그래프를 아래로 내렸을 때

08 Channel(채널)을 'Green(녹색)'으로 변경합니다.

09 그래프의 ❶ 윗 부분은 밝은 영역을 ❷ 아래 부분은 어두운 영역을 담당합니다. ❸ 중간 부분은 아주 어둡거나 밝은 부분을 제외한 전체적인 영역을 담당합니다.

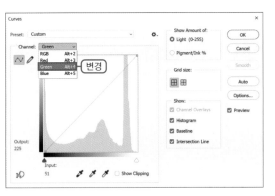

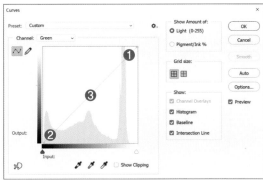

10 그래프를 ❶ 위로 올리면 밝은 녹색이 더해지고 ❷ 아래로 내리면 녹색이 빠지면서 어두운 마젠타색(Magenta)이 더해집니다.

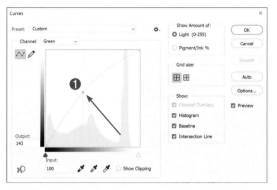 

▲ 그래프를 위로 올렸을 때

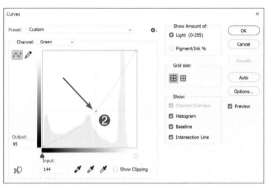 

▲ 그래프를 아래로 내렸을 때

11 Channel(채널)을 'Blue(파랑)'으로 변경합니다.

12 그래프의 ❶ 윗 부분은 밝은 영역을 ❷ 아래 부분은 어두운 영역을 담당합니다. ❸ 중간 부분은 아주 어둡거나 밝은 부분을 제외한 전체적인 영역을 담당합니다.

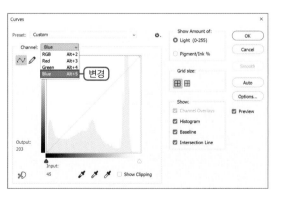 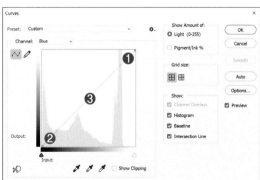

13 그래프를 ❶ 위로 올리면 밝은 파란색이 더해지고 ❷ 아래로 내리면 파란색이 빠지면서 어두운 노란색(Yellow)이 더해집니다. 모든 조정 완료 후 ❸ [OK(확인)]을 클릭합니다.

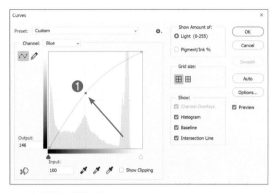

▲ 그래프를 위로 올렸을 때

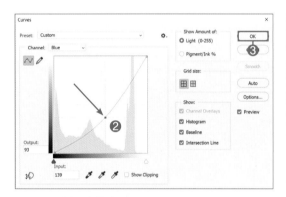

▲ 그래프를 아래로 내렸을 때

TIP Curves(곡선)은 가산 혼합인 RGB 색상 모드에서는 위와 같이 작동하고, 감산 혼합인 CMYK 색상 모드에서는 반대로 작동합니다. 즉, 그래프를 위로 올리면 어두워지고 아래로 내리면 밝아집니다.

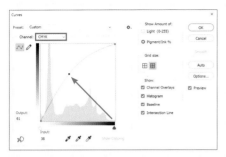 

▲ 그래프를 위로 올렸을 때

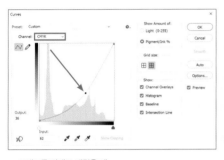 

▲ 그래프를 아래로 내렸을 때

색상과 채도를 조정하는 메뉴 알아보기

이번에는 다섯 가지 메뉴로 이미지의 전반적인 분위기를 결정하는 색상과 채도를 조정해보겠습니다. 각 메뉴의 원리를 알고 있어야 필요에 따라 적합하게 사용할 수 있습니다. '색상과 채도 조정.jpeg' 파일을 공통으로 열어놓고 실습합니다.

📁 준비파일 P02\Ch08\02\색상과 채도 조정.jpeg

⊠ Hue/Saturation을 사용해 색상과 채도 조정하기

먼저 Hue/Saturation(색조/채도)로 이미지의 색상과 채도를 직관적으로 조정해보겠습니다. Hue(색조)는 전체적인 색상을 제어하고, Saturation(채도)는 색상의 강도를 조정합니다.

01 File(파일) – Open(열기) 명령으로 '색상과 채도 조정.jpeg'를 열어줍니다.

02 ❶ Image(이미지) – ❷ Adjustments(조정) – ❸ Hue/Saturation(색조/채도)를 클릭합니다.

03 ❶ Hue(색조)를 클릭&드래그하거나 ❷ '−180∼+180' 사이의 숫자를 입력해 이미지의 색을 바꿀 수 있습니다.

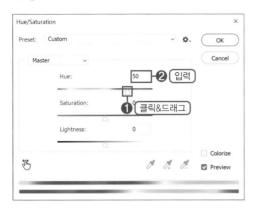

TIP 이때 색은 Hue(색조) 바에 있는 색으로 바뀌는 것이 아니라 색상환에서의 회전 각도로 설정됩니다. 예를 들어 Hue(색조)를 '+180'으로 설정했다면 색상환에서 180도 회전한 곳, 즉 정 반대편에 있는 색상인 보색으로 바꿀 수 있습니다.

04 ❶ Saturation(채도)를 클릭&드래그하거나 ❷ '−100∼+100' 사이의 숫자를 입력해 이미지의 채도를 높이거나 낮출 수 있습니다.

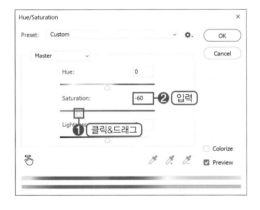

TIP Saturation(채도)를 '−100'으로 하면 흑백 이미지를 만들 수 있습니다.

05 ❶ Lightness(밝기)를 클릭&드래그하거나 ❷ '−100∼+100' 사이의 숫자를 입력해 이미지에 흰색 혹은 검은색을 더할 수 있습니다.

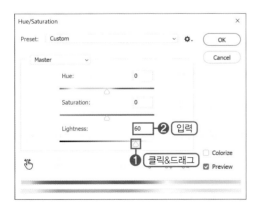

06 Colorize(색상화)를 체크하면 단색 이미지를 만들 수 있습니다. 이때에는 Hue(색조), Saturation(채도), Lightness(밝기) 메뉴에서 설정한 색이 직관적으로 드러납니다.

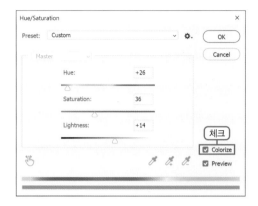

07 ❶ Colorize(색상화)를 체크 해제하고 ❷ Master(마스터)를 'Cyan(녹청 계열)'로 설정합니다.

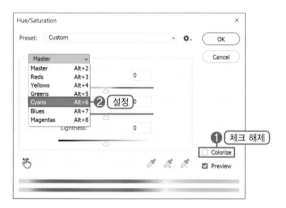

08 ❶ Hue(색조), ❷ Saturation(채도), ❸ Lightness(밝기)를 조정하여 이미지의 녹청색 부분만 색을 바꿉니다. 이때에는 이미지의 녹청색 계열이 Hue(색조)에서 설정한 색으로 바뀌며, Lightness(밝기)가 녹청색의 밝기를 조정하는 메뉴가 됩니다. 모든 조정 완료 후 ❹ [OK(확인)]을 클릭합니다.

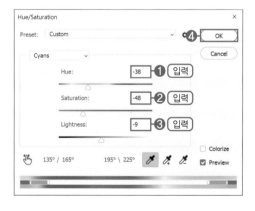

TIP 하단 색상 바에 있는 회색 영역을 클릭&드래그하여 녹청색의 범위를 조정할 수 있습니다.

⊠ Color Balance로 색상 조정하기

Color Balance(색상 균형)은 밝기에 영향 없이 색상만 추가할 수 있는 메뉴입니다. Color Balance(색상 균형)으로 이미지에 색상을 추가해보겠습니다.

1 ❶ Image(이미지) – ❷ Adjustments(조정) – ❸ Color Balance(색상 균형)을 클릭합니다.

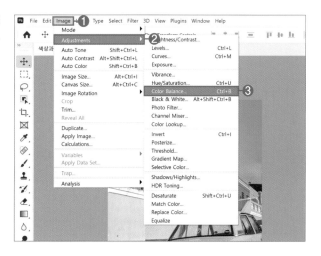

2 서로 반대 색상인 Cyan(녹청), Magenta(마젠타), Yellow(노랑)과 Red(빨강), Green(녹색), Blue(파랑) 사이의 균형을 조정할 수 있습니다. 한쪽 색상이 추가되면, 반대쪽 색상은 자연스럽게 빠지게 됩니다. 예를 들어, 두 번째 스크롤을 오른쪽으로 클릭&드래그하여 이미지에 Green(녹색)을 추가하고 Magenta(마젠타)를 뺄 수 있습니다.

3 Color Balance(색상 균형)은 색을 혼합하는 용도로도 사용합니다. ❶ Red(빨강)과 ❷ Yellow(노랑)을 추가해 주황색을 만들 수 있습니다. 모든 조정 완료 후 ❸ [OK(확인)]을 클릭합니다.

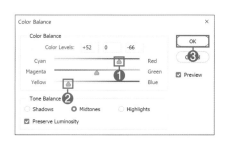

☒ Selective Color로 자연스럽게 색상 변경하기

Selective Color(선택 색상)은 본연의 색상을 자연스럽게 바꿀 때 많이 사용하는 메뉴입니다. Selective Color(선택 색상)으로 이미지의 색상을 변경해보겠습니다.

01 ❶ Image(이미지) – ❷ Adjustments(조정) – ❸ Selective Color(선택 색상)을 클릭합니다.

02 특정 색상 계열에 Cyan(녹청), Magenta(마젠타), Yellow(노랑), Black(검정)을 더하거나 빼서 색을 바꿀 수 있는 메뉴입니다. 바꿀 Colors(색상)을 'Magentas(마젠타 계열)'로 설정합니다.

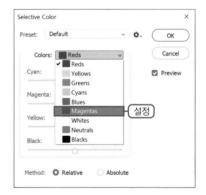

03 Yellow(노랑)을 '+100'으로 설정해 빨강색에 가깝게 만들 수 있습니다.

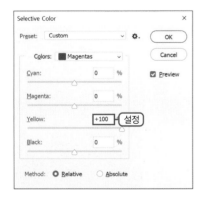

TIP 색상환을 생각하며 색을 만듭니다. 마젠타색에 노란색을 섞으면 그 사이에 있는 빨간색 계열이 나옵니다.

바꿀 Colors(색상)을 'Greens(녹색 계열)'로 설정합니다.

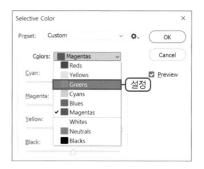

❶ Cyan(녹청)을 '+70', ❷ Yellow(노랑)을 '−100', ❸ Black(검정)을 '+100'으로 설정해 짙은 청록색을 만들 수 있습니다. 모든 조정 완료 후 ❹ [OK(확인)]을 클릭합니다.

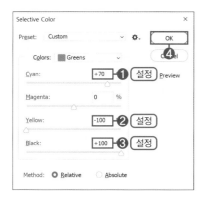

TIP   Black(검정)은 밝기를 조절하는 용도입니다. 숫자가 커질수록 어두워지고, 작아질수록 밝아집니다.

⊠ Replace Color로 특정 색상 바꾸기

Replace Color(색상 대체)로 이미지에서 특정 색상만 바꾸는 방법에 대해 알아보겠습니다.

❶ Image(이미지) − ❷ Adjustments(조정) − ❸ Replace Color(색상 대체)를 클릭합니다.

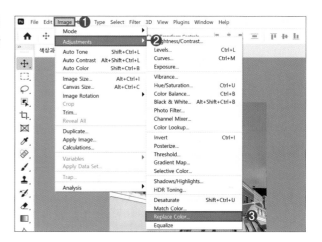

02 특정 색상을 골라 다른 색으로 정확하게 바꿀 수 있는 메뉴입니다. 캔버스에서 색상을 바꾸고 싶은 부분을 클릭합니다.

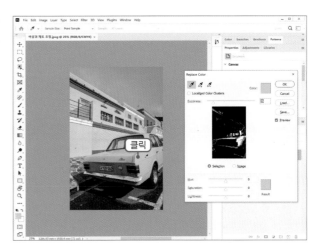

03 ❶ Hue(색조), ❷ Saturation(채도), ❸ Lightness(밝기)를 각각 클릭&드래그하여 대체할 색상을 고릅니다. 오른쪽의 Result(결과) 색상을 클릭하여 직접 설정하는 것과 같습니다.

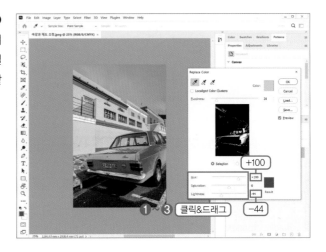

04 Replace Color(색상 대체) 창에 흰색으로 나오는 부분이 색상이 바뀔 부분입니다. Fuzziness(허용량)을 올려 색상 범위를 넓힐 수 있습니다.

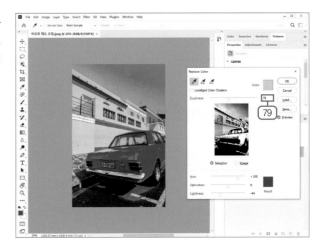

5 상단의 ❶ 플러스 스포이드(✐)를 클릭한 후 ❷ 캔버스에서 색상을 바꾸고 싶은 부분을 클릭합니다. 모든 조정
완료 후 ❸ [OK(확인)]을 클릭합니다.

TIP 마이너스 스포이드(✐)를 클릭하여 캔버스에서 색상이 바뀌는 부분을 제외할 수도 있습니다.

⊠ Gradient Map으로 전체 톤을 일정하게 보정하기

Gradient Map(그레이디언트 맵)은 특정 색상들의 조합으로 전체를 덮어씌울 수 있어 감각적인 이미지를
만들 수 있는 메뉴입니다. Gradient Map(그레이디언트 맵)을 사용하는 방법에 대해 알아보겠습니다.

1 ❶ Image(이미지) – ❷ Adjustments(조정)
– ❸ Gradient Map(그레이디언트 맵)을 클
릭합니다.

02 그레이디언트 바의 왼쪽 색상이 이미지의 어두운 부분에, 오른쪽 색상이 이미지의 밝은 부분에 덮어씌워집니다. 그레이디언트 바를 클릭합니다.

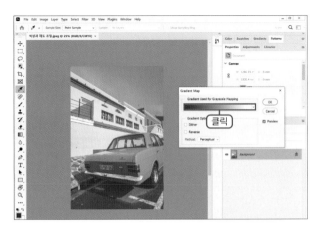

03 그레이디언트 ❶ 왼쪽 아래 색연필을 클릭하고 ❷ Color(색상)을 클릭합니다. ❸ 이미지의 어두운 부분에 적용할 색상을 클릭하고 ❹ [OK(확인)]을 클릭합니다.

04 그레이디언트 ❶ 오른쪽 아래 색연필을 클릭하고 ❷ Color(색상)을 클릭합니다. ❸ 이미지의 밝은 부분에 적용할 색상을 클릭하고 ❹ [OK(확인)]을 클릭합니다.

TIP 왼쪽 색연필에는 어두운 색상을, 오른쪽 색연필에는 밝은 색상을 설정하는 것이 자연스럽습니다. 반대로 하면 색상이 반전되어 보여 낯설지만 예술적으로 표현할 수 있습니다.

05 중간 밝기 영역에 색상을 추가하기 위해 ❶ 아래의 두 색연필 사이를 클릭해 색상을 추가합니다. ❷ Color(색상)을 클릭합니다. ❸ 중간 밝기 부분에 적용할 색상을 클릭하고 ❹ [OK(확인)]을 클릭합니다.

06 ❶ [OK(확인)]을 클릭합니다. 색상을 반전시키고 싶다면 ❷ Reverse(반전)에 체크합니다. 모든 조정 완료 후 ❸ [OK(확인)]을 클릭합니다.

Camera Raw Filter로 이미지 보정하기

Camera Raw Filter(Camera Raw 필터)는 사진작가들이 사용하는 대표적인 고급 조정 메뉴로 보정을 세밀하게 할 수 있습니다. Image(이미지) – Adjustments(조정)에 있는 메뉴와 중복되는 메뉴는 제외하고 살펴보겠습니다. 'Camera Raw Filter.jpeg' 파일을 공통으로 열어놓고 실습합니다.

📁 준비파일 P02\Ch08\03\Camera Raw Filter.jpeg

⊠ Basic으로 색 교정과 질감 살리기

먼저 이미지의 색상을 교정하고 질감을 살리는 Basic(기본)에 대해 알아보겠습니다.

01 File(파일) – Open(열기) 명령으로 ❶ 'Camera Raw Filter.jpeg'를 열어줍니다. ❷ Filter(필터) – ❸ Camera Raw Filter(Camera Raw 필터)를 클릭합니다.

02 ❶ Basic(기본)을 클릭합니다. ❷ 각 메뉴의 스크롤 바에 있는 화살표를 조정합니다. 화살표를 더블 클릭하면 초기값으로 되돌릴 수 있습니다.

▲ Basic(기본) 조정 전

▲ Basic(기본) 조정 후

아래에서 언급하지 않은 메뉴는 Image(이미지) – Adjustments(조정)의 Brightness/Contrast(명도/대비), Shadows/Highlights(어두운 영역/밝은 영역)을 각각 참고하세요.

- Temperature(온도): 이미지에 노란색을 추가해 따뜻한 느낌을, 파란색을 추가해 차가운 느낌을 만들 수 있습니다.
- Tint(색조): 이미지에 마젠타색과 녹색의 정도를 추가할 수 있습니다.
- Exposure(노출): 이미지의 빛 노출 정도를 조정할 수 있습니다.
- Whites(흰색 계열): 흰색에 가까운 밝은 계열의 밝기를 조정할 수 있습니다.
- Blacks(검정 계열): 검은색에 가까운 어두운 계열의 밝기를 조정할 수 있습니다.
- Texture(텍스처): 노이즈를 최소화하며 이미지의 질감을 선명하게 하거나 흐릿하게 할 수 있습니다. 채도와 밝기에는 영향이 없습니다.
- Clarity(명료도): 이미지를 선명하거나 흐릿하게 할 수 있으며, 채도와 밝기에 영향을 미쳐 대비를 같이 조정합니다.
- Dehaze(디헤이즈): 뿌연 안개 현상을 만들거나 제거해주는 메뉴이며, 채도와 밝기에 영향이 있습니다.
- Saturation(채도): 이미지의 전체적인 채도를 조정하며, '-100'으로 설정해 완전한 흑백으로 만들 수 있습니다.
- Vibrance(활기): 채도가 낮은 부분의 채도를 위주로 조정하며, '-100'으로 설정해도 완전한 흑백으로 변하지 않습니다.

⊠ Detail로 선명도와 노이즈 조절하기

Detail(세부)는 이미지의 선명도와 노이즈를 조정하는 메뉴입니다.

01 확대하고 싶은 부분을 ❶ Alt + 마우스 휠을 올려 화면을 확대합니다. ❷ Detail(세부)를 클릭합니다. ❸ 각 메뉴의 스크롤 바에 있는 화살표를 조정합니다. Alt + 마우스 휠을 내리면 화면을 축소할 수 있습니다.

▲ Detail(세부) 조정 전

▲ Detail(세부) 조정 후

- Sharpening(선명 효과): 선명하게 하여 이미지의 질감을 살릴 수 있습니다.
- Noise Reduction(노이즈 감소): 선명하게 했을 때 필연적으로 생기는 노이즈 및 그레인을 감소하여 보정할 수 있습니다.
- Color Noise Reduction(색상 노이즈 감소): 다양한 색상의 노이즈를 감소할 수 있습니다. 너무 많이 높이면 이미지의 전체적인 채도가 낮아질 수 있습니다.

⊠ Color Mixer와 Calibration으로 원하는 색상만 조정하기

원하는 색상만 조정 가능한 Color Mixer(색상 혼합)과 Calibration(보정)에 대해 알아보겠습니다.

01 ❶ Color Mixer(색상 혼합)을 클릭합니다. 이미지의 Hue(색조), Saturation(채도), Luminance(광도)를 각각 조정할 수 있습니다. 예를 들어 ❷ Saturation(채도)를 클릭하고 ❸ Greens(녹색 계열)을 왼쪽으로 내리면 이미지의 녹색 계열의 채도가 내려갑니다. ❹ Luminance(광도)를 클릭하고 ❺ Reds(빨강 계열)을 오른쪽으로 올리면 이미지의 빨간색 계열의 밝기가 올라갑니다.

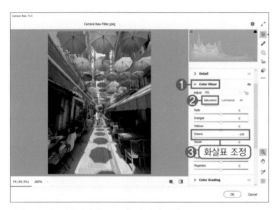

▲ Saturation(채도)의 Greens(녹색 계열) 조정   ▲ Luminance(광도)의 Reds(빨강 계열) 조정

02 ❶ Calibration(보정)을 클릭합니다. ❷ 각 메뉴의 스크롤 바에 있는 화살표를 조정합니다.

▲ Calibration(보정) 조정 전   ▲ Calibration(보정) 조정 후

🔔 알아두기

• Red Primary(빨강 기본): 이미지에서 빨간색이 관여하는 부분의 Hue(색조)와 Saturation(채도)를 조정합니다.
• Green Primary(녹색 기본): 이미지에서 녹색이 관여하는 부분의 Hue(색조)와 Saturation(채도)를 조정합니다.
• Blue Primary(파랑 기본): 이미지에서 파란색이 관여하는 부분의 Hue(색조)와 Saturation(채도)를 조정합니다.

⊠ Color Grading으로 밝기 영역에 따라 색 보정하기

이미지의 밝기 영역에 따라 색 보정을 하는 Color Grading(색 보정)에 대해 알아보겠습니다.

1 Color Grading(색 보정)에서 각 색상환의 색상점과 스크롤 바의 화살표를 조정합니다.

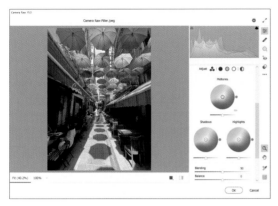

▲ Color Grading(색 보정) 조정 전

▲ Color Grading(색 보정) 조정 후

🔔 알아두기

- Midtones(중간 영역): 이미지의 중간 밝기 영역의 색상과 밝기를 조정합니다.
- Shadows(어두운 영역): 이미지의 어두운 영역의 색상과 밝기를 조정합니다.
- Highlights(밝은 영역): 이미지의 밝은 영역의 색상과 밝기를 조정합니다.
- Blending(혼합): 밝기 영역에 따라 다른 색상이 들어갔을 때 경계선이 생기는 것을 방지하기 위해 값을 올려 색을 자연스럽게 혼합합니다.
- Balance(균형): 왼쪽으로 드래그하여 값을 낮추면 어두운 영역을, 오른쪽으로 드래그하여 값을 높이면 밝은 영역을 강조합니다.

⊠ Optics로 렌즈의 오류 보정하기

렌즈의 오류를 보정하는 Optics(광학)에 대해 알아보겠습니다.

01 ❶ Optics(광학)을 클릭합니다. ❷ 각 메뉴의 스크롤 바에 있는 화살표를 조정합니다.

▲ Optics(광학) 조정 전

▲ Optics(광학) 조정 후

⚠️ 알아두기

• Distortion(왜곡): 왜곡된 원근을 보정할 수 있습니다.

• Vignette(비네트): 이미지 외곽에 있는 비네팅(Vignetting)을 보정 및 삭제할 수 있습니다. 비네팅(Vignetting)이란 외곽 부분에 빛의 양이 적어져 명도와 채도가 감소하는 현상을 말합니다. 렌즈 혹은 카메라의 한계로 인하여 발생하지만, 시선을 중앙부에 집중시킬 수 있어 경우에 따라 의도적으로 비네팅(Vignetting)을 만들기도 합니다.

⊠ Effects로 아날로그 느낌 내기

아날로그 느낌을 낼 수 있는 Effects(효과)에 대해 알아보겠습니다.

❶ Effects(효과)를 클릭합니다. ❷ 각 메뉴의 스크롤 바에 있는 화살표를 조정합니다.

▲ Effects(효과) 조정 전

▲ Effects(효과) 조정 후

🔔 알아두기

· Grain(그레인): 그레인을 추가하여 빈티지 및 아날로그 느낌을 낼 수 있습니다.

· Vignetting(비네팅): 이미지 외곽에 어두운 혹은 밝은 비네팅(Vignetting)을 만들 수 있으며, Optics(광학)의 Vignette(비네트)보다 더 극적인 효과를 낼 수 있습니다.

09

포토샵에는 다양한 Filter(필터) 메뉴가 있습니다. 이미지 편집 작업이 주가 되는 포토샵에서 다양한 Filter(필터) 메뉴의 사용법을 익혀두면 일상에서 쉽고 간단하게 이미지 보정 작업을 할 수 있습니다. 이번 챕터에서는 Filter(필터)의 다양한 대표 메뉴를 사용해보겠습니다.

다양한 필터 메뉴 살펴보기

인공지능을 사용하는 Neural Filters

Neural Filters(Neural 필터)는 인공지능이 이미지를 분석하여 다양하게 변형 및 합성해주는 필터 메뉴입니다. 인공지능이 자동으로 이미지에서 개체를 인식하기 때문에 사용 방법만 익히면 초보자도 쉽게 사용할 수 있는 기능입니다.

☒ Neural Filters란 무엇일까?

📁 준비파일 P02\Ch09\01\Neural Filters.jpeg

먼저 Neural Filters(Neural 필터)가 무엇인지 사용 방법을 알아보겠습니다.

01 File(파일) – Open(열기) 명령으로 'Neural Filters.jpeg'를 열어줍니다.

02 ❶ Filter(필터) – ❷ Neural Filters(Neural 필터)를 클릭합니다.

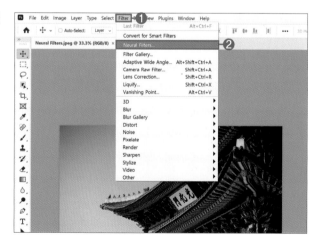

3 ❶ 각 필터의 구름 모양 버튼(☁)을 클릭하고 ❷ [Download(다운로드)]를 클릭하면 해당 필터를 클라우드에 다운로드할 수 있습니다.

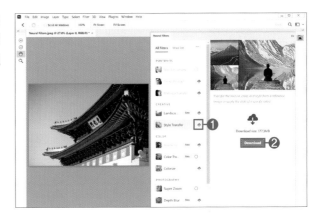

TIP Portraits(인물) 메뉴 세 가지는 얼굴 인식이 되는 이미지에서만 사용할 수 있습니다.

4 다운로드된 필터는 활성화 버튼(◯)으로 변하고 ❶ 이를 클릭하여 활성화합니다. ❷ 원하는 필터를 적용하면 왼쪽 화면에서 적용된 모습을 확인하고 수정할 수 있습니다.

TIP Beta(베타) 표시는 머신 러닝 과정이 개선되고 있는 테스트 필터입니다. 실행할 수는 있지만 아직 다른 필터들에 비해 완전한 모델은 아닙니다.

5 상단의 ❶ Wait list(대기 목록) 탭을 클릭하면 현재 Adobe에서 준비 중인 필터를 미리 볼 수 있습니다. ❷ [I'm interested(관심이 있습니다)]를 클릭하여 필터에 투표하면 가까운 시일 내에 배포될 가능성이 커집니다. 모든 필터 적용 후 ❸ [OK(확인)]을 클릭합니다.

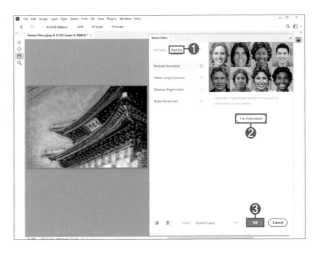

⊠ Colorize로 흑백 사진의 색상 복구하기

📁 준비파일 P02\Ch09\01\Neural Filters-Colorize.jpeg

Neural Filters(Neural 필터) 메뉴 중 흑백 사진의 색상을 복구하는 Colorize(색상화)에 대해 알아보겠습니다.

01 File(파일) – Open(열기) 명령으로 'Neural Filters-Colorize.jpeg'를 열어줍니다.

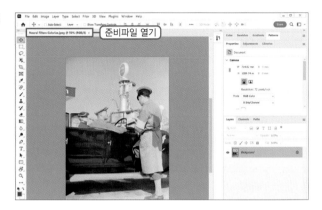

02 ❶ Filter(필터) – ❷ Neural Filters(Neural 필터)를 클릭합니다.

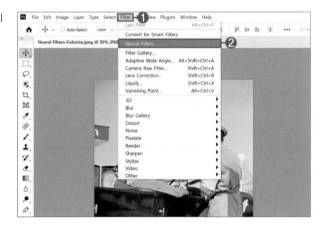

03 ❶ Colorize(색상화)의 구름 모양 버튼(☁)을 클릭하고 ❷ [Download(다운로드)]를 클릭합니다.

04 ❶~❽ 하단에 있는 Adjustments(조정) 메
뉴를 그림과 같이 설정합니다.

- Profile(프로필): Retro bright(레트로 밝은색)
- Profile strength(프로필 강도): 42
- Saturation(채도): 0
- Cyan/Red(녹청/빨강): 0
- Magenta/Green(마젠타/녹색): 0
- Yellow/Blue(노랑/파랑): 0
- Color artifact reduction(색상 아티팩트 감
  소): 6
- Noise reduction(노이즈 감소): 10

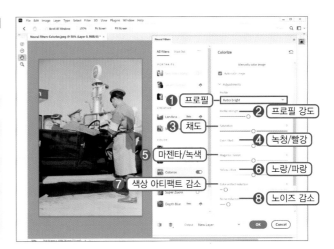

TIP   Color artifact(색상 아티팩트)란, 색상을 만들면서 생기는 일종의 불순물입니다. 여기에 있는 프로필, 채도, 색상 메뉴는 정답
이 없으니 하나씩 조정해 마음에 드는 색감을 찾으시면 됩니다.

05 Output options(출력 옵션)의 ❶ Output
as new color layer(새로운 색상 레이어로
출력)을 체크한 후 ❷ [OK(확인)]을 클릭합
니다.

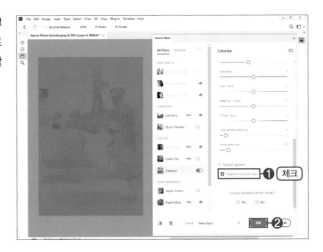

06 색이 덜 채워진 하늘색 부분을 칠하기 위해
❶ Brush Tool(브러시 도구, ✏️)를 클릭합
니다. ❷ 옵션바의 브러시 모양 버튼(●)
을 클릭하고 ❸ General Brushes(일반 브
러시) − ❹ Soft Round(부드러운 원)을 클
릭합니다. ❺ 키보드의 [와]를 눌러 브
러시의 크기를 조절합니다.

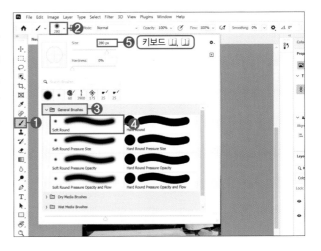

07 ❶ 'Background(배경)' 레이어의 눈을 클릭해 끄고 ❷ 하늘색 부분을 Alt + 클릭해 색을 추출합니다.

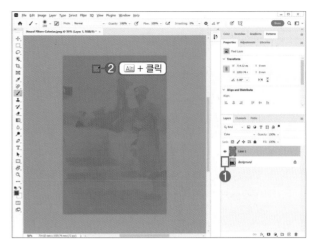

TIP Brush Tool(브러시 도구)로 Alt + 클릭하면 스포이드 도구를 사용할 수 있습니다.

08 ❶ 'Layer 1(레이어 1)' 레이어를 클릭한 후 ❷ 하늘 부분에 클릭&드래그하여 칠합니다.

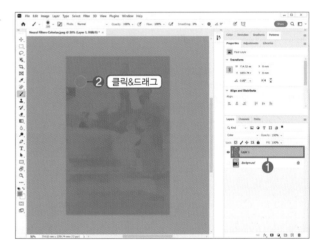

09 'Background(배경)' 레이어의 눈을 다시 클릭해 켭니다.

다양한 질감을 넣는 필터 갤러리

필터 갤러리는 다양한 질감 및 왜곡 효과를 쉽게 넣을 수 있는 메뉴로 종류가 다양
하지만 전부 외울 필요는 없습니다. 그때 그때 필요한 필터를 골라 사용하면 됩니다.
이번에는 'Filter Gallery.jpeg'를 공통으로 열어놓고 실습합니다.

📁 준비파일 P02\Ch09\02\Filter Gallery.jpeg

☒ Filter Gallery 한눈에 보기

Filter Gallery(필터 갤러리)에 메뉴를 한눈에 살펴보겠습니다.

1 File(파일) – Open(열기) 명령으로 'Filter Gallery.jpeg'를 열어줍니다.

2 ❶ Filter(필터) – ❷ Filter Gallery(필터 갤러리)를 클릭합니다.

03 ❶ 각 필터 그룹의 ▶ 버튼을 눌러 열고 ❷ 원하는 필터를 클릭한 후 ❸ 각 필터의 세부 값을 설정할 수 있습니다.

04 ❶ 아래의 새 효과 레이어 버튼(⊞)을 클릭하고 ❷ 추가로 넣을 효과를 클릭하면 두 개 이상의 효과를 중복 적용할 수 있습니다.

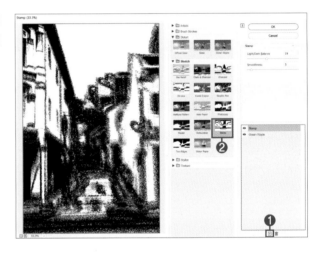

05 필요 없는 필터는 ❶ 필터 리스트에서 클릭하고 ❷ 휴지통 버튼(🗑)을 클릭해 삭제합니다. 필터 적용 완료 후 ❸ [OK(확인)]을 클릭합니다.

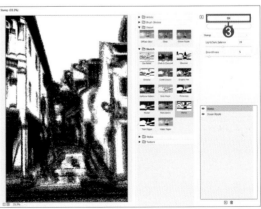

🔔 알아두기

Filter Gallery(필터 갤러리)의 각 필터는 다음과 같습니다.

• Arisitc(예술 효과)

▲ Colored Pencil
(색연필)

▲ Cutout
(오려내기)

▲ Dry Brush
(드라이 브러시)

▲ Film Grain
(필름 그레인)

▲ Fresco
(프레스코)

▲ Neon Glow
(네온광)

▲ Paint Daubs
(페인트 바르기)

▲ Palette Knife
(팔레트 나이프)

▲ Plastic Wrap
(비닐랩)

▲ Poster Edges
(포스터 가장자리)

▲ Rough Pastels
(거친 파스텔 효과)

▲ Smudge Stick
(문지르기 효과)

▲ Sponge
(스펀지)

▲ Underpainting
(언더페인팅 효과)

▲ Watercolor
(수채화 효과)

• Brush Stroke(브러시 획)

▲ Accented Edges
(강조된 가장자리)

▲ Angled Strokes
(각진 획)

▲ Crosshatch
(그물눈)

▲ Dark Strokes
(어두운 획)

▲ Ink Outlines
(잉크 윤곽선)

▲ Spatter
(뿌리기)

▲ Spray Strokes
(스프레이 획)

▲ Sumi-e
(수묵화)

• Distort(왜곡)

▲ Diffuse Glow
(광선 확산)

▲ Glass
(유리)

▲ Ocean Ripple
(바다 물결)

• Sketch(스케치 효과)

▲ Bas Relief
(저부조)

▲ Chalk&Charcoal
(분필과 목탄)

▲ Charcoal
(목탄)

▲ Chrome
(크롬)

▲ Conte Crayon
(크레용)

▲ Graphic Pen
(그래픽 펜)

▲ Halftone Pattern
(하프톤 패턴)

▲ Note Paper
(메모지)

▲ Photocopy
(복사)

▲ Plaster
(석고)

▲ Reticulation
(망사 효과)

▲ Stamp
(도장)

▲ Torn Edges
(가장 자리 찢기)

▲ Water Paper
(물 종이)

• Stylize(스타일화)

▲ Glowing Edges
(가장자리 광선 효과)

• Texture(텍스처)

▲ Craquelure
(균열)

▲ Grain
(그레인)

▲ Mosaic Tiles
(모자이크 타일)

▲ Patchwork
(이어붙이기)

▲ Stained Glass
(채색 유리)

▲ Texturizer
(텍스처화)

⊠ Filter Gallery 사용해서 질감 넣기

Filter Gallery(필터 갤러리)를 사용해서 이미지에 질감을 넣는 방법에 대해 알아보겠습니다.

01 도구 상자의 ❶ 전경색을 클릭하여 ❷ '#808080'으로 설정한 후 ❸ [OK(확인)]을 클릭합니다.

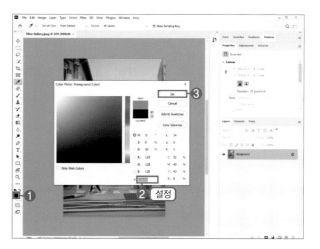

TIP '#808080'은 밝기가 '50%'인 회색입니다.

02 Layers(레이어) 패널의 ❶ 새 레이어 버튼 (⊞)을 클릭하고 ❷ Alt + Delete 를 눌러 전경색을 채웁니다.

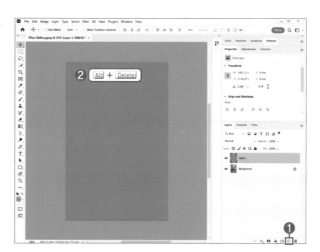

03 ❶ Filter(필터) − ❷ Filter Gallery(필터 갤러리)를 클릭합니다.

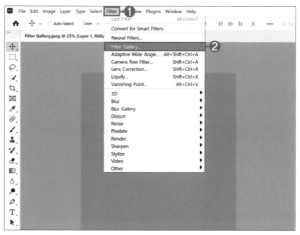

04 ❶ Texture(텍스처) 필터 그룹의 ▶ 버튼을 클릭합니다. ❷ Grain(그레인)을 클릭하고 ❸~❺ 그림과 같이 설정합니다.

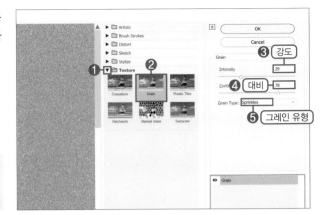

- Intensity(강도): 29
- Contrast(대비): 78
- Grain Type(그레인 유형): Sprinkles(흩뿌림)

05 ❶ 새 효과 레이어 버튼(⊞)을 클릭합니다. ❷ Texturize(텍스처화)를 클릭하고 ❸~❻ 그림과 같이 설정 후 ❼ [OK(확인)]을 클릭합니다.

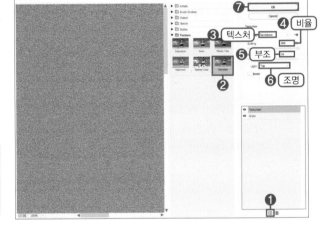

- Texture(텍스처): Sandstone(사암)
- Scaling(비율): 200%
- Relief(부조): 16
- Light(조명): Top(위)

> TIP 이미지의 크기가 작을수록 상대적으로 필터가 크고 잘 보이므로 편집 중인 이미지 크기에 따라 값을 다르게 지정해야 합니다.

06 Layers(레이어) 패널에서 ❶ 혼합 모드를 'Overlay(오버레이)'로 설정하고 ❷ Opacity(불투명도)를 '80%'로 설정합니다.

> TIP 질감은 혼합 모드와 불투명도를 조절해 합성하는 경우가 많기 때문에 필터를 과감하게 만드는 것을 너무 겁낼 필요는 없습니다.

화질을 조정하는 흐림 효과와 선명 효과

Blur(흐림 효과)와 Sharpen(선명 효과)는 포토샵 필터 중 가장 많이 쓰이는 필터로 서로 상반된 효과를 낼 수 있습니다. 질감의 강도를 조정하거나, 속도감을 내거나, 카메라 심도 효과를 낼 때 사용하는 필터입니다.

⊠ 기본 흐림 효과를 모아 놓은 Blur 메뉴 살펴보기

📁 준비파일 P02\Ch09\03\Blur.jpeg

먼저 여러 가지 Blur(흐림 효과)를 적용해보며 Blur(흐림 효과)의 다양한 메뉴를 살펴보겠습니다.

01 File(파일) – Open(열기) 명령으로 'Blur.jpeg'를 열어줍니다.

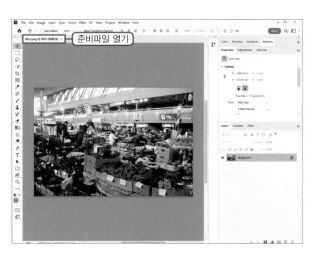

02 ❶ Rectangular Marquee Tool(사각형 선택 윤곽 도구, ⬚)를 클릭하고 ❷ 클릭&드래그하면서 Shift 를 눌러 첫 번째 흐림 효과를 넣을 영역을 선택합니다.

03 ❶ Filter(필터) − ❷ Blur(흐림 효과) − ❸ Gaussian Blur(가우시안 흐림 효과)를 클릭하고 ❹ Radius(반경)을 '20'
으로 설정 후 ❺ [OK(확인)]을 클릭합니다.

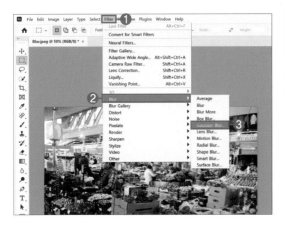 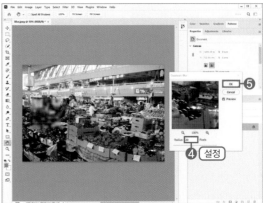

04 선택 영역을 오른쪽으로 클릭&드래그하면서
Shift 를 눌러 이동하여 두 번째 흐림 효과를 넣을
영역을 선택합니다.

05 ❶ Filter(필터) − ❷ Blur(흐림 효과) − ❸ Motion Blur(동작 흐림 효과)를 클릭하고 ❹ Angle(각도)는 '0',
❺ Distance(거리)를 '200'으로 설정 후 ❻ [OK(확인)]을 클릭합니다.

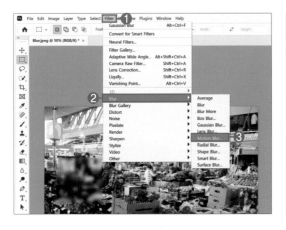 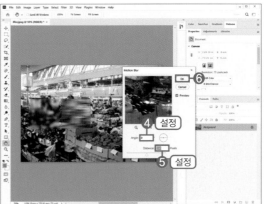

06 선택 영역을 오른쪽으로 클릭&드래그하면서 Shift 를 눌러 이동하여 세 번째 흐림 효과를 넣을 영역을 선택합니다.

07 ❶ Filter(필터) − ❷ Blur(흐림 효과) − ❸ Radial Blur(방사형 흐림 효과)를 클릭하고 ❹ Amount(양)을 '20', ❺ Blur Method(흐림 효과 방법)을 'Spin(회전)', ❻ Quality(품질)을 'Good(양호)'로 설정 후 ❼ [OK(확인)]을 클릭합니다.

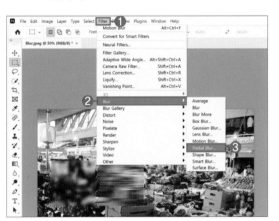

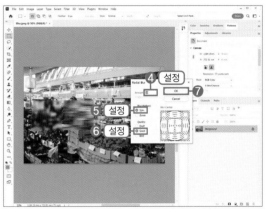

08 선택 영역을 오른쪽으로 클릭&드래그하면서 Shift 를 눌러 이동하여 마지막 흐림 효과를 넣을 영역을 선택합니다.

09 ❶ Filter(필터) - ❷ Blur(흐림 효과) - ❸ Radial Blur(방사형 흐림 효과)를 클릭하고 ❹ Amount(양)을 '50', ❺ Blur Method(흐림 효과 방법)을 'Zoom(돋보기)', ❻ Quality(품질)을 'Good(양호)'로 설정 후 ❼ [OK(확인)]을 클릭합니다.

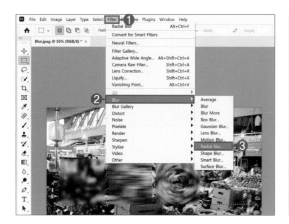

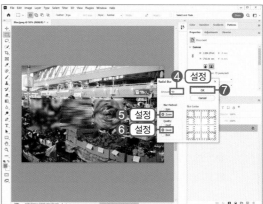

10 Ctrl + D 를 눌러 선택 영역을 해제합니다.

⊠ Sharpen으로 흐린 이미지 선명하게 만들기

📁 준비파일 P02\Ch09\03\Sharpen.jpeg

다음은 흐린 이미지를 선명하게 만드는 Sharpen(선명 효과)에 대해 알아보겠습니다.

01 File(파일) – Open(열기) 명령으로 'Sharpen.jpeg'를 열어줍니다.

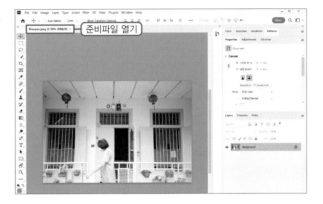

02 ❶ Filter(필터) – ❷ Sharpen(선명 효과) – ❸ Smart Sharpen(고급 선명 효과)를 클릭합니다.

03 Remove(제거)를 'Motion Blur(동작 흐림 효과)'로 설정합니다.

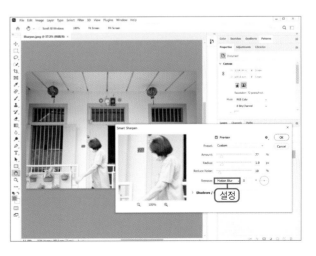

TIP Smart Sharpen(고급 선명 효과)에서는 선명하게 할 흐림의 종류를 설정할 수 있습니다. 지금처럼 피사체가 살짝 흔들려서 흐려진 경우에는 'Motion Blur(동작 흐림 효과)'를 선택합니다.

04 ❶ Amount(양)과 ❷ Radius(반경)을 모두 최대로 높게 설정한 후 ❸ Radius(반경)의 화살표를 조금씩 내리면서
후광 효과가 사라지는 지점을 찾습니다.

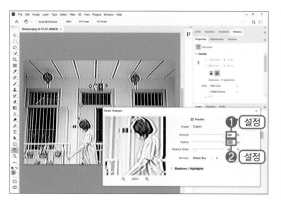
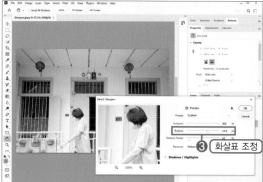

알아두기

• Amount(양): 선명하게 할 정도를 조정합니다.

• Radius(반경): 보정할 흐림의 반경을 설정합니다.

• Reduce Noise(노이즈 감소): 선명하게 만들면서 자연스럽게 생긴 노이즈를 제거합니다.

05 Amount(양)의 화살표를 조금씩 내리면서
선명한 정도를 조정합니다.

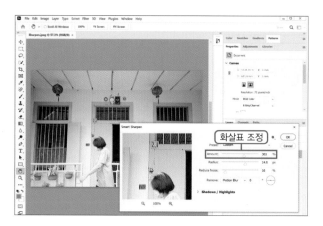

06 ❶ Reduce Noise(노이즈 감소)의 화살표
를 조금씩 올리면서 생성된 노이즈를 제거
합니다. 조정 후 ❷ [OK(확인)]을 클릭합
니다.

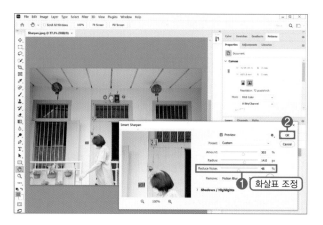

이미지를 다양하게 왜곡하는 필터

이번 장에서는 Displace(변위), Wave(파형), Mosaic(모자이크) 총 세 가지의 Distort(왜곡) 필터를 사용하여 극단적인 왜곡부터 비교적 잔잔한 왜곡까지 이미지에 적용해보겠습니다.

⊠ Displace로 굴곡진 표면에 합성하기

📁 준비파일 P02\Ch09\04\왜곡-displace 1.jpeg, 왜곡-displace 2.jpeg

먼저 Displace(변위)를 사용하여 일러스트를 구겨진 종이처럼 합성하는 방법에 대해 알아보겠습니다.

01 File(파일) – Open(열기) 명령으로 '왜곡-displace 1.jpeg'를 열어줍니다.

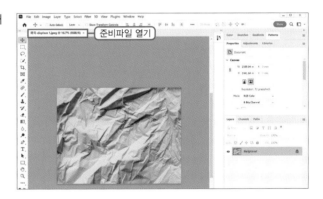

02 Displace(변위)를 사용하기 위해 높이의 정보를 가지고 있는 PSD 파일을 생성하겠습니다. ❶ File(파일) – ❷ Save As(다른 이름으로 저장)을 클릭하고 ❸ 파일 형식을 PSD 파일로 설정한 후 ❹ [저장]을 클릭합니다.

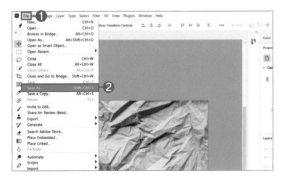

TIP 높이의 정보는 이미지의 밝기에 따라 결정됩니다. 밝은 부분은 높은 것으로, 어두운 부분은 낮은 것으로 인식됩니다.

03 구겨진 종이 위에 합성할 일러스트 이미지를 가지고 오겠습니다. ❶ File(파일) – ❷ Place Embedded(포함 가져오기)를 클릭하고 ❸ '왜곡—displace 2.jpeg'를 가져옵니다. ❹ 크기와 회전값을 조절한 후 ❺ [Enter]를 누릅니다.

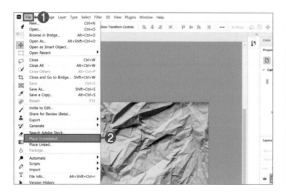 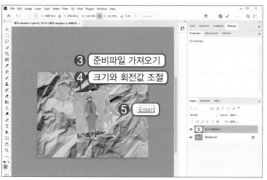

04 ❶ Filter(필터) – ❷ Distort(왜곡) – ❸ Displace(변위)를 클릭합니다. ❹~❼ 그림과 같이 설정하고 ❽ [OK(확인)]을 클릭합니다.

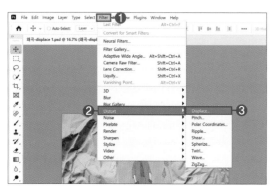 

- Horizontal Scale(가로 비율): 10
- Vertical Scale(세로 비율): 10
- Displacement Map(변위 맵): Stretch To Fit(동일 크기로 맞추기)
- Undefined Areas(비정의 영역): Repeat Edge Pixels(가장자리 픽셀 반복)

05 2에서 저장한 ❶ PSD 파일을 클릭하고 ❷ [열기]를 클릭합니다. PSD 파일의 밝은 영역은 일러스트가 앞으로 돌출된 것처럼, 어두운 영역은 뒤로 들어간 것처럼 굴곡이 생겼습니다.

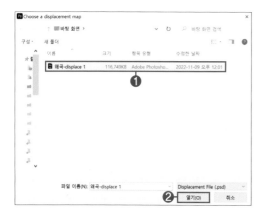 

6 보다 자연스러운 합성을 위해 Layers(레이어) 패널에서 혼합 모드를 'Linear Burn(선형 번)'으로 설정합니다.

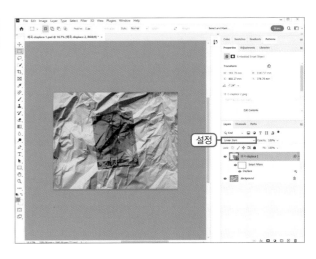

⊠ Wave로 표면을 물결처럼 만들기

📁 준비파일 P02\Ch09\04\왜곡-Wave 1.jpeg, 왜곡-Wave 2.jpeg

이번에는 Wave(파형)으로 정적인 이미지를 물속에 있는 것처럼 왜곡하는 방법에 대해 알아보겠습니다.

1 File(파일) – Open(열기) 명령으로 '왜곡-Wave 1.jpeg'를 열어줍니다.

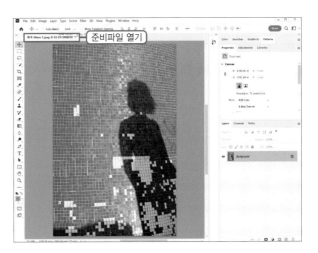

02 물속에 있는 듯한 표현을 하기 위해 ❶ Filter(필터) − ❷ Distort(왜곡) − ❸ Wave(파형)을 클릭하고 ❹~❾ 그림과 같이 설정한 후 ❿ [OK(확인)]을 클릭합니다.

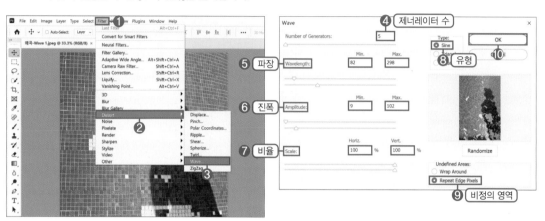

- Number of Generators(제너레이터 수): 5
- Wavelength(파장) − Min.(최소): 82, Max.(최대): 298
- Amplitude(진폭) − Min.(최소): 9, Max.(최대): 102
- Scale(비율) − Horiz.(수평): 100%, Vert.(수직): 100%

- Type(유형): Sine(사인파)
- Undefined Areas(비정의 영역): Repeat Edge Pixels(가장자리 픽셀 반복)

> TIP 자연 현상인 물결 자체가 불규칙적이기 때문에 이 메뉴에서는 정확한 수치가 아닌 각 최솟값과 최댓값을 입력하게 되어있습니다. 정답이 있는 것이 아니어서 오히려 혼란이 온다면 오른쪽의 [Randomize(임의화)]를 클릭해 우연에 맡겨보는 것도 좋은 방법입니다.

03 조금 더 물결처럼 보이기 위해 빛나는 질감 이미지를 가지고 오겠습니다. ❶ File(파일) − ❷ Place Embedded(포함 가져오기)를 클릭하고 ❸'왜곡−Wave 2.jpeg'를 가져옵니다. ❹ 크기와 회전값을 조절 후 ❺ Enter 를 누릅니다.

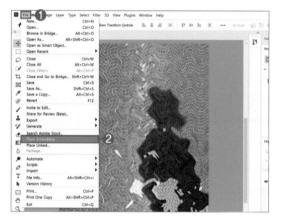

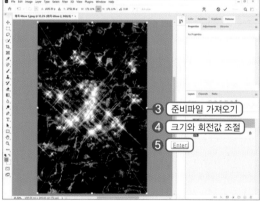

04 Layers(레이어) 패널에서 혼합 모드를 'Screen(스크린)'으로 설정합니다.

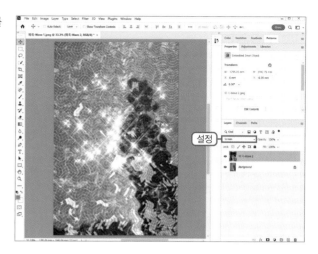

⊠ Mosaic로 네모난 모자이크 만들기

📁 준비파일 P02\Ch09\04\왜곡-Mozaic.jpeg

Mosaic(모자이크)로 이미지 일부분에 모자이크 처리를 하는 방법에 대해 알아보겠습니다.

01 File(파일) - Open(열기) 명령으로 '왜 곡-Mozaic.jpeg'를 열어줍니다.

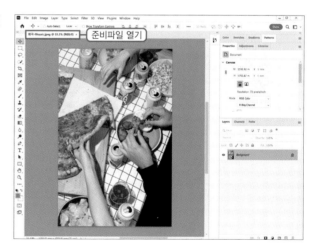

02 ❶ Ctrl + J 를 눌러 레이어를 복제하고 ❷ Filter(필터) − ❸ Pixelate(픽셀화) − ❹ Mosaic(모자이크)를 클릭합니다. ❺ Cell Size(셀 크기)를 '150'으로 설정한 후 ❻ [OK(확인)]을 클릭합니다.

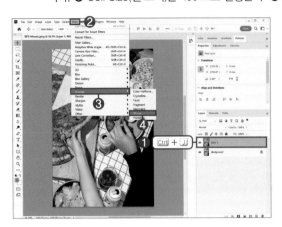
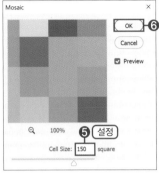

03 모자이크 넣을 부분을 지정하기 위해 ❶ Rectangular Marquee Tool(사각형 선택 윤곽 도구, [▢])를 클릭합니다. ❷ 캔버스를 클릭&드래그하여 직사각형으로 선택한 후 ❸ 레이어 마스크 버튼([▢])을 클릭합니다.

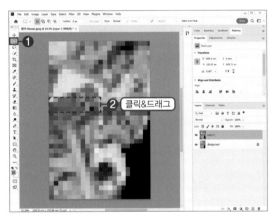

04 모자이크의 위치를 수정하기 위해 ❶ 레이어와 마스크 사이의 링크 버튼([⛓])을 클릭해 해제하고 ❷ 레이어 마스크를 클릭합니다.

5 ❶ Ctrl + T 를 눌러 ❷ 크기와 위치를 조절 후 ❸ Enter 를 눌러 마무리합니다. 모자이크 영역을 추가하기 위해 ❹ Rectangular Marquee Tool(사각형 선택 윤곽 도구, ⬚)로 ❺ 캔버스를 클릭&드래그하여 직사각형으로 선택합니다.

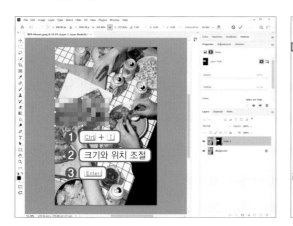 

6 도구 상자의 ❶ 전경색을 클릭하여 ❷ '#ffffff'로 설정한 후 ❸ [OK(확인)]을 클릭합니다. ❹ Alt + Delete 를 눌러 전경색을 채우고 ❺ Ctrl + D 를 눌러 선택 영역을 해제합니다.

10

이번 챕터에서는 서로 다른 두 장 이상의 이미지를 합성하는 다양한 방법을 알아보겠습니다. 이 챕터는 [Part 3 실무에서 활용하기]의 예제를 수행하는 데에 기반이 되는 내용이니 차례대로 따라하며 과정을 이해하는 것이 중요합니다.

다양한 이미지 합성 방법

합성의 기본, 이미지와 텍스트 배치하기

Layer Mask(레이어 마스크)와 Clipping Mask(클리핑 마스크)로 이미지를 자연스럽게 합성하는 방법과 Guide(안내선)을 이용해 캔버스에 여러 개의 이미지와 텍스트를 배치하는 방법을 알아보겠습니다.

⊠ Layer Mask를 이용한 이미지 합성하기

📁 준비파일 P02\Ch10\01\배치-Layer Mask.jpeg

Layer Mask(레이어 마스크)는 이미지 위에 마스크를 씌워 이미지의 손상 없이 지우고 싶은 부분은 지우고, 보여주고 싶은 부분은 보이게 하는 기능입니다. Layer Mask(레이어 마스크)를 이용하여 이미지와 텍스트를 적절하게 배치하고 합성하는 방법을 알아보겠습니다.

01 File(파일) – Open(열기) 명령으로 '배치-Layer Mask.jpeg'를 열어줍니다.

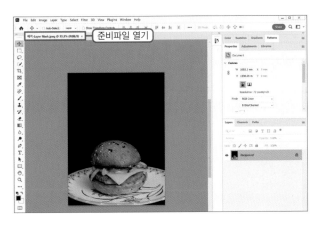

02 ❶ Horizontal Type Tool(수평 문자 도구, T)를 클릭하고 ❷ 캔버스를 클릭합니다. ❸ 'CHEESE BURGER' 입력 후 ❹ Ctrl + Enter 를 눌러 마무리합니다.

TIP 텍스트 중간의 개행된 부분은 Enter 를 누릅니다.

03 Properties(속성) 패널에서 ❶~❺ 그림과 같이 설정합니다.

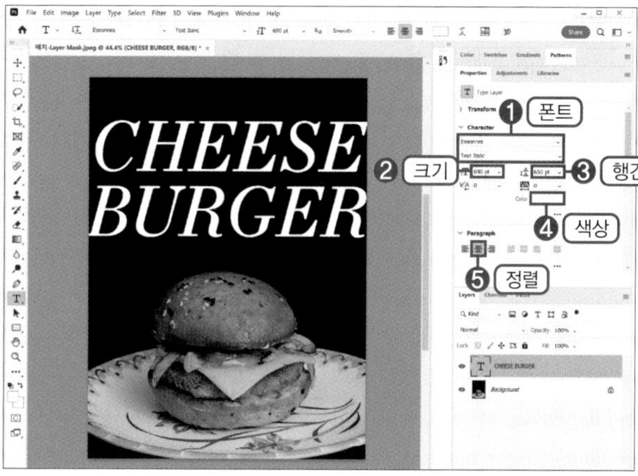

- **폰트**: Essonnes Text Italic
- **크기**: 690 pt
- **행간**: 650 pt
- **색상**: #ffffff
- **정렬**: 가운데 정렬

04 ❶ Ctrl + J를 눌러 'CHEESE BURGER' 레이어를 복제한 후 ❷ Ctrl + 드래그하여 아래로 이동합니다.

05 ❶ 텍스트를 클릭하고 ❷ 'You've NEVER tasted'를 입력 후 ❸ Ctrl + Enter를 눌러 마무리합니다.

06 Properties(속성) 패널의 ❶ 색상 버튼을 클릭하고 ❷ '#e41515'로 설정한 후 ❸ [OK(확인)]을 클릭합니다.

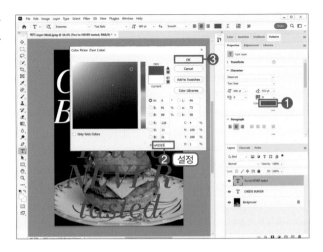

07 ❶ Rectangle Tool(사각형 도구, ▢)를 마우스 오른쪽 버튼으로 클릭하고 ❷ Ellipse Tool(타원 도구, ◯)를 클릭합니다. ❸ 캔버스를 클릭&드래그하여 타원을 그리고 ❹ 원의 바깥쪽을 클릭&드래그하여 회전합니다.

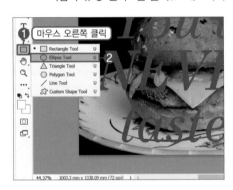

08 옵션바의 ❶ Fill(칠) 버튼 - ❷ 없음 버튼(▢)을 클릭합니다.

09 옵션바의 ❶ Stroke(획) 버튼 – ❷ 색상
피커 버튼(▢)을 클릭합니다. ❸ 색상을
'#ffffff'로 설정한 후 ❹ [OK(확인)]을 클릭합
니다. ❺ 획의 두께를 '10 px'로 설정합니다.

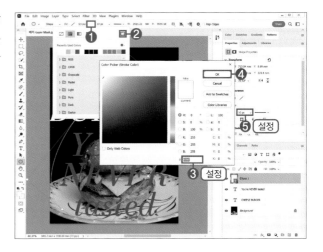

10 타원이 햄버거 뒤로 가려진 것처럼 보이기
위해 Layers(레이어) 패널에서 ❶ 'Ellipse
1(타원 1)' 레이어를 클릭하고 ❷ 레이어 마
스크 버튼(▣)을 클릭합니다.

11 도구 상자의 ❶ 전경색을 클릭하고 ❷
'#000000'으로 설정한 후 ❸ [OK(확인)]을
클릭합니다.

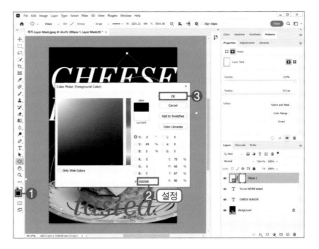

12 ❶ Brush Tool(브러시 도구, ✏️)를 클릭합니다. ❷ 옵션바의 브러시 모양 버튼(●✓)을 클릭하고 ❸ General Brushes(일반 브러시) – ❹ Hard Round(선명한 원)을 클릭합니다. ❺ 키보드의 [[]와 []]를 눌러 브러시의 크기를 조절합니다.

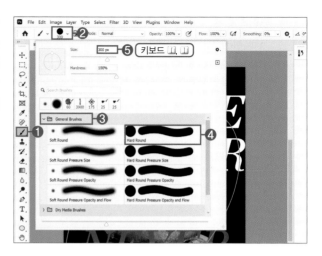

13 캔버스에서 햄버거 부분을 클릭&드래그하여 가려줍니다.

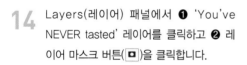 레이어 마스크는 명도로 조정됩니다. 마스크가 흰색이면 해당 레이어가 보이고, 검은색이면 안 보이며, 회색이면 반투명하게 보입니다. 어두울수록 안 보이는 원리로 나중에 언제든지 복구할 수 있다는 점에서 지우개 도구로 지우는 것과 차이가 있습니다.

14 Layers(레이어) 패널에서 ❶ 'You've NEVER tasted' 레이어를 클릭하고 ❷ 레이어 마스크 버튼(▣)을 클릭합니다.

15 캔버스에서 햄버거의 일부분을 클릭&드래 그하여 가려줍니다.

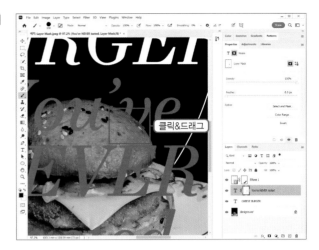

16 Layer Mask(레이어 마스크)를 이용하여 이 미지와 텍스트를 합성하고 조화롭게 배치하 는 작업을 완성하였습니다.

⊠ Clipping Mask로 도형에 이미지 합성하기

📁 준비파일 P02\Ch10\01\배치-Clipping Mask 1.jpeg, 배치-Clipping Mask 2.jpeg, 배치-Clipping Mask 3.jpeg

Clipping Mask(클리핑 마스크)는 내가 원하는 도형이나 텍스트 안에 이미지를 넣어 꾸미는 기능으로 일종의 프레임 역할입니다. Clipping Mask(클리핑 마스크)를 이용하여 이미지를 편집하는 방법을 알아보겠습니다.

01 웹용 가로 포스터 사이즈의 창을 만들어 보겠습니다. File(파일) – New(새로 만들기) 명령으로 새 문서를 ❶~❹와 같이 설정한 후 ❺ [Create(만들기)]를 클릭합니다.

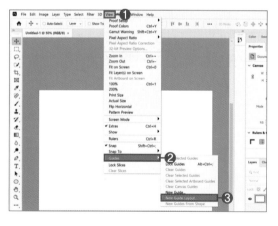

- Width(폭): 3000 Pixels
- Height(높이): 2000 Pixels
- Resolution(해상도): 72 Pixels/Inch
- Color Mode(색상 모드): RGB Color

02 배치를 깔끔하게 하기 위해 ❶ View(보기) – ❷ Guides(안내선) – ❸ New Guide Layout(새 안내선 레이아웃)을 클릭하고 ❹~⓫ 그림과 같이 설정 후 ⓬ [OK(확인)]을 클릭합니다.

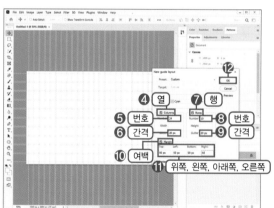

- Columns(열): 체크
- Number(번호): 24
- Gutter(간격): 20 px

- Rows(행): 체크
- Number(번호): 10
- Gutter(간격): 20 px

- Margin(여백): 체크
- Top(위쪽), Left(왼쪽), Bottom(아래쪽), Right(오른쪽): 50 px

TIP 위와 같이 지면에 여러 개의 안내선을 만들고, 이에 맞춰 배치하는 것을 그리드 시스템(Grid System)이라고 합니다.

3 ❶ Rectangle Tool(사각형 도구, 🔲)를 클릭하고 ❷ 안내선에 맞춰 클릭&드래그하여 직사각형을 그립니다.

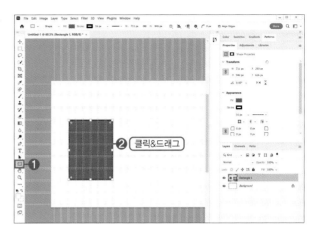

4 모서리의 눈을 안쪽으로 클릭&드래그하여 최대한 둥글게 만듭니다.

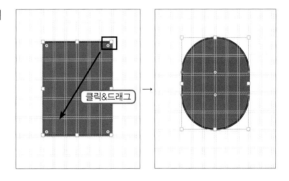

5 Properties(속성) 패널의 Appearance(모양) 메뉴 중 ❶ 반경 비율 고정 버튼(🔓)을 클릭해 해제하고 ❷ 아래의 두 모서리의 반경을 '0 px'로 설정합니다.

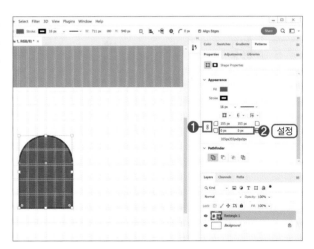

06 ❶ Ctrl + J 를 눌러 'Rectangle 1(사각형 1)' 레이어를 복제하고 ❷ Ctrl + 드래그하면서 Shift 를 눌러 안내선에 맞춰 오른쪽으로 이동합니다. ❸ 같은 작업을 한 번 더 반복합니다.

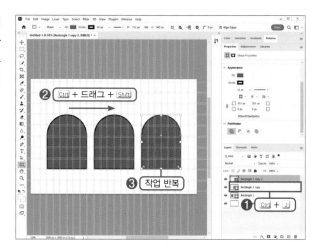

07 이미지를 배치하기 전에 Ctrl + ; 을 눌러 안내선 표시를 잠시 꺼줍니다.

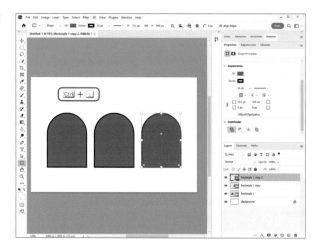

08 Layers(레이어) 패널에서 ❶ 'Rectangle 1(사각형 1)' 레이어를 클릭합니다. ❷ File(파일) – ❸ Place Embedded(포함 가져오기)를 클릭하고 ❹ '배치–Clipping Mask 1.jpeg'를 가져옵니다. ❺ 크기와 위치를 조절하고 ❻ Enter 를 누릅니다.

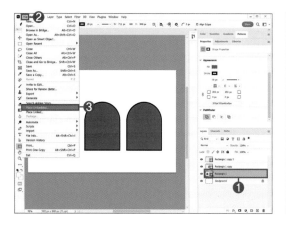

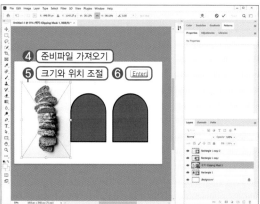

09 '배치-Clipping Mask 1' 레이어와 'Rectangle 1(사각형 1)' 레이어 사이를 Alt + 클릭하여 클리핑 마스크를 만듭니다.

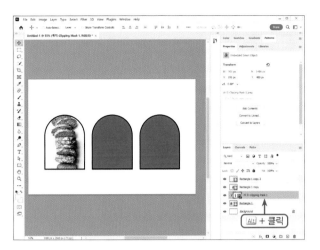

TIP 클리핑 마스크는 일종의 프레임이라고 생각하시면 됩니다. 원하는 어떤 틀 안에 이미지를 가두는 기능입니다. 두 레이어 사이를 Alt + 클릭하여 클리핑 마스크를 만들거나 해제할 수 있습니다.

10 Layers(레이어) 패널에서 ❶ 'Rectangle 1 copy(사각형 1 복사)' 레이어를 클릭합니다. ❷ File(파일) – ❸ Place Embedded(포함 가져오기)를 클릭하고 ❹ '배치-Clipping Mask 2.jpeg'를 가져옵니다. ❺ 크기와 위치를 조절하고 ❻ Enter 를 누릅니다.

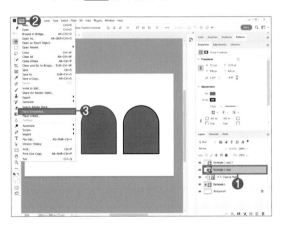

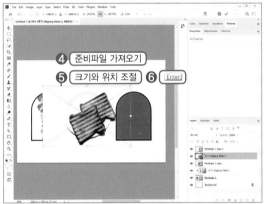

11 '배치-Clipping Mask 2' 레이어와 'Rectangle 1 copy(사각형 1 복사)' 레이어 사이를 Alt + 클릭하여 클리핑 마스크를 만듭니다.

12 Layers(레이어) 패널에서 ❶ 'Rectangle 1 copy 2(사각형 1 복사 2)' 레이어를 클릭합니다. ❷ File(파일) – ❸ Place Embedded(포함 가져오기)를 클릭하고 ❹ '배치–Clipping Mask 3.jpeg'를 가져옵니다. ❺ 크기와 위치를 조절하고 ❻ Enter 를 누릅니다.

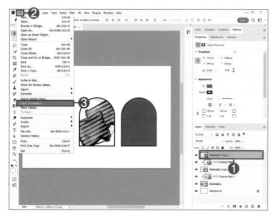
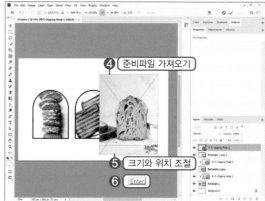

13 '배치–Clipping Mask 3' 레이어와 'Rectangle 1 copy 2(사각형 1 복사 2)' 레이어 사이를 Alt + 클릭하여 클리핑 마스크를 만듭니다.

14 ❶ Ctrl + ; 을 눌러 안내선을 표시합니다. ❷ Horizontal Type Tool(수평 문자 도구, T.)를 클릭하고 ❸~❻ 옵션바를 그림과 같이 설정합니다.

- **폰트**: Futura PT Heavy
- **크기**: 304 pt
- **정렬**: 왼쪽 정렬
- **색상**: #0039f2

15 ❶ 캔버스의 안내선에 맞춰 한 번 클릭하고
❷ 'BREAD' 입력 후 ❸ Ctrl + Enter 를 눌
러 마무리합니다.

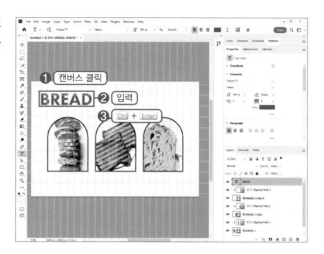

16 ❶ Ctrl + J 를 눌러 'BREAD' 레이어를 복
제하고 ❷ Ctrl + 드래그하면서 Shift 를
눌러 오른쪽으로 이동합니다.

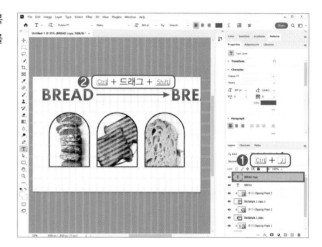

17 ❶ 텍스트를 클릭하고 ❷ 'the new!'를 입
력한 후 ❸ Ctrl + Enter 를 눌러 마무리합
니다. ❹ 옵션바의 텍스트 크기를 '58 pt'로
설정합니다.

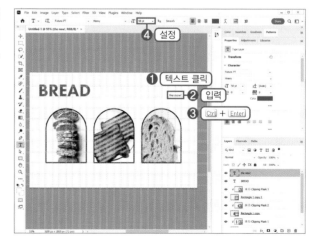

18 ❶ 캔버스에서 'BREAD'의 오른쪽 안내선을 한 번 클릭하고 ❷ 'the best fresh & healthy bread in seong-su'를 입력 후 ❸ Ctrl + Enter 를 눌러 마무리합니다. Properties(속성) 패널에서 ❹~❽ 그림과 같이 설정합니다.

- **폰트**: Futura PT Book Oblique
- **크기**: 49 pt
- **색상**: #0039f2
- **정렬**: 왼쪽 정렬
- **문자 옵션**: 밑줄

19 ❶ Ctrl + J 를 눌러 'the best fresh & healthy bread in seong-su' 레이어를 복제하고 ❷ Ctrl + 드래그해 첫 번째 사각형 아래로 이동합니다.

20 ❶ 텍스트를 클릭하고 ❷ 'detail of the bread'를 입력 후 ❸ Ctrl + Enter 를 눌러 마무리합니다.

21 ❶ Ctrl + J 를 눌러 'detail of the bread' 레이어를 복제하고 ❷ Ctrl + 드래그하면서 Shift 를 눌러 두 번째 사각형 아래로 이동합니다. ❸ 같은 작업을 한 번 더 반복하여 세 번째 사각형 아래에도 배치합니다.

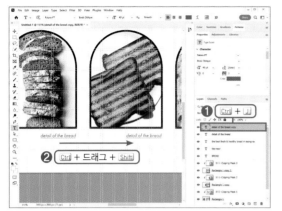
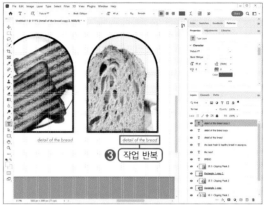

22 Clipping Mask(클리핑 마스크)를 이용한 이미지 편집 작업을 완성하였습니다.

자연스럽게 합성하는 방법

이번 장에서는 Blend Mode(혼합 모드)를 사용해 이미지를 자연스럽게 합성하는 방법과 Adjustments Layer(조정 레이어)를 사용해 이미지의 색감, 채도, 밝기 등을 자연스럽게 조정하는 방법에 대해 알아보겠습니다.

⊠ Blend Mode로 자연스럽게 합성하기

📁 준비파일 P02\Ch10\02\합성-blend mode 1.jpeg, 합성-blend mode 2.jpeg, 합성-blend mode 3.jpeg

먼저 Blend Mode(혼합 모드)를 이용하여 여러 장의 이미지를 자연스럽게 합성하는 방법에 대해 알아보겠습니다.

01 File(파일) – Open(열기) 명령으로 '합성-blend mode 1.jpeg'를 열어줍니다.

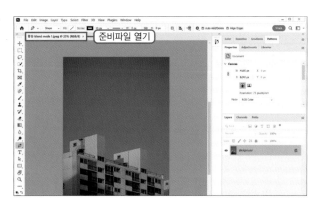

02 이 위에 합성할 달 이미지를 가지고 오겠습니다. ❶ File(파일) – ❷ Place Embedded(포함 가져오기)를 클릭하고 ❸ '합성-blend mode 2.jpeg'를 가져옵니다. ❹ 크기와 위치를 조절하고 ❺ Enter 를 누릅니다.

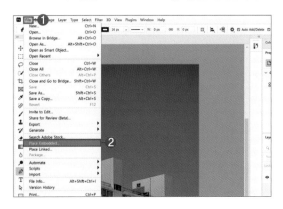

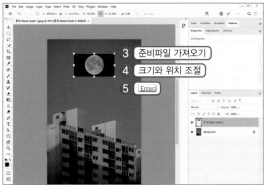

3 달 이미지의 어두운 부분을 없애기 위해 Layers(레이어) 패널의 혼합 모드를 'Screen(스크린)'으로 설정합니다.

TIP 각 혼합 모드는 다음과 같습니다.
- 표준: 일반 모드입니다.
- 디졸브: 이미지의 불투명도에 따라 픽셀의 밀도를 조정합니다.
- 어둡게 합성하기: 이미지의 밝은 부분을 없애 전체적으로 어둡게 합성합니다.
- 밝게 합성하기: 이미지의 어두운 부분을 없애 전체적으로 밝게 합성합니다.
- 대비시켜 합성하기: 어두운 부분은 더 어둡게, 밝은 부분은 더 밝게 합성하여 전체적인 대비를 높입니다.
- 반전시켜 합성하기: 이미지의 보색을 합성하여 반전된 극적인 느낌을 만듭니다.
- 요소만 합성하기: 이미지의 각 색 요소만 합성합니다.

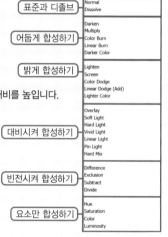

4 이 위에 합성할 하늘 및 비행기 이미지를 가지고 오겠습니다. ❶ File(파일) − ❷ Place Embedded(포함 가져오기)를 클릭하고 ❸ '합성−blend mode 3.jpeg'를 가져옵니다. ❹ 아파트 위의 하늘 부분을 다 덮을 수 있게 크기와 위치를 조절하고 ❺ Enter 를 누릅니다.

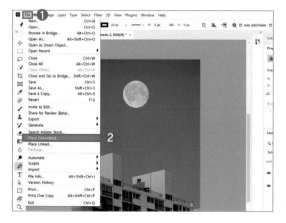

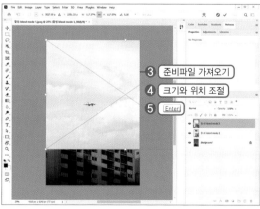

05 하늘 및 비행기 이미지의 밝은 부분을 없애기 위해 Layers(레이어) 패널의 혼합 모드를 'Multiply(곱하기)'로 설정합니다.

TIP 이미지에서 밝은 부분을 없애려면 혼합 모드의 어둡게 합성하기 중 하나를, 어두운 부분을 없애려면 혼합 모드의 밝게 합성하기 중 하나를 선택합니다. 일반적으로 어둡게 합성하기 메뉴에서 가장 많이 사용하는 것은 Multiply(곱하기), 밝게 합성하기 메뉴에서 가장 많이 사용하는 것은 Screen(스크린)입니다.

06 건물에 겹쳐 보이는 하늘을 지우기 위해 Layers(레이어) 패널에서 ❶ 'Background(배경)' 레이어를 클릭합니다. ❷ Object Selection Tool(개체 선택 도구, 🔲)를 클릭하고 ❸ 건물 부분을 클릭&드래그하여 선택합니다.

07 ❶ '합성–blend mode 3' 레이어를 클릭하고 ❷ 레이어 마스크 버튼(🔲)을 Alt + 클릭합니다. Blend Mode(혼합 모드)를 이용한 이미지 합성을 완성하였습니다.

TIP 레이어 마스크 버튼(🔲)을 Alt + 클릭하면 선택 영역을 가리는 마스크를 만들 수 있습니다.

Adjustment Layer로 세밀하고 정확하게 보정하기

📁 준비파일 P02\Ch10\02\합성-Adjustment Layer.psd

이번에는 Adjustment Layer(조정 레이어)로 이미지의 색감, 채도, 밝기 등을 자연스럽게 조정하는 방법에 대해 알아보겠습니다.

01 File(파일) – Open(열기) 명령으로 '합성-Adjustment Layer.psd'를 열어줍니다.

02 두 이미지의 밝기와 색감을 맞추기 위해 조정 레이어를 사용해보겠습니다. Layers(레이어) 패널에서 ❶ '이미지 1' 레이어를 클릭하고 ❷ 조정 레이어 버튼(◐)을 ❸ Curves(곡선)을 클릭합니다.

03 Properties(속성) 패널에서 ❶ 그림과 같이 클릭&드래그하여 밝기를 올려줍니다. ❷ 클리핑 마스크 버튼(🔲)을 클릭하여 아래 '이미지 1' 레이어와 클리핑 마스크를 만듭니다.

> TIP 조정 레이어는 자신보다 아래에 있는 레이어의 색감, 밝기, 채도 등을 한 번에 조정할 수 있습니다. 하지만 클리핑 마스크를 만들면 클리핑 마스크의 프레임 레이어만 조정할 수 있습니다. 예제에서 'Background(배경)' 레이어의 색상은 변하지 않고, '이미지 1' 레이어의 색상만 조정되는 이유입니다.

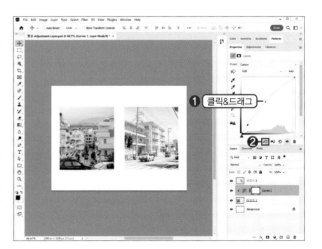

04 색을 바꾸기 위해 ❶ 조정 레이어 버튼(⊘.) – ❷ Selective Color(선택 색상)을 클릭합니다.

05 Properties(속성) 패널의 클리핑 마스크 버튼(┇ᄆ)을 클릭하여 아래 레이어와 클리핑 마스크를 만듭니다.

06 Colors(색상)을 ❶ 'Yellows(노랑 계열)'로 설정하고 ❷~❺ 그림과 같이 설정합니다.

- Cyan(녹청): +90%
- Magenta(마젠타): +2%
- Yellow(노랑): −100%
- Black(검정): −21%

07 Colors(색상)을 ❶ 'Whites(흰색 계열)'로 설정하고 ❷~❺ 그림과 같이 설정합니다.

- Cyan(녹청): +25%
- Magenta(마젠타): −6%
- Yellow(노랑): −17%
- Black(검정): +37%

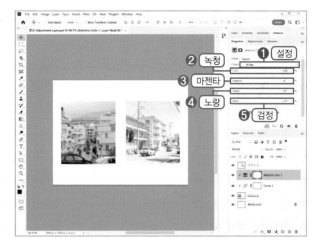

08 Colors(색상)을 ❶ 'Neutrals(중간색)'으로 설정하고 ❷~❺ 그림과 같이 설정합니다.

- Cyan(녹청): 0%
- Magenta(마젠타): 0%
- Yellow(노랑): 0%
- Black(검정): −11%

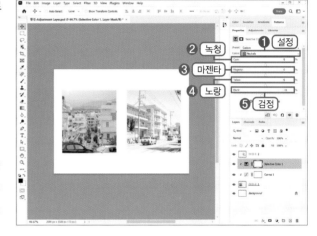

09 Colors(색상)을 ❶ 'Blacks(검정 계열)'로 설정하고 ❷~❺ 그림과 같이 설정합니다.

- Cyan(녹청): 0%
- Magenta(마젠타): 0%
- Yellow(노랑): 0%
- Black(검정): −10%

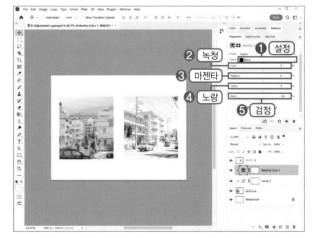

10 채도를 조정하기 위해 ❶ 조정 레이어 버튼 (圖) – ❷ Vibrance(활기)를 클릭합니다.

11 Properties(속성) 패널의 ❶ 클리핑 마스크 버튼(回)을 클릭하여 아래 레이어와 클리핑 마스크를 만들고 ❷ Vibrance(활기)는 '+100', ❸ Saturation(채도)는 '+80'으로 설정합니다.

12 채도가 과하게 올라간 부분을 제거하기 위해 레이어 마스크를 사용하겠습니다. ❶ Brush Tool(브러시 도구, ✎)를 클릭합니다. ❷ 옵션바의 브러시 모양 버튼(●)을 클릭하고 ❸ General Brushes(일반 브러시) – ❹ Soft Round(부드러운 원)을 클릭합니다. ❺ 키보드의 [와]를 눌러 브러시의 크기를 조절합니다.

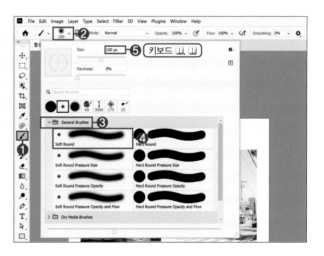

TIP 모든 조정 레이어는 기본적으로 레이어 마스크를 가지고 있습니다. 마스크가 흰색인 부분은 색 조정이 되고, 검은색인 부분은 색 조정이 되지 않습니다. 회색인 부분은 살짝만 조정됩니다. 부드러운 색 조정을 할 때 사용할 수 있습니다.

13 옵션바의 Opacity(불투명도)를 '30%'로 설정합니다.

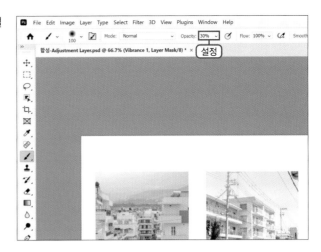

14 도구 상자의 ❶ 전경색을 클릭하여 ❷ '#000000'으로 설정한 후 ❸ [OK(확인)]을 클릭합니다.

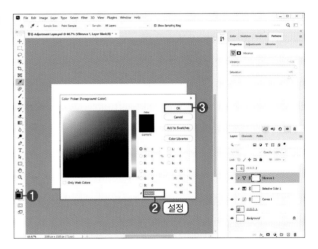

15 채도가 진한 부분을 클릭 혹은 드래그하여 일부 가려줍니다.

TIP 레이어 마스크를 Alt + 클릭하면 캔버스에서 마스크만 볼 수 있습니다.

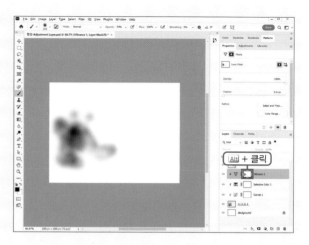

16 Layers(레이어) 패널에서 ❶ '이미지 2' 레이어를 클릭하고 ❷ 조정 레이어 버튼( )– ❸ Brightness/Contrast(명도/대비)를 클릭합니다.

17 Properties(속성) 패널의 ❶ 클리핑 마스크 버튼( )을 클릭하여 아래 레이어와 클리핑 마스크를 만들고 ❷ Brightness(명도)를 '–5', ❸ Contrast(대비)를 '–5'로 설정합니다.

18 ❶ 조정 레이어 버튼()을 – ❷ Selective Color(선택 색상)을 클릭합니다.

19 Properties(속성) 패널의 클리핑 마스크 버튼(🔲)을 클릭하여 아래 레이어와 클리핑 마스크를 만듭니다.

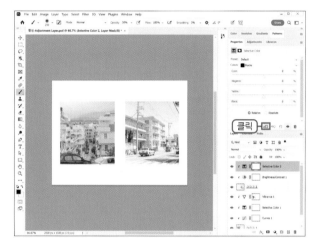

20 Colors(색상)을 ❶ 'Greens(녹색 계열)'로 설정하고 ❷~❺ 그림과 같이 설정합니다.

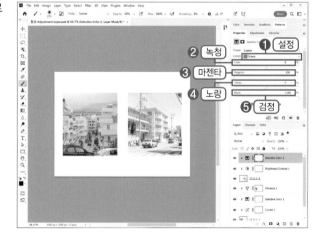

- Cyan(녹청): 0%
- Magenta(마젠타): −100%
- Yellow(노랑): 0%
- Black(검정): +100%

21 Colors(색상)을 ❶ 'Cyans(녹청 계열)'로 설정하고 ❷~❺ 그림과 같이 설정합니다.

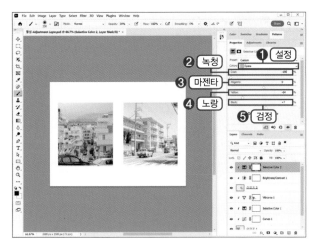

- Cyan(녹청): −100%
- Magenta(마젠타): 0%
- Yellow(노랑): −64%
- Black(검정): +7%

22 Colors(색상)을 ❶ 'Blacks(검정 계열)'로 설정하고 ❷~❺ 그림과 같이 설정합니다. Adjustment Layer(조정 레이어)를 이용해 두 이미지의 색감, 채도, 밝기 등을 비슷하게 조정하였습니다.

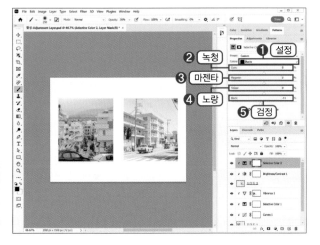

- Cyan(녹청): 0%
- Magenta(마젠타): 0%
- Yellow(노랑): 0%
- Black(검정): −11%

밋밋한 이미지에 입체감 넣기

이번 장에서는 이미지를 입체적으로 보이게 만드는 방법을 알아보겠습니다. 이미지에 입체감을 넣는 것은 밋밋해 보이는 이미지의 완성도를 높여주기 때문에 합성할 때 중요한 요소입니다. 총 세 가지의 예제를 따라하며 다양한 방법으로 입체감을 만들어보겠습니다.

⊠ 그림자를 만드는 여러 가지 방법

📁 준비파일 P02\Ch10\03\입체감-그림자.jpeg

먼저 그림자를 만들어 이미지에 입체감을 넣는 방법에 대해 알아보겠습니다. 그림자를 만드는 방법에는 레이어 스타일을 적용하는 방법과 직접 그림자를 만드는 방법이 있습니다.

레이어 스타일 적용하기

01 File(파일) – Open(열기) 명령으로 '입체감-그림자.jpeg'를 열어줍니다.

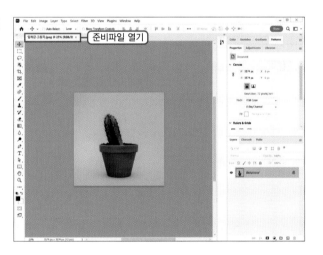

02 ❶ Object Selection Tool(개체 선택 도구, ⬚)를 클릭하고 ❷ 선인장을 클릭&드래그하여 선인장만 선택합니다. ❸ Ctrl + J를 눌러 레이어를 복제합니다.

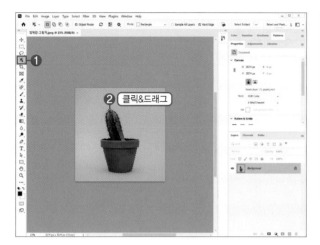 

03 ❶ 'Layer 1(레이어 1)' 레이어를 더블 클릭하여 Layer Style(레이어 스타일) 창을 엽니다. ❷ Drop Shadow(드롭 섀도) 메뉴를 클릭하고 ❸~❽ 그림과 같이 설정합니다.

- Blend Mode(혼합 모드): Multiply(곱하기), #000000
- Opacity(불투명도): 20%
- Angle(각도): 90°
- Distance(거리): 0 px
- Spread(스프레드): 20%
- Size(크기): 70 px

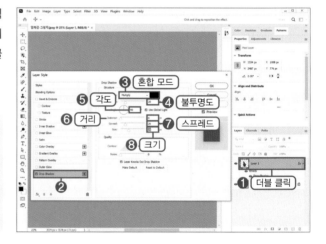

🔔 알아두기

Drop Shaodw(드롭 섀도)는 레이어 외부에 생기는 그림자로, 메뉴는 다음과 같습니다.

- Blend Mode(혼합 모드): 그림자를 합성할 방식인 혼합 모드를 고릅니다. 오른쪽에 있는 색상 버튼을 클릭해 그림자의 색을 지정합니다.
- Opacity(불투명도): 그림자의 불투명도를 설정합니다.
- Angle(각도): 빛의 각도를 설정합니다. 'Use Global Light(전체 조명 사용)'을 체크하면 다른 광선 및 그림자 효과와 동일한 빛의 각도를 적용할 수 있습니다.
- Distance(거리): 레이어와 그림자 사이의 거리를 설정합니다.
- Spread(스프레드): 그림자가 퍼지는 영역을 설정합니다.
- Size(크기): 그림자의 흐림 정도를 설정합니다.

TIP Layer Style(레이어 스타일)의 각 메뉴는 체크박스가 아닌 해당 메뉴의 이름을 클릭해야 설정 모드로 들어갈 수 있습니다.

04 ❶ Inner Shadow(내부 그림자)를 클릭합니다. ❷~❼ 그림과 같이 설정 후 ❽ [OK(확인)]을 클릭합니다.

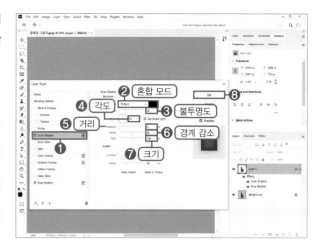

- Blend Mode(혼합 모드): Multiply(곱하기), #000000
- Opacity(불투명도): 25%
- Angle(각도): 90°
- Distance(거리): 0 px
- Choke(경계 감소): 50%
- Size(크기): 130 px

> TIP   Inner Shadow(내부 그림자)는 레이어 안쪽에 생기는 그림자로, 메뉴는 Drop Shadow(드롭 섀도)와 거의 동일합니다. Drop Shadow(드롭 섀도)의 Spread(스프레드)가 Inner Shadow(내부 그림자)에서는 Choke(경계 감소)라는 이름으로 대체되었습니다.

05 레이어 스타일은 레이어 밑에 있는 Effects(효과)의 눈 버튼을 클릭해 가시성을 설정할 수 있습니다. 레이어 자체에 은은한 그림자를 만들 때 두 효과를 사용할 수 있습니다.

▲ Inner Shadow(내부 그림자) 눈을 껐을 때

▲ Drop Shadow(드롭 섀도) 눈을 껐을 때

> TIP   레이어를 마우스 오른쪽 버튼으로 클릭하고 Clear Layer Style(레이어 스타일 지우기)를 클릭하면 모든 효과를 없앨 수 있습니다.

수동으로 그림자 만들기

01 [레이어 스타일 적용하기]의 01~02 작업을 동일하게 진행합니다. 도구 상자의 ❶ 배경색을 클릭하고 ❷ 이미지의 아랫 부분에 있는 주황색을 클릭해 추출한 후 ❸ [OK(확인)]을 클릭합니다.

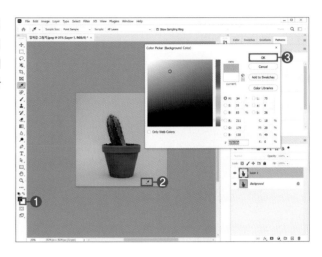

02 ❶ Crop Tool(자르기 도구, 口.)를 클릭하고 ❷ 캔버스의 아래 부분을 클릭&드래그하여 늘린 후 ❸ Enter 를 누릅니다.

| TIP | 이미지가 커지는 부분은 배경색으로 채워집니다.

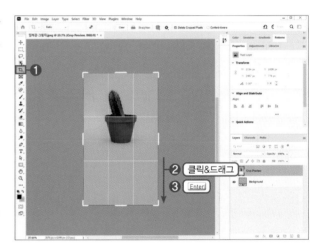

03 ❶ 'Layer 1(레이어 1)' 레이어를 클릭하고 ❷ Properties(속성) 패널의 버튼을 클릭해 세로로 뒤집습니다.

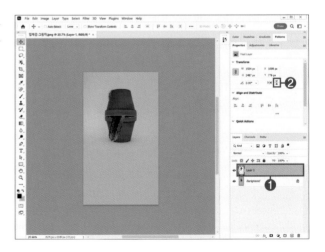

04 ❶ Move Tool(이동 도구, ⊕)를 클릭하고 ❷ 캔버스를 드래그하면서 Shift 를 눌러 화분 아래로 이동합니다.

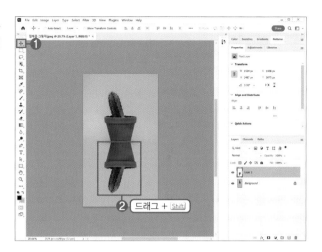

05 ❶ Ctrl + U 를 눌러 Hue/Saturation(색조/채도) 메뉴를 열고 ❷ Lightness(밝기)를 '−100'으로 설정해 검은색으로 만듭니다. ❸ [OK(확인)]을 클릭합니다.

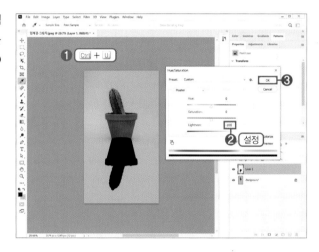

06 ❶ Filter(필터) − ❷ Blur(흐림 효과) − ❸ Gaussian Blur(가우시안 흐림 효과)를 클릭하고 ❹ Radius(반경)을 '30' 으로 설정 후 ❺ [OK(확인)]을 클릭합니다.

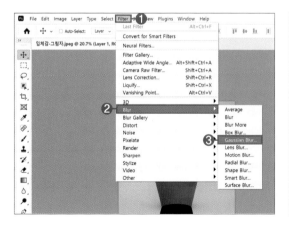
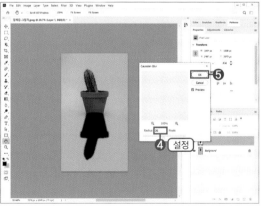

07 레이어 마스크로 일부분을 가리기 위해 도구 상자의 ❶ 전경색을 클릭하여 ❷ '#000000'으로 설정한 후 ❸ [OK(확인)]을 클릭합니다.

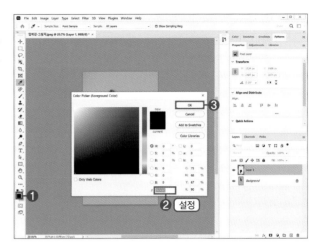

08 ❶ Brush Tool(브러시 도구, ✏️)를 클릭합니다. ❷ 옵션바의 브러시 모양 버튼(●)을 클릭하고 ❸ General Brushes(일반 브러시) − ❹ Soft Round(부드러운 원)을 클릭합니다. ❺ 키보드의 Ⅰ와 Ⅰ를 눌러 브러시의 크기를 조절합니다.

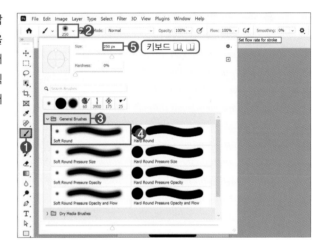

09 Layers(레이어) 패널에서 ❶ 레이어 마스크 버튼(◻)을 클릭하고 ❷ 그림자의 아랫부분을 클릭&드래그하여 일부를 가려줍니다.

10 　Layers(레이어) 패널에서 ❶ 'Backgr
　　ound(배경)' 레이어를 클릭하고 ❷ Object
　　Selection Tool(개체 선택 도구, ⬚)를 클
　　릭합니다. ❸ 화분을 클릭&드래그하여 선택
　　합니다.

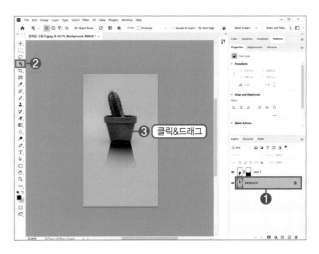

11 　❶ 'Layer 1(레이어 1)' 레이어의 레이어 마
　　스크를 클릭하고 ❷ Alt + Delete 를 눌러
　　전경색을 채웁니다. ❸ Ctrl + D 를 눌러
　　선택 영역을 해제합니다.

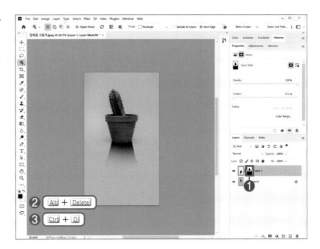

12 　그림자를 자연스럽게 합성하기 위해
　　Layers(레이어) 패널에서 ❶ 혼합 모드를
　　'Overlay(오버레이)'로, ❷ Opacity(불투명
　　도)를 '45%'로 설정합니다.

TIP　 6에서 Blur(흐림 효과)를 더 강하게 넣고, 12
에서 레이어의 Opacity(불투명도)를 조금 더 높여 진한
그림자를 만들 수도 있습니다.

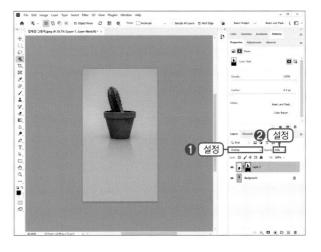

⊠ 그라데이션을 활용해 입체감 넣기

이번에는 그라데이션을 활용하여 이미지에 입체감을 넣는 방법에 대해 알아보겠습니다.

01 File(파일) – New(새로 만들기) 명령으로 새 문서를 ❶~❹와 같이 설정한 후 ❺ [Create(만들기)]를 클릭합니다.

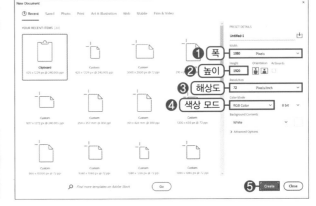

- Width(폭): 1080 Pixels
- Height(높이): 1920 Pixels
- Resolution(해상도): 72 Pixels/Inch
- Color Mode(색상 모드): RGB Color

02 도구 상자의 ❶ 전경색을 클릭하고 ❷ '#161b38'로 설정한 후 ❸ [OK(확인)]을 클릭합니다.

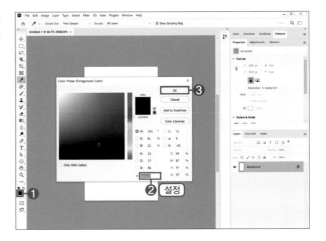

03 Alt + Delete 를 눌러 'Background(배경)' 레이어에 전경색을 채웁니다.

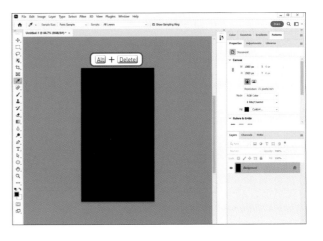

04 ❶ Rectangle Tool(사각형 도구, ▢)를 마우스 오른쪽 버튼으로 클릭하고 ❷ Ellipse Tool(타원 도구, ◯)를 클릭합니다. ❸ 캔버스를 클릭&드래그하면서 Shift 를 눌러 정원을 그립니다.

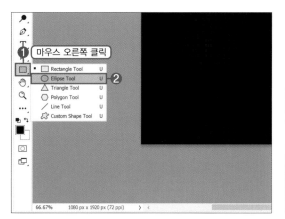
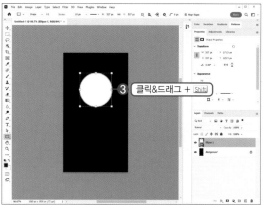

05 옵션바의 ❶ Fill(칠) 버튼 − ❷ 색상 피커 버튼(▢)을 클릭합니다. ❸ 색상을 '#ff87a6'으로 설정한 후 ❹ [OK(확인)]을 클릭합니다.

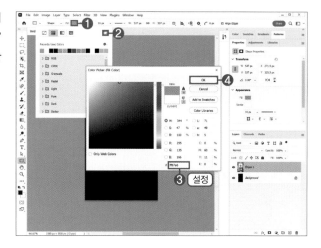

06 옵션바의 ❶ Stroke(획) 버튼 − ❷ 없음 버튼(▢)을 클릭합니다.

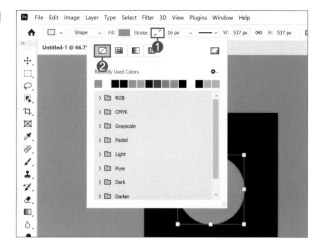

07 ❶ 'Ellipse 1(타원 1)' 레이어를 더블 클릭하여 Layer Style(레이어 스타일) 창을 열고 ❷ Gradient Overlay(그레이디언트 오버레이) 메뉴를 클릭합니다. ❸ Gradient(그레이디언트)를 클릭합니다.

TIP Layer Style(레이어 스타일)의 세 가지 Overlay(오버레이) 메뉴는 각각 레이어에 색상, 그레이디언트, 패턴을 덮어 씌우는 효과입니다.

08 상단의 Preset(사전설정) 중 ❶ 'Basics(기본 사항)' 그룹을 클릭해 엽니다. ❷ 두 번째에 있는 'Foreground to Transparent(전경색에서 투명으로)'를 클릭하고 ❸ [OK(확인)]을 클릭합니다.

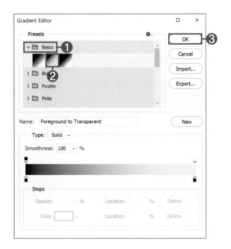

09 ❶~❻ Gradient Overlay(그레이디언트 오버레이) 메뉴를 그림과 같이 설정합니다.

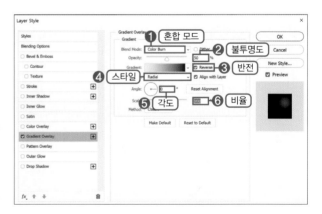

- Blend Mode(혼합 모드): Color Burn(색상 번)
- Opacity(불투명도): 50%
- Reverse(반전): 체크
- Style(스타일): Radial(방사형)
- Angle(각도): 0°
- Scale(비율): 100%

Color Burn(색상 번)은 밝기를 많이 낮추지 않고, 본래 레이어 색상의 채도를 올리기 때문에 보다 산뜻한 음영을 만들기에 좋습니다. 또 Multiply(곱하기), Linear Burn(선형 번) 등 다른 Blend Mode(혼합 모드)를 사용하셔도 좋습니다.

▲ Multiply(곱하기)

▲ Color Burn(색상 번)

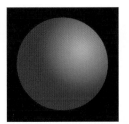
▲ Linear Burn(선형 번)

10 ❶ 캔버스를 클릭&드래그하여 그레이디언트의 위치를 수정하고 ❷ Enter 를 누릅니다.

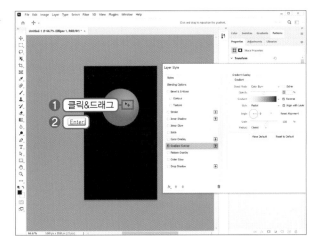

11 ❶ Ctrl + J 를 눌러 'Ellipse 1(타원 1)' 레이어를 복제하고 ❷ Ctrl + 드래그하면서 Shift 를 눌러 아래로 이동합니다. ❸ 'Ellipse 1 copy(타원 1 복사)' 레이어의 Gradient Overlay(그레이디언트 오버레이)를 더블 클릭합니다.

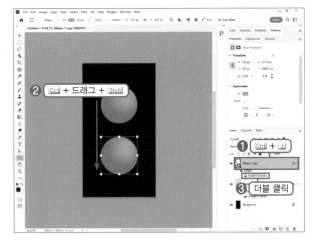

12 ❶~❻ Layer Style(레이어 스타일) 창에서 그림과 같이 설정합니다.

- Blend Mode(혼합 모드): Color Burn(색상 번)
- Opacity(불투명도): 50%
- Reverse(반전): 체크 해제
- Style(스타일): Linear(선형)
- Angle(각도): 45°
- Scale(비율): 40%

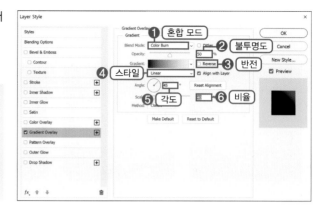

13 ❶ 캔버스를 클릭&드래그하여 그레이디언트의 위치를 수정하고 ❷ `Enter`를 누릅니다.

TIP 검은색뿐만 아니라 짙은 남색이나 갈색도 그림자와 음영을 만들 때 많이 사용합니다. 또 흰색이나 밝은 노란색 그레이디언트를 사용해 하이라이트 효과를 줄 수도 있습니다. 그레이디언트만 잘 활용해도 밋밋한 이미지를 훨씬 입체적으로 보이게 만들 수 있습니다.

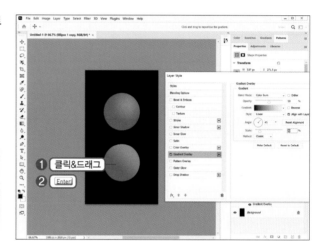

⊠ 아웃 포커싱 효과로 입체감 넣기

📁 준비파일 P02\Ch10\03\입체감-아웃 포커싱 1.jpeg, 입체감-아웃 포커싱 2.jpeg, 입체감-아웃 포커싱 3.jpeg

마지막으로 아웃 포커싱 효과를 만들어 이미지에 입체감을 넣는 방법에 대해 알아보겠습니다.

01 File(파일) - Open(열기) 명령으로 '입체감-아웃 포커싱 1.jpeg'를 열어줍니다.

02 합성할 꽃 이미지를 가지고 오겠습니다. ❶ File(파일) – ❷ Place Embedded(포함 가져오기)를 클릭하고 ❸ '입체감-아웃 포커싱 2.jpeg'를 가져옵니다. ❹ 크기와 위치를 조절하고 ❺ Enter를 누릅니다.

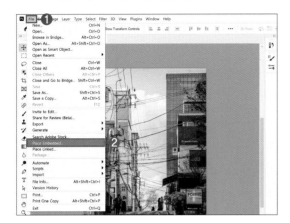

03 레이어를 자유롭게 수정하기 위해 ❶ '입체감-아웃 포커싱 2' 레이어를 마우스 오른쪽 버튼으로 클릭하고 ❷ Rasterize Layer(레이어 래스터화)를 클릭합니다.

04 ❶ Object Selection Tool(개체 선택 도구, ▦)를 마우스 오른쪽 버튼으로 클릭하고 ❷ Magic Wand Tool(자동 선택 도구, ⚲)를 클릭합니다. 옵션바에서 ❸ Tolerance(허용치)를 '50'으로 설정하고 ❹ Contiguous(인접)을 체크 해제합니다.

05 ❶ 벚꽃 이미지의 하늘 부분을 클릭해 선택하고 ❷ `Delete`를 눌러 삭제합니다. ❸ `Ctrl` + `D`를 눌러 선택 영역을 해제합니다.

06 벚꽃이 풍성하게 보이도록 ❶ `Ctrl` + `J`를 눌러 복제하고 ❷ `Ctrl` + `T`를 눌러 ❸ 크기와 회전값을 조절한 후 ❹ `Enter`를 누릅니다.

07 Layers(레이어) 패널에서 ❶ '입체감-아웃 포커싱 2' 레이어를 클릭하고 ❷ Filter(필터) – ❸ Blur(흐림 효과) – ❹ Gaussian Blur(가우시안 흐림 효과)를 클릭합니다. ❺ Radius(반경)을 '10'으로 설정 후 ❻ [OK(확인)]을 클릭합니다.

 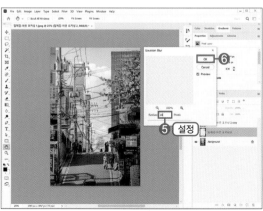

8 ❶ '입체감-아웃 포커싱 2 copy(복사)' 레이어를 클릭하고 ❷ Filter(필터) – ❸ Blur(흐림 효과) – ❹ Gaussian Blur(가우시안 흐림 효과)를 클릭합니다. ❺ Radius(반경)을 '22'로 설정 후 ❻ [OK(확인)]을 클릭합니다.

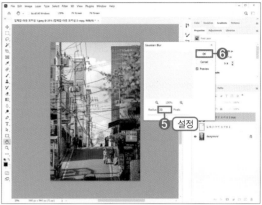

9 ❶ '입체감-아웃 포커싱 2 copy(복사)' 레이어를 클릭하고 ❷ '입체감-아웃 포커싱 2' 레이어를 Ctrl + 클릭해 중복 선택합니다. ❸ Ctrl + G를 눌러 그룹으로 묶어줍니다.

10 벚꽃의 색상을 보정하기 위해 ❶ 조정 레이어 버튼 (⬤) – ❷ Color Balance(색상 균형)을 클릭합니다.

11 Properties(속성) 패널의 ❶ 클리핑 마스크 버튼(🔲)을 클릭하여 아래 레이어와 클리핑 마스크를 만들고 ❷~❹ 그림과 같이 설정합니다.

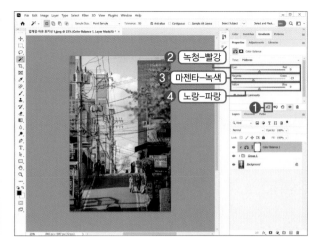

- Cyan(녹청) − Red(빨강): 0
- Magenta(마젠타) − Green(녹색): −23
- Yellow(노랑) − Blue(파랑): 0

12 ❶ 조정 레이어 버튼(🔘) − ❷ Curves(곡선)을 클릭합니다.

13 Properties(속성) 패널의 ❶ 클리핑 마스크 버튼(🔲)을 클릭하여 아래 레이어와 클리핑 마스크를 만들고 Properties(속성) 패널에서 ❷ 그림과 같이 클릭&드래그하여 밝기를 설정합니다.

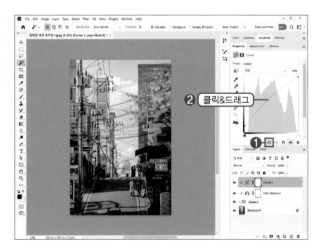

14 합성할 꽃 이미지를 하나 더 가지고 오겠습니다. ❶ File(파일) − ❷ Place Embedded(포함 가져오기)를 클릭하고 ❸ '입체감−아웃 포커싱 3.jpeg'를 가져옵니다. ❹ 크기와 위치, 회전값을 조절하고 ❺ Enter 를 누릅니다.

15 레이어를 자유롭게 수정하기 위해 ❶ '입체감−아웃 포커싱 3' 레이어를 마우스 오른쪽 버튼으로 클릭하고 ❷ Rasterize Layer(레이어 래스터화)를 클릭합니다.

16 ❶ Magic Wand Tool(자동 선택 도구, ⚡)를 클릭하고 ❷ 옵션바의 Tolerance(허용치)를 '65'로 설정합니다.

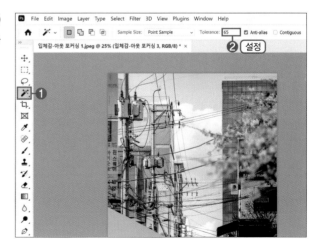

17 ❶ 벚꽃 이미지의 하늘 부분을 클릭해 선택합니다. ❷ Delete 를 눌러 지우고 ❸ Ctrl + D 를 눌러 선택 영역을 해제합니다.

18 ❶ Filter(필터) − ❷ Blur Gallery(흐림 효과 갤러리) − ❸ Iris Blur(조리개 흐림 효과)를 클릭합니다. ❹ Blur(흐림 효과)를 '80'으로 입력하고 ❺ 조리개 모양을 그림과 같이 설정합니다. 완료 후 ❻ [OK(확인)]을 클릭합니다.

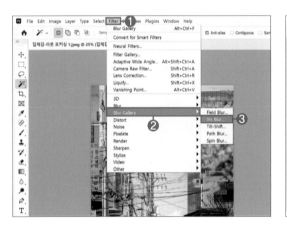 

19 밝기를 조정하기 위해 ❶ 조정 레이어 버튼(◑) − ❷ Curves(곡선)을 클릭합니다.

20 Properties(속성) 패널의 ❶ 클리핑 마스크 버튼(◧)을 클릭하여 아래 레이어와 클리핑 마스크를 만들고 ❷ Properties(속성) 패널에서 클릭&드래그하여 그림과 같이 설정합니다.

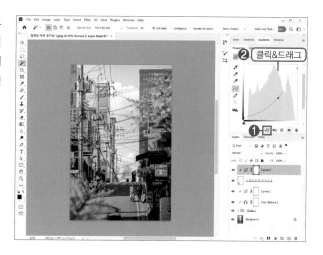

21 배경 이미지를 보정하기 위해 Layers(레이어) 패널에서 ❶ 'Background(배경)' 레이어를 클릭하고 ❷ 조정 레이어 버튼(◉) – ❸ Color Balance(색상 균형)을 클릭합니다.

22 Properties(속성) 패널에서 ❶~❸ 그림과 같이 설정합니다.

• Cyan(녹청) – Red(빨강): –8
• Magenta(마젠타) – Green(녹색): –13
• Yellow(노랑) – Blue(파랑): 0

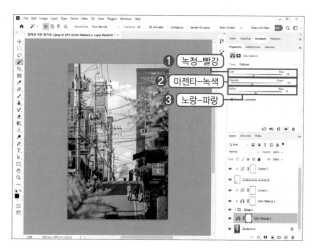

23 ❶ 조정 레이어 버튼()에서 − ❷ Curves(곡선)을 클릭합니다.

24 Properties(속성) 패널에서 그래프를 클릭&드래그하여 그림과 같이 설정합니다. 아웃포커싱 효과를 만들어 이미지에 입체감을 넣는 작업을 완성하였습니다.

클릭&드래그

3

실무에서 활용하기

11

이번 챕터에서는 유튜브 섬네일, 정방형 카드뉴스, 움직이는 GIF 이미지 이렇게 총 세 가지의 SNS 콘텐츠 예제를 직접 만들어보겠습니다. 각 콘텐츠별 특징을 생각하며 한 단계씩 따라합니다.

눈에 띄는 SNS 디자인 만들기

유튜브 섬네일 만들기

유튜브 섬네일은 눈에 잘 띄어야 하며 콘텐츠의 주제가 한눈에 잘 드러나야 합니다. 또 두꺼운 폰트를 사용하고, 대비가 뚜렷한 색상을 넣어 텍스트의 가독성을 높여야 합니다. 눈에 띄는 유튜브 섬네일 제작을 위해 사용한 효과들에 유의하며 유튜브 섬네일 만드는 방법을 알아보겠습니다.

미리보기

📁 완성파일 P03\Ch11\01\유튜브 섬네일.psd

- 사용 폰트: SB 어그로OTF Bold, SB 어그로OTF Medium, 웃뚱체
- 작업 사이즈: 1920 x 1080 Pixels
- 해상도: 72 Pixels/Inch
- 색상 모드: RGB Color

⊠ 섬네일 배경 만들기

📁 준비파일 P03\Ch11\01\유튜브 섬네일 1.jpeg

먼저 유튜브 섬네일의 배경을 만들어보겠습니다.

01 File(파일) – New(새로 만들기) 명령으로 새 문서를 ❶~❹와 같이 설정한 후 ❺ [Create(만들기)]를 클릭합니다.

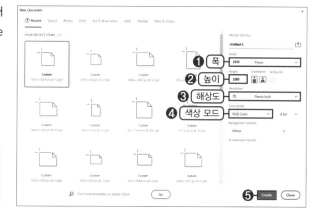

- Width(폭): 1920 Pixels
- Height(높이): 1080 Pixels
- Resolution(해상도): 72 Pixels/Inch
- Color Mode(색상 모드): RGB Color

02 Layers(레이어) 패널의 ❶ 조정 레이어 버튼(◑) – ❷ Solid Color(단색)을 클릭합니다. ❸ 색상을 '#000000'으로 설정한 후 ❹ [OK(확인)]을 클릭합니다.

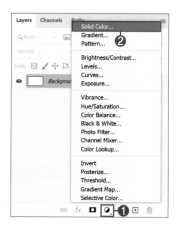

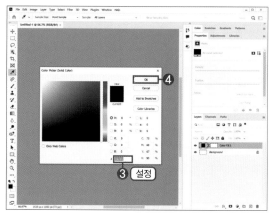

03 File(파일) – Place Embedded(포함 가져오기) 명령으로 ❶ '유튜브 섬네일 1.jpeg'를 가져옵니다. ❷ 크기와 위치를 조절하고 ❸ Enter를 누릅니다.

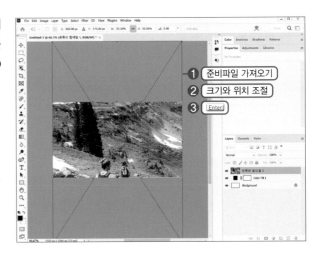

04 Layers(레이어) 패널의 Opacity(불투명도)를 '50%'로 설정합니다.

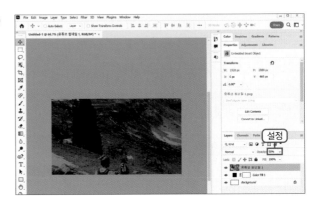

⊠ 가위로 오린듯한 느낌의 누끼 따기

📁 준비파일 P03\Ch11\01\유튜브 섬네일 2.jpeg, 유튜브 섬네일 3.jpeg

이번에는 유튜브 섬네일에 들어갈 이미지를 가위로 오린듯한 느낌으로 누끼 따는 작업을 해보겠습니다.

01 File(파일) – Place Embedded(포함 가져오기) 명령으로 ❶ '유튜브 섬네일 2.jpeg'를 가져옵니다. ❷ 크기와 위치를 조절하고 ❸ Enter를 누릅니다.

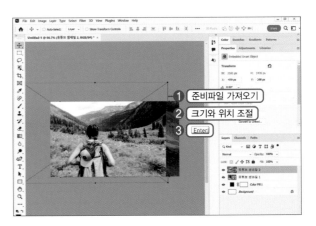

02 ❶ Lasso Tool(올가미 도구, ⬡)를 마우스 오른쪽 버튼으로 클릭하고 ❷ Polygonal Lasso Tool(다각형 올가미 도구, ⬡)를 클릭한 후 ❸ 사람보다 더 크게 외곽을 클릭하여 가위로 오린 듯하게 선택합니다. ❹ Enter 를 눌러 선택을 완료합니다.

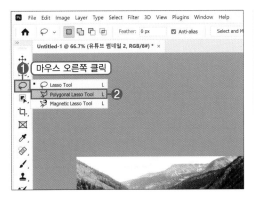

03 Layers(레이어) 패널의 Layer Mask(레이어 마스크, ⬡)를 클릭합니다.

04 File(파일) – Place Embedded(포함 가져오기) 명령으로 ❶ '유튜브 썸네일 3.jpeg'를 가져옵니다. ❷ 크기와 위치를 조절하고 ❸ Enter 를 누릅니다.

05 ❶ Polygonal Lasso Tool(다각형 올가미 도구, ⧓)를 클릭하고 ❷ 사람보다 더 크게 외곽을 클릭하여 가위로 오린 듯하게 선택합니다. ❸ Enter 를 눌러 선택을 완료합니다.

06 Layers(레이어) 패널의 Layer Mask(레이어 마스크, ▢)를 클릭합니다.

07 ❶ '유튜브 썸네일 2' 레이어를 클릭하고 ❷ '유튜브 썸네일 3' 레이어를 Ctrl + 클릭해 중복 선택한 후 ❸ Ctrl + G 를 눌러 그룹으로 묶어줍니다. ❹ 그룹 이름을 더블 클릭하여 ❺ '사람 이미지' 입력 후 Enter 를 누릅니다.

08 ❶ '사람 이미지' 그룹을 더블 클릭하여 Layer Style(레이어 스타일) 창을 열고 ❷ Stroke(획) 메뉴를 클릭합니다. ❸~❽ 그림과 같이 설정 후 ❾ [OK(확인)]을 클릭합니다.

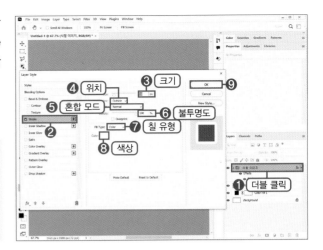

- Size(크기): 10 px
- Position(위치): Outside(바깥쪽)
- Blend Mode(혼합 모드): Normal(표준)
- Opacity(불투명도): 100%
- Fill Type(칠 유형): Color(색상)
- Color(색상): #ffffff

⊠ 섬네일 프레임 만들기

다음으로 유튜브 섬네일의 프레임을 만들어 보겠습니다.

01 ❶ Rectangle Tool(사각형 도구, ▢)를 클릭하고 ❷ 캔버스를 한 번 클릭한 후 ❸~❺ 그림과 같이 설정 후 ❻ [OK(확인)]을 클릭합니다.

- Width(폭): 1920 px
- Height(높이): 1080 px
- Radii(반경): 0 px, 0 px, 0 px, 0 px

02 옵션바의 ❶ Fill(칠) 버튼 – ❷ 없음 버튼 (□)을 클릭합니다.

03 옵션바의 ❶ Stroke(획) 버튼 – ❷ 색상 피커 버튼(□)을 클릭합니다. ❸ 색상을 '#f9cb46'으로 설정한 후 ❹ [OK(확인)]을 클릭합니다. ❺ 옵션바의 획 두께를 '30 px'로 설정합니다.

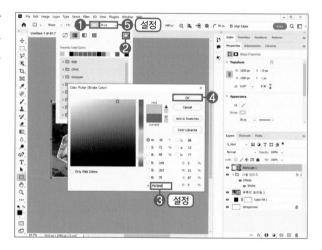

04 옵션바의 ❶ 획 종류를 클릭하고 ❷ Align (정렬) – ❸ 첫 번째 메뉴를 클릭하여 획을 안쪽으로 정렬합니다.

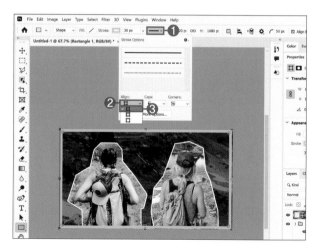

05 Layers(레이어) 패널에서 ❶ 'Rectangle
1(사각형 1)' 레이어를 클릭하고 ❷ 'Back
ground(배경)' 레이어를 Ctrl + 클릭해 중
복 선택한 후 ❸ Move Tool(이동 도구, ⊕)
를 클릭합니다. 옵션바의 ❹ 세로로 가운데
정렬 버튼(┻)과 ❺ 가로로 가운데 정렬 버
튼(┡)을 각각 클릭해 정렬합니다.

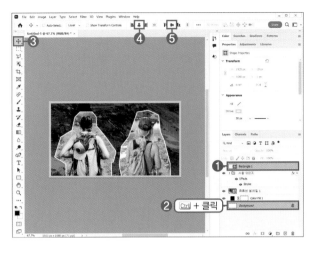

TIP 이렇게 'Background(배경)' 레이어를 같이 선
택하고 가운데로 정렬하면 캔버스 한가운데 정렬할 수
있습니다.

06 ❶ Rectangle Tool(사각형 도구, ▢)를 클
릭하고 ❷ 클릭&드래그해 직사각형을 그립
니다.

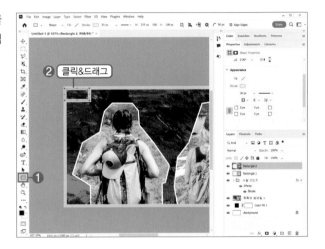

07 Properties(속성) 패널의 Appearance(모
양) 메뉴 중 ❶ 반경 비율 고정 버튼(⑧)을
클릭해 해제하고 ❷ 오른쪽 아래의 반경을
'80 px'로 설정합니다.

08 옵션바의 ❶ Fill(칠) 버튼 – ❷ 색상 피커 버튼(□)을 클릭합니다. ❸ 색상을 '#f9cb46'으로 설정한 후 ❹ [OK(확인)]을 클릭합니다.

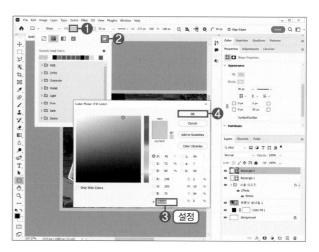

09 옵션바의 ❶ Stroke(획) 버튼 – ❷ 없음 버튼(□)을 클릭합니다.

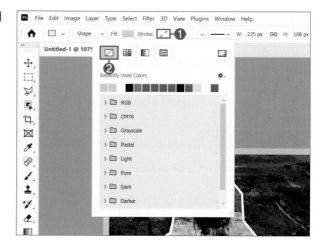

10 ❶ Horizontal Type Tool(수평 문자 도구, T)를 클릭하고 ❷~❺ 옵션바를 그림과 같이 설정합니다.

• 폰트: SB 어그로OTF Bold
• 크기: 70 pt
• 정렬: 가운데 정렬
• 색상: #000000

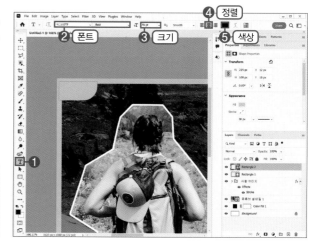

11 ❶ 캔버스를 한 번 클릭한 후 ❷ '#1'을 입력하고 ❸ Ctrl + Enter 를 눌러 마무리합니다. ❹ Ctrl + 드래그해 사각형 앞으로 이동합니다.

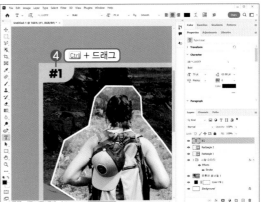

12 ❶ 'Rectangle 1(사각형 1)' 레이어를 클릭하고 ❷ '#1' 레이어를 Shift + 클릭해 세 레이어를 중복 선택하고 ❸ Ctrl + G 를 눌러 그룹으로 묶어줍니다. ❹ 그룹 이름을 더블 클릭하여 ❺ '프레임 및 도형' 입력 후 Enter 를 누릅니다.

이제 섬네일에 제목으로 들어갈 텍스트를 입력하고, 텍스트에 이중 그림자와 획을 넣는 작업을 해보겠습니다.

01 ❶ Horizontal Type Tool(수평 문자 도구, T)를 클릭하고 ❷~❺ 옵션바를 그림과 같이 설정합니다.

- **폰트**: 웃뚱체
- **크기**: 92 pt
- **정렬**: 가운데 정렬
- **색상**: #000000

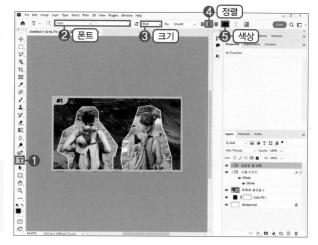

02 ❶ 캔버스를 한 번 클릭한 후 ❷ '같은 듯 다른 둘이서'를 입력하고 ❸ Ctrl + Enter 를 눌러 마무리합니다.

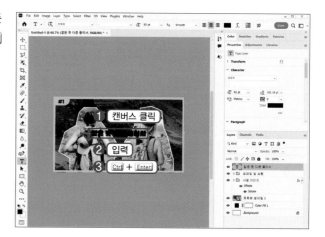

03 ❶ '같은 듯 다른 둘이서' 레이어를 더블 클릭하여 Layer Style(레이어 스타일) 창을 열고 ❷ Stroke(획) 메뉴를 클릭합니다. ❸~❽ 그림과 같이 설정 후 ❾ [OK(확인)]을 클릭합니다.

- **Size(크기)**: 6 px
- **Position(위치)**: Outside(바깥쪽)
- **Blend Mode(혼합 모드)**: Normal(표준)
- **Opacity(불투명도)**: 100%
- **Fill Type(칠 유형)**: Color(색상)
- **Color(색상)**: #ffffff

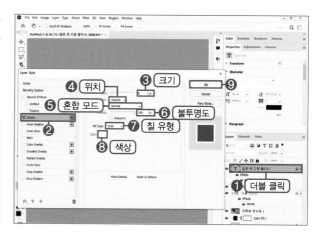

04 ❶ 캔버스를 한 번 클릭한 후 ❷ '1박 2일 여행'을 입력하고 ❸ Ctrl + Enter 를 눌러 마무리합니다. ❹~❼ 옵션바를 그림과 같이 설정합니다.

- 폰트: SB 어그로OTF Bold
- 크기: 142 pt
- 정렬: 가운데 정렬
- 색상: #ffffff

05 ❶ Ctrl + J 를 눌러 '1박 2일 여행' 레이어를 복제하고 ❷ Ctrl + 드래그하여 아래로 이동합니다.

06 ❶ 텍스트를 클릭한 후 ❷ 'V-log'를 입력하고 ❸ Ctrl + Enter 를 눌러 마무리합니다. ❹~❼ 옵션바를 그림과 같이 설정합니다.

- 폰트: SB 어그로OTF Bold
- 크기: 240 pt
- 정렬: 가운데 정렬
- 색상: #ffffff

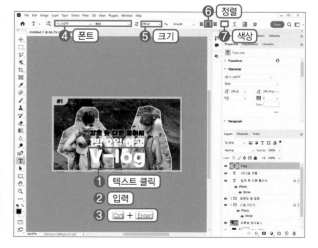

07 Layers(레이어) 패널에서 ❶ 'V-log' 레이어를 클릭하고 ❷ '1박 2일 여행' 레이어를 `Ctrl` + 클릭해 중복 선택한 뒤 ❸ `Ctrl` + `G`를 눌러 그룹으로 묶어줍니다. ❹ 그룹 이름을 더블 클릭하여 ❺ '메인 텍스트' 입력 후 `Enter`를 누릅니다.

08 ❶ '메인 텍스트' 그룹을 더블 클릭하여 Layer Style(레이어 스타일) 창을 열고 ❷ Stroke(획) 메뉴를 클릭합니다. ❸~❽ 그림과 같이 설정합니다.

- Size(크기): 5 px
- Position(위치): Outside(바깥쪽)
- Blend Mode(혼합 모드): Normal(표준)
- Opacity(불투명도): 100%
- Fill Type(칠 유형): Color(색상)
- Color(색상): #000000

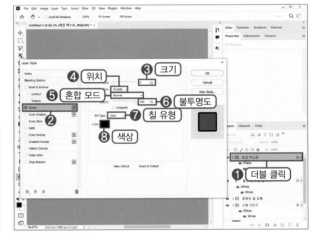

09 ❶ Drop Shadow(드롭 섀도) 메뉴를 클릭하고 ❷~❼ 그림과 같이 설정합니다.

- Blend Mode(혼합 모드): Multiply(곱하기), #000000
- Opacity(불투명도): 80%
- Angle(각도): 145°
- Distance(거리): 0 px
- Spread(스프레드): 5%
- Size(크기): 50 px

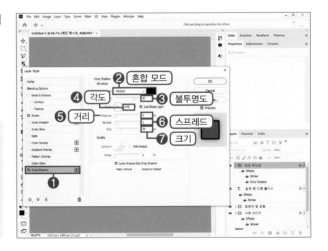

10 Drop Shadow(드롭 셰도) 메뉴의 ❶ 추가 버튼을 클릭해 그림자를 하나 더 만들고 ❷~❼ 그림과 같이 설정 후 ❽ [OK(확인)]을 클릭합니다.

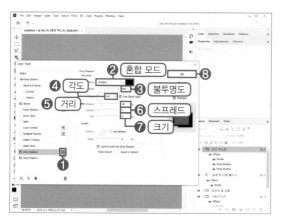

- Blend Mode(혼합 모드): Multiply(곱하기), #000000
- Opacity(불투명도): 100%
- Angle(각도): 145°

- Distance(거리): 20 px
- Spread(스프레드): 5%
- Size(크기): 0 px

⊠ 말풍선 요소 넣기

섬네일을 조금 더 생동감 있고, 재미있게 표현하기 위해 말풍선 요소를 만들어서 넣어보겠습니다.

01 ❶ Rectangle Tool(사각형 도구, ▢)를 클릭하고 ❷ 클릭&드래그해 직사각형을 그립니다.

02 모서리에 있는 눈을 사각형 안쪽으로 클릭&드래그하여 반경을 최대한 둥글게 만듭니다.

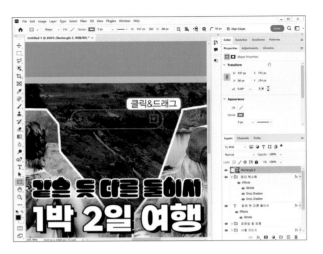

03 옵션바의 ❶ Fill(칠) 버튼 – ❷ 색상 피커 버튼( )을 클릭합니다. ❸ 색상을 '#cbe3b6'으로 설정한 후 ❹ [OK(확인)]을 클릭합니다.

04 옵션바의 ❶ Stroke(획) 버튼 – ❷ 없음 버튼( )을 클릭합니다.

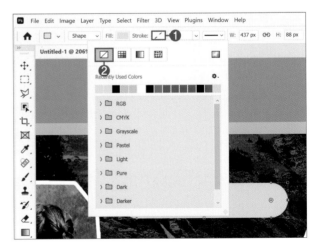

05 ❶ Pen Tool(펜 도구, ✐)를 클릭하고 옵션바의 ❷ 도구 모드를 'Shape(모양)'으로, ❸ 패스 작동모드를 'Combine Shapes(모양 결합)'으로 설정합니다.

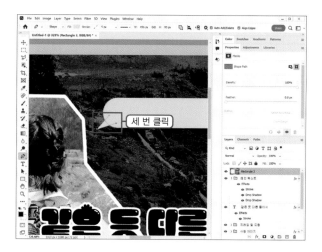

06 세 번 클릭하여 삼각형 모양으로 만듭니다.

07 ❶ Horizontal Type Tool(수평 문자 도구, T.)를 클릭하고 ❷ 캔버스를 한 번 클릭한 후 ❸ '경치 맛집이네..'를 입력하고 ❹ Ctrl + Enter 를 눌러 마무리합니다. ❺~❽ 옵션 바를 그림과 같이 설정합니다.

- 폰트: SB 어그로OTF Medium
- 크기: 50 pt
- 정렬: 가운데 정렬
- 색상: #000000

08 Ctrl + 드래그해 말풍선에 맞춰 텍스트를 이동합니다.

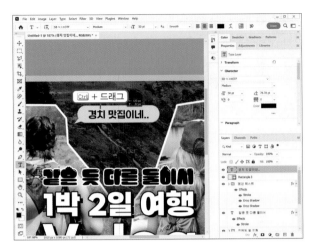

09 유튜브 섬네일이 완성되었습니다.

정방형 카드뉴스 만들기

카드뉴스는 SNS 콘텐츠의 표본이라고 할 수 있습니다. 카드뉴스는 한눈에 내용이 들어오게 텍스트가 정리되어있어야 하며, 텍스트의 길이가 너무 긴 것은 좋지 않습니다. 또 내용에 맞는 이미지와 색상을 사용하는 것이 중요합니다. 이번 장에서는 Artboard(대지)를 사용하여 하나의 파일 안에서 두 개의 캔버스를 만들어 실습하겠습니다.

미리보기

 완성파일 P03\Ch11\02\정방형 카드뉴스.psd

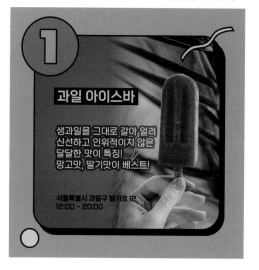

- 사용 폰트: 이사만루체 Bold, 이사만루체 Medium, 이사만루체 Light
- 작업 사이즈: 1080 x 1080 Pixels
- 해상도: 72 Pixels/Inch
- 색상 모드: RGB Color
- Artboards(아트보드): 체크

⊠ 카드뉴스 배경 패턴 만들기

먼저 카드뉴스 배경에 들어갈 패턴을 만들어서 등록하는 방법을 알아보겠습니다.

01 패턴을 제작할 용도의 창을 만들기 위해 File(파일) – New(새로 만들기) 명령으로 새 문서를 ❶~❹와 같이 설정한 후 ❺ [Create(만들기)]를 클릭합니다.

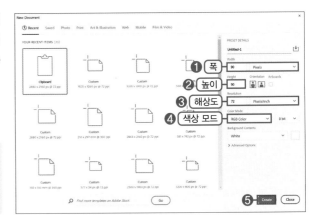

- Width(폭): 90 Pixels
- Height(높이): 90 Pixels
- Resolution(해상도): 72 Pixels/Inch
- Color Mode(색상 모드): RGB Color

02 ❶ Rectangle Tool(사각형 도구, ▭)를 클릭하고 ❷ 캔버스의 왼쪽 위 모서리를 한 번 클릭합니다. ❸~❺ 그림과 같이 설정 후 ❻ [OK(확인)]을 클릭합니다.

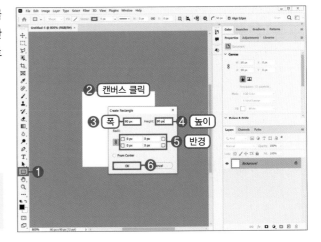

- Width(폭): 90 px
- Height(높이): 90 px
- Radii(반경): 0 px, 0 px, 0 px, 0 px

03 옵션바의 ❶ Fill(칠) 버튼 – ❷ 없음 버튼 (▨)을 클릭합니다.

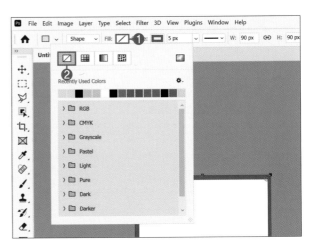

옵션바의 ❶ Stroke(획) 버튼 – ❷ 색상 피커 버튼(□)을 클릭합니다. ❸ 색상을 '#000000'으로 설정한 후 ❹ [OK(확인)]을 클릭합니다. ❺ 옵션바의 획 두께를 '2 px'로 설정합니다.

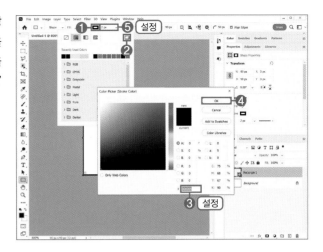

옵션바의 ❶ 획 종류를 클릭하고 ❷ Align (정렬) – ❸ 첫 번째 메뉴를 클릭하여 획을 안쪽으로 정렬합니다.

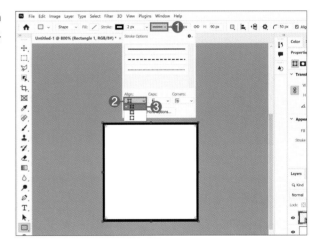

❶ 'Background(배경)' 레이어의 눈을 클릭해 끕니다. ❷ Edit(편집) – ❸ Define Pattern(패턴 정의)를 클릭하고 ❹ '체크 패턴' 입력 후 ❺ [OK(확인)]을 클릭합니다.

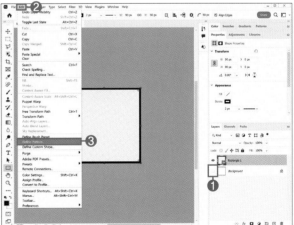

⊠ 카드뉴스 배경과 꾸밈 요소 도형 만들기

다음으로 카드뉴스 배경을 만들고, 도형을 넣어 꾸미는 작업을 해보겠습니다. 포토샵에서 기본으로 제공하는 도형의 모양을 수정해 다양한 모양을 만들 수 있습니다.

01 먼저 카드뉴스를 제작할 창을 만들기 위해 File(파일) – New(새로 만들기) 명령으로 새 문서를 ❶~❺와 같이 설정한 후 ❻ [Create(만들기)]를 클릭합니다.

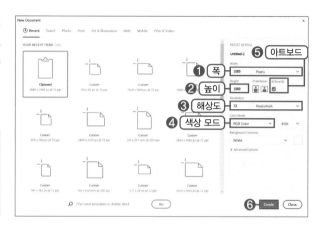

- Width(폭): 1080 Pixels
- Height(높이): 1080 Pixels
- Resolution(해상도): 72 Pixels/Inch
- Color Mode(색상 모드): RGB Color
- Artboards(아트보드): 체크

> **TIP** Artboads(아트보드)에 체크하면 하나의 파일에 두 개 이상의 대지를 만들 수 있습니다. 모든 대지의 해상도와 색상 모드는 동일하게 설정되며, Artboard Tool(대지 도구)를 사용해 각 대지의 크기를 다르게 할 수 있습니다. 카드뉴스, 반응형 웹 및 앱 등을 디자인할 때 편리합니다.

02 Layers(레이어) 패널의 ❶ 조정 레이어 버튼(⬛) – ❷ Solid Color(단색)을 클릭합니다. ❸ 색상을 '#d88a8a'로 설정한 후 ❹ [OK(확인)]을 클릭합니다.

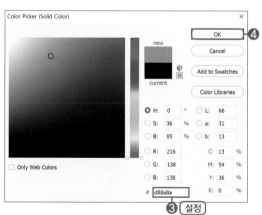

03 Layers(레이어) 패널의 ❶ 조정 레이어 버튼(⬛)－❷ Pattern(패턴)을 클릭합니다. ❸ 패턴을 가장 아래에 있는 '체크 패턴'으로 설정한 후 ❹ [OK(확인)]을 클릭합니다.

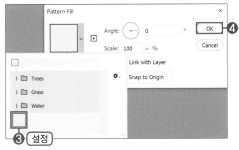

> TIP   Scale(비율)이 100%이기 때문에 '90 px' 크기의 패턴이 '1080 px' 창에 가로와 세로로 각각 열두 번씩 배열됩니다.

04 ❶ Rectangle Tool(사각형 도구, ⬜)를 클릭하고 ❷ 캔버스를 한 번 클릭한 후 ❸~❺ 그림과 같이 설정 후 ❻ [OK(확인)]을 클릭합니다.

- Width(폭): 830 px
- Height(높이): 830 px
- Radii(반경): 80 px, 80 px, 80 px, 80 px

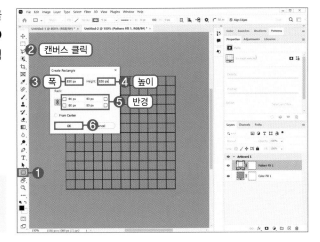

05 옵션바의 ❶ Fill(칠) 버튼 － ❷ 색상 피커 버튼(⬜)을 클릭합니다. ❸ 색상을 '#d24747'로 설정한 후 ❹ [OK(확인)]을 클릭합니다.

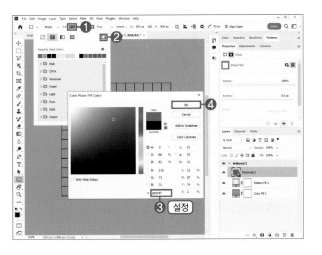

06 옵션바의 ① Stroke(획) 버튼 – ② 색상 피커 버튼(▣)을 클릭합니다. ③ 색상을 '#000000'으로 설정한 후 ④ [OK(확인)]을 클릭합니다. ⑤ 옵션바의 획 두께를 '6 px'로 설정합니다.

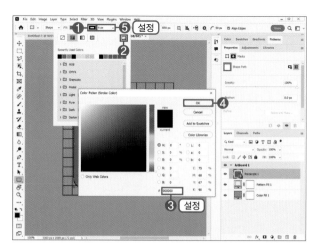

07 ① 'Rectangle 1(사각형 1)' 레이어를 더블 클릭하여 Layer Style(레이어 스타일) 창을 열고 ② Gradient Overlay(그레이디언트 오버레이) 메뉴를 클릭합니다. ③ 그레이디언트를 클릭합니다.

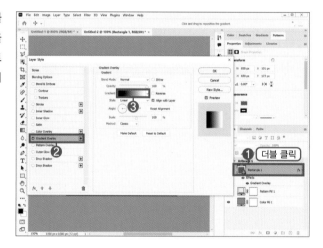

08 그레이디언트의 색상을 설정하기 위해 ① 왼쪽 아래에 있는 색연필을 클릭하고 ② Color(색상)을 클릭합니다. ③ '#000000'으로 설정한 후 ④ [OK(확인)]을 클릭합니다.

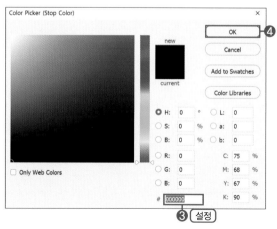

09 오른쪽 아래에 있는 색연필을 바깥쪽으로 클릭&드래그하여 삭제합니다.

10 그레이디언트의 불투명도를 설정하기 위해 ❶ 왼쪽 위에 있는 색연필을 클릭하고 ❷ Opacity(불투명도)를 '100', ❸ Location(위치)를 '0'으로 설정합니다.

11 ❶ 오른쪽 위에 있는 색연필을 클릭하고 ❷ Opacity(불투명도)를 '0', ❸ Location(위치)를 '100'으로 설정 후 ❹ [OK(확인)]을 클릭합니다.

TIP 만약 위에 색연필이 더 없다면 빈 공간을 클릭해 색연필을 만들 수 있습니다.

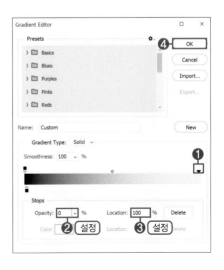

12 나머지 메뉴를 ❶~❻ 그림과 같이 설정합
니다.

- Blend Mode(혼합 모드): Linear Burn(선형
  번)
- Opacity(불투명도): 15%
- Reverse(반전): 체크
- Style(스타일): Radial(방사형)
- Angle(각도): 0°
- Scale(비율): 150%

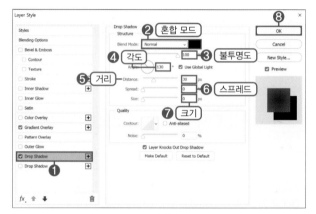

13 ❶ Drop Shadow(드롭 섀도) 메뉴를 클
릭하고 ❷~❼ 그림과 같이 설정한 후 ❽
[OK(확인)]을 클릭합니다.

- Blend Mode(혼합 모드): Normal(표준),
  #000000
- Opacity(불투명도): 100%
- Angle(각도): 130°
- Distance(거리): 30 px
- Spread(스프레드): 0%
- Size(크기): 0 px

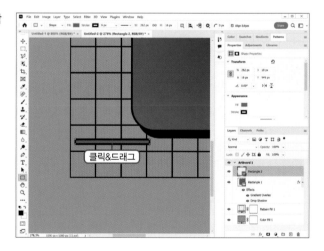

14 캔버스를 클릭&드래그하여 가로로 긴 사각
형을 작게 하나 그립니다.

15 옵션바의 ❶ Fill(칠) 버튼 – ❷ 색상 피커 버튼(⬜)을 클릭합니다. ❸ 색상을 '#f4bf4f'로 설정한 후 ❹ [OK(확인)]을 클릭합니다.

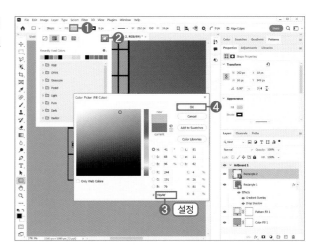

16 ❶ Pen Tool(펜 도구, ✎.)를 마우스 오른쪽 버튼으로 클릭하고 ❷ Add Anchor Point Tool(기준점 추가 도구, ✎.)를 클릭한 후 ❸ 그림과 같이 여섯 번을 각각 클릭하여 총 여섯 개의 점을 생성합니다.

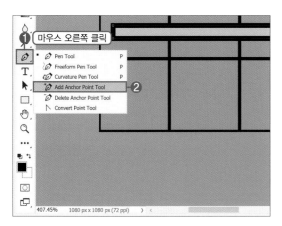

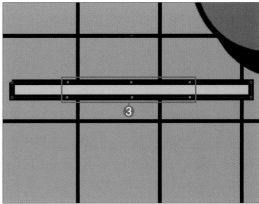

17 ❶ Direct Selection Tool(직접 선택 도구, ▷.)를 클릭하고 ❷ 그림과 같이 네 개의 점을 각각 Shift + 클릭하여 중복 선택한 후 ❸ 방향키 ↑를 눌러 모양을 변형합니다.

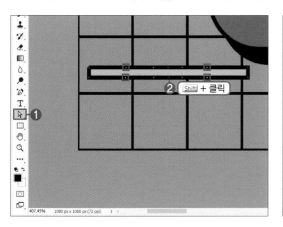

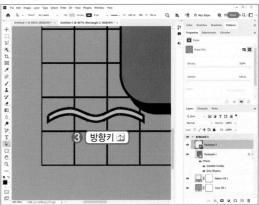

18 ❶ Rectangle Tool(사각형 도구, ▢)를 마우스 오른쪽 버튼으로 클릭하고 ❷ Ellipse Tool(타원 도구, ◯)를 클릭합니다. ❸ 캔버스 오른쪽 위에 클릭&드래그하면서 Shift 를 눌러 정원형을 그립니다.

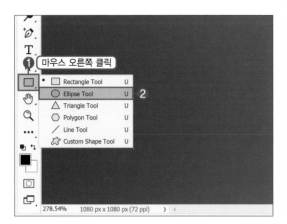
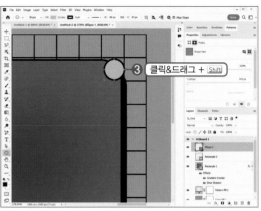

19 옵션바의 ❶ Fill(칠) 버튼 – ❷ 색상 피커 버튼(▢)을 클릭합니다. ❸ 색상을 '#78cc5e'로 설정한 후 ❹ [OK(확인)]을 클릭합니다.

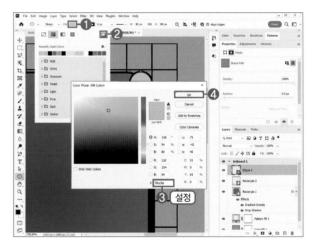

20 Layers(레이어) 패널에서 ❶ 'Rectangle 2(사각형 2)' 레이어를 클릭하고 ❷ Ctrl + T 를 누릅니다. ❸ 위치와 회전값을 조절한 후 ❹ Enter 를 눌러 마무리합니다.

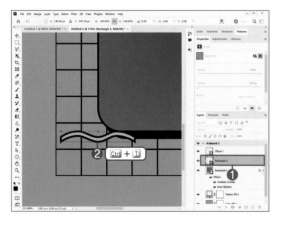
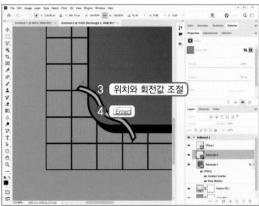

⊠ 카드뉴스 제목 텍스트 입력하기

카드뉴스의 메인 제목이 될 텍스트를 입력하겠습니다. 카드뉴스의 첫 장에 들어가는 제목 텍스트이기 때문에 가지런하고, 질서 있게 정렬하여 텍스트를 입력해야 합니다.

01 ❶ Horizontal Type Tool(수평 문자 도구, T.)를 클릭하고 ❷~❺ 옵션바를 그림과 같이 설정합니다.

- **폰트**: 이사만루체 Bold
- **크기**: 120 pt
- **정렬**: 가운데 정렬
- **색상**: #d88a8a

02 ❶ 캔버스를 한 번 클릭한 후 ❷ '신상 디저트 BEST'를 입력하고 ❸ Ctrl + Enter 를 눌러 마무리합니다.

TIP 텍스트에서 개행된 부분은 Enter 를 누릅니다.

03 ❶ '신상 디저트 BEST' 레이어를 더블 클릭하여 Layer Style(레이어 스타일) 창을 열고 ❷ Stroke(획) 메뉴를 클릭합니다. ❸~❽ 그림과 같이 설정 후 ❾ [OK(확인)]을 클릭합니다.

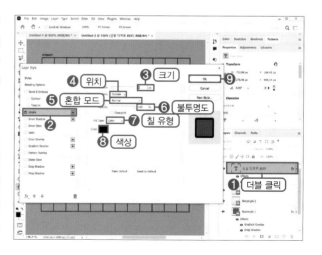

- **Size(크기)**: 6 px
- **Position(위치)**: Outside(바깥쪽)
- **Blend Mode(혼합 모드)**: Normal(표준)
- **Opacity(불투명도)**: 100%
- **Fill Type(칠 유형)**: Color(색상)
- **Color(색상)**: #000000

04 ❶ 캔버스를 한 번 클릭한 후 ❷ '2023 올해 핫한'을 입력하고 ❸ Ctrl + Enter 를 눌러 마무리합니다. ❹~❼ 옵션바를 그림과 같이 설정합니다.

- **폰트**: 이사만루체 Bold
- **크기**: 60 pt
- **정렬**: 가운데 정렬
- **색상**: #222121

05 옵션바의 ❶ 뒤틀기 버튼(⌒)을 클릭하고 ❷~❻ 그림과 같이 설정 후 ❼ [OK(확인)]을 클릭합니다.

- **Style(스타일)**: Arc(부채꼴)
- **Horizontal(가로)**: 활성화
- **Bend(구부리기)**: +20%
- **Horizontal Distortion(가로 왜곡)**: 0%
- **Vertical Distortion(세로 왜곡)**: 0%

06 Layers(레이어) 패널에서 ❶ 'Artboard 1(아트보드 1)'을 클릭하고 ❷ '2023 올해 핫한' 레이어, ❸ '신상 디저트 BEST' 레이어, ❹ 'Rectangle 1(사각형 1)' 레이어를 각각 Ctrl + 클릭해 중복 선택합니다.

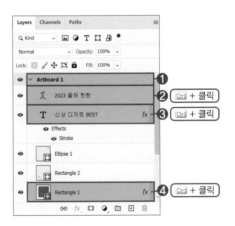

07 ❶ Move Tool(이동 도구, ⊹)를 클릭하고 옵션바의 ❷ 세로로 가운데 정렬 버튼(♯)을 클릭해 정렬합니다.

08 Layers(레이어) 패널에서 ❶ '2023 올해 핫한' 레이어와 '신상 디저트 BEST' 레이어를 각각 Ctrl + 클릭해 중복 선택에서 해제합니다. 옵션바의 ❷ 가로로 가운데 정렬 버튼(╫)을 클릭해 정렬합니다.

⊠ 아트보드 복사하고 수정하기

작업 시작 전 새 문서를 설정할 때 Artboards(아트보드)에 체크하였기 때문에 Artboad Tool(대지 도구)를 이용해 아트보드를 동일하게 복사할 수 있습니다. 아트보드를 복사한 후 카드뉴스의 다음 장으로 수정하는 작업을 해보겠습니다.

01 Layers(레이어) 패널에서 ❶ 'Artboard 1' 을 클릭하고 ❷ Move Tool(이동 도구, ⊕.) 를 마우스 오른쪽 버튼으로 클릭한 후 ❸ Artboard Tool(대지 도구, ⬜.)를 클릭합니다

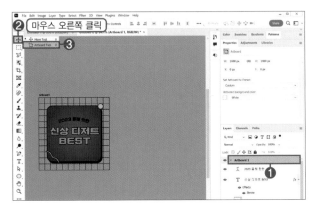

02 `Alt` + 드래그하면서 `Shift`를 눌러 옆으로 복사합니다.

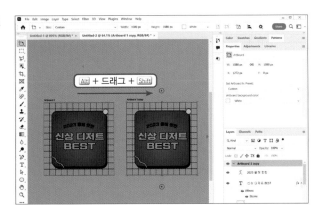

03 Layers(레이어) 패널에서 'Artboard 1 copy(아트보드 1 복사)'의 ❶ 'Pattern Fill 1(패턴 칠 1)' 레이어를 클릭하고 ❷ '2023 올해 핫한' 레이어를 `Ctrl` + 클릭하여 중복 선택한 후 ❸ `Delete`를 눌러 삭제합니다.

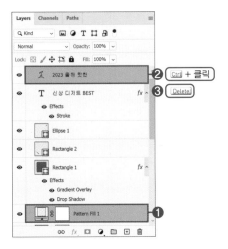

04 ❶ Horizontal Type Tool(수평 문자 도구, T.)를 클릭하고 ❷ 캔버스에서 '신상 디저트 BEST'를 클릭&드래그하여 활성화합니다. ❸ '1' 입력 후 ❹ Ctrl + Enter 를 누르고 ❺ 옵션바에서 텍스트 크기를 '175 pt'로 설정합니다.

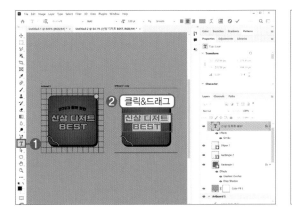 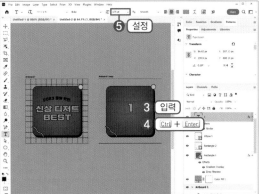

05 ❶ Artboard Tool(대지 도구, ⬚.)를 마우스 오른쪽 버튼으로 클릭하고 ❷ Move Tool(이동 도구, ✛.)를 클릭합니다. Layers(레이어) 패널에서 ❸ 'Ellipse 1(타원 1)' 레이어를 클릭하고 ❹ 캔버스를 클릭&드래그하여 위치를 바꿉니다.

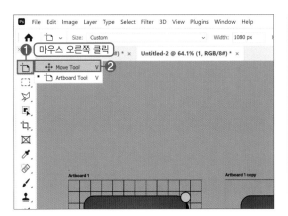 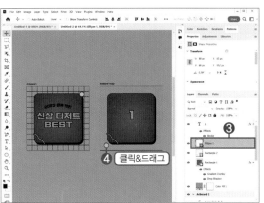

06 Layers(레이어) 패널에서 ❶ 'Rectangle 2(사각형 2)' 레이어를 클릭하고 ❷ Ctrl + T 를 누릅니다. ❸ 클릭&드래그하여 위치와 회전값을 조절하고 ❹ Enter 를 누릅니다.

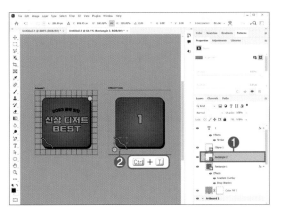 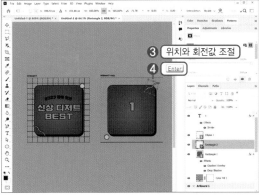

⊠ 카드뉴스에 이미지와 텍스트 넣고 정리하기

📁 준비파일 P03\Ch11\02\정방형 카드뉴스.jpeg

카드뉴스 두 번째 장의 틀을 만들었으니 두 번째 장에 들어갈 이미지와 텍스트를 넣고 정리하는 작업을 해보 겠습니다.

01 'Artboard 1 copy(아트보드 1 복사)'의 ❶ 'Rectangle 1(사각형 1)' 레이어를 클릭 후 ❷ File(파일) – ❸ Place Embedded(포함 가져오기)를 클릭합니다. ❹ '정방형 카드뉴스.jpeg'를 가져온 후 ❺ 크기와 위치를 조절하고 ❻ Enter 를 누릅니다.

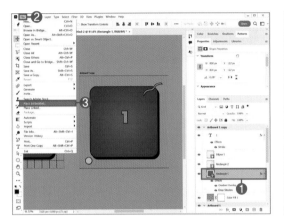 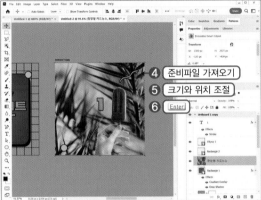

02 '정방형 카드뉴스' 레이어와 'Rectangle 1(사각형 1)' 레이어 사이를 Alt + 클릭해 클리핑 마스크를 만듭니다.

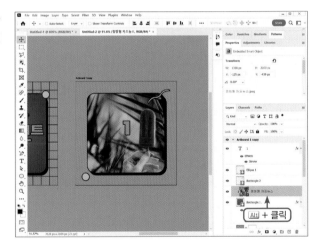

03 Layers(레이어) 패널에서 ❶ '정방형 카드
뉴스' 레이어를 클릭하고 Layers(레이어)
패널의 ❷ 레이어 마스크 버튼(▣)을 클릭
합니다.

04 ❶ D를 눌러 전경색을 '#000000(검은색)',
배경색을 '#ffffff(흰색)'으로 설정합니다. ❷
Gradient Tool(그레이디언트 도구, ▣)를
클릭하고 ❸ 캔버스를 클릭&드래그하면서
Shift를 눌러 이미지를 일부 가립니다.

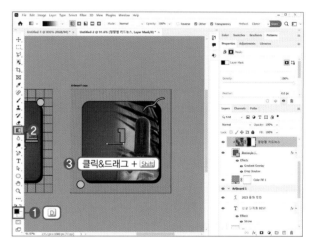

> TIP · D는 'Default'의 약자로, 전경색과 배경색을
> 기본값으로 재설정하는 단축키입니다.

05 ❶ Rectangle Tool(사각형 도구, ▢)를 마
우스 오른쪽 버튼으로 클릭하고 ❷ Ellipse
Tool(타원 도구, ○)를 클릭합니다.

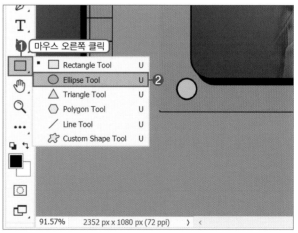

06 Layers(레이어) 패널에서 ❶ 'Rectangle 1(사각형 1)' 레이어를 클릭합니다. ❷ 캔버스를 클릭&드래그하면서 Shift 를 눌러 정원형을 그립니다.

 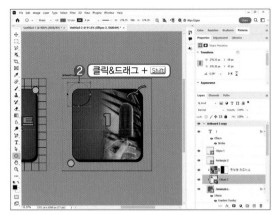

> TIP 이렇게 하면 Fill(칠)과 Stroke(획)의 색상이 'Rectangle 1(사각형 1)' 레이어와 동일하게 설정됩니다.

07 Layers(레이어) 패널에서 'Ellipse 2(타원 2)' 레이어를 클릭&드래그하여 '1' 레이어 아래로 이동합니다.

08 Layers(레이어) 패널에서 ❶ '1' 레이어를 클릭하고 ❷ Move Tool(이동 도구, ⊕)를 클릭합니다. ❸ 캔버스를 클릭&드래그하여 위치를 원 위로 이동합니다.

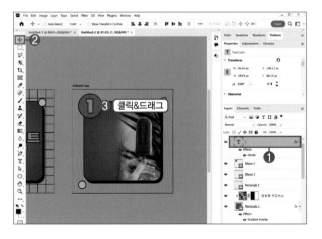

09 ❶ Ellipse Tool(타원 도구, 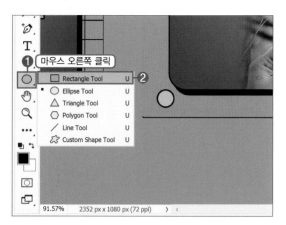)를 마우스 오른쪽 버튼으로 클릭하고 ❷ Rectangle Tool(사각형 도구,)를 클릭합니다. ❸ 캔버스를 클릭&드래그하여 가로로 긴 직사각형을 그립니다.

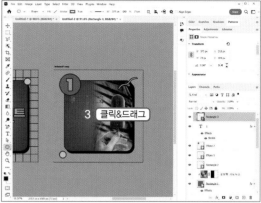

10 옵션바의 ❶ Fill(칠) 버튼 – ❷ 색상 피커 버튼(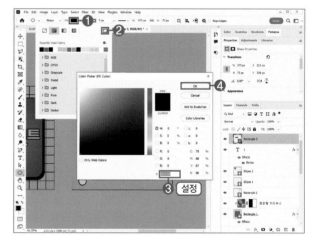)을 클릭합니다. ❸ 색상을 '#000000'으로 설정한 후 ❹ [OK(확인)]을 클릭합니다.

11 옵션바의 ❶ Stroke(획) 버튼 – ❷ 없음 버튼()을 클릭합니다.

12 ❶ Horizontal Type Tool(수평 문자 도구, T.)를 클릭합니다. ❷ 캔버스를 클릭하고 ❸ '과일 아이스바' 입력 후 ❹ Ctrl + Enter 를 눌러 마무리합니다. ❺~❽ 옵션 바를 그림과 같이 설정합니다.

- 폰트: 이사만루체 Medium
- 크기: 60 pt
- 정렬: 왼쪽 정렬
- 색상: #f4bf4f

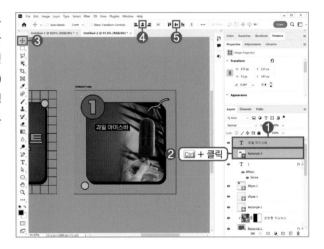

13 Layers(레이어) 패널에서 ❶ '과일 아이스바' 레이어를 클릭하고 ❷ 'Rectangle 3(사각형 3)' 레이어를 Ctrl + 클릭해 중복 선택합니다. ❸ Move Tool(이동 도구, ⊕.)를 클릭하고 옵션바의 ❹ 세로로 가운데 정렬 버튼(♣)과 ❺ 가로로 가운데 정렬 버튼(♣)을 각각 클릭해 정렬합니다.

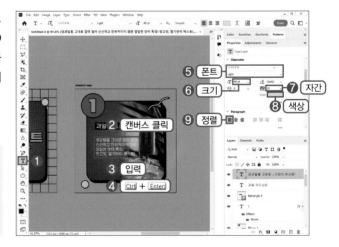

14 ❶ Horizontal Type Tool(수평 문자 도구, T.)를 클릭한 후 ❷ 캔버스를 클릭하고 ❸ 그림과 같이 입력합니다. ❹ Ctrl + Enter 를 눌러 마무리합니다. Properties(속성) 패널에서 ❺~❾ 그림과 같이 설정합니다.

- 폰트: 이사만루체 Light
- 크기: 40 pt
- 자간: 20
- 색상: #f4bf4f
- 정렬: 왼쪽 정렬

TIP 텍스트에서 개행된 부분은 Enter 를 누릅니다. 텍스트가 너무 빽빽하게 보이는 경우 자간을 올려 여유를 주고 가독성을 높일 수 있습니다.

15 ❶ '생과일을 그대로…' 레이어를 더블 클릭하여 Layer Style(레이어 스타일) 창을 열고 ❷ Stroke(획) 메뉴를 클릭합니다. ❸~❽ 그림과 같이 설정 후 ❾ [OK(확인)]을 클릭합니다.

- Size(크기): 8 px
- Position(위치): Outside(바깥쪽)
- Blend Mode(혼합 모드): Normal(표준)
- Opacity(불투명도): 55%
- Fill Type(칠 유형): Color(색상)
- Color(색상): #000000

16 ❶ 캔버스를 클릭하고 ❷ 그림과 같이 입력한 후 ❸ Ctrl + Enter를 눌러 마무리합니다. Properties(속성) 패널에서 ❹~❽ 그림과 같이 설정합니다.

- 폰트: 이사만루체 Medium
- 크기: 30 pt
- 자간: 0
- 색상: #000000
- 정렬: 왼쪽 정렬

⊠ 아트보드별로 저장하기

카드뉴스를 완성하였다면 아트보드별로 카드뉴스의 파일을 저장하는 방법을 알아보겠습니다.

01 ❶ File(파일) – ❷ Export(내보내기) – ❸ Export As(내보내기 형식)을 클릭합니다.

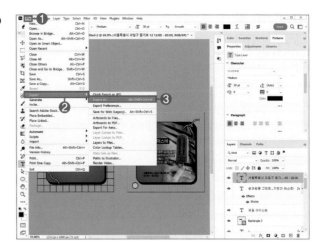

02 ❶ Format(형식)을 JPG 혹은 PNG로 설정하고 ❷ [Export(내보내기)]를 클릭합니다. ❸ 저장할 경로를 설정하고 ❹ [폴더 선택]을 클릭합니다. 카드뉴스 두 장이 각각 별도의 이미지로 저장되었습니다.

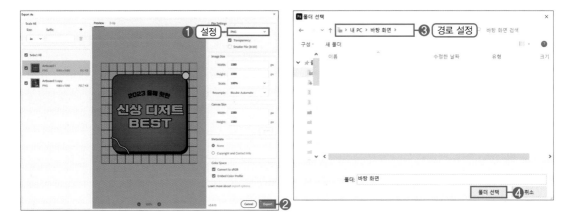

움직이는 GIF 이미지 만들기

이번 장에서는 포토샵으로 간단하게 동영상 파일을 편집하는 방법과 영상에 텍스트 모션을 넣은 후 블로그나 상세페이지, 각종 커뮤니티 등에서 사용되는 GIF 이미지로 저장하는 방법을 알아보겠습니다.

미리보기

완성파일 P03\Ch11\03\움직이는 GIF.psd

- 사용 폰트: 코트라 Bold
- 작업 사이즈: 1080 x 1080 Pixels
- Palette(팔레트): Local(Selective) 로컬(고감도)
- Colors(색상): 256

- Forced(강제): Black and White(흑백)
- Matte(매트): None(없음)
- Dither(디더): Diffusion(확산)

⊠ 포토샵으로 동영상 컷 편집하기

📁 준비파일 P03\Ch11\03\움직이는 GIF.mp4

먼저 '움직이는 GIF.mp4' 동영상 파일을 열어 포토샵에서 컷 편집하는 방법을 알아보겠습니다.

01 File(파일) – Open(열기) 명령으로 '움직이는 GIF.mp4'를 열어줍니다.

TIP 포토샵에서 동영상 파일을 열면 자동으로 하단에 Timeline(타임라인) 패널이 나옵니다.

02 ❶ Image(이미지) – ❷ Canvas Size(캔버스 크기)를 클릭합니다. ❸ Width(폭)을 '1080 pixels'로, ❹ Height(높이)를 '1080 pixels'로 설정한 후 ❺ [OK(확인)]을 클릭합니다.

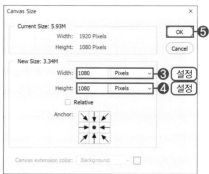

03 아래와 같은 창이 나오면 ❶ [Proceed(진행)]을 클릭합니다. ❷ 캔버스를 Ctrl + 드래그하여 인물이 화면 중앙에 올 수 있게 이동합니다.

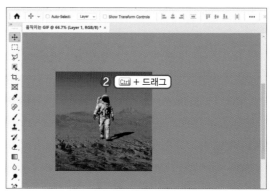

04 Timeline(타임라인) 패널의 ❶ 인디케이터를 클릭&드래그하여 자를 부분으로 이동하고 ❷ 가위 버튼(✄)을 클릭해 자릅니다.

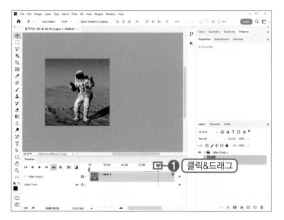
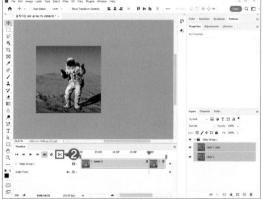

05 앞 클립을 클릭 후 Delete 를 눌러 삭제합니다.

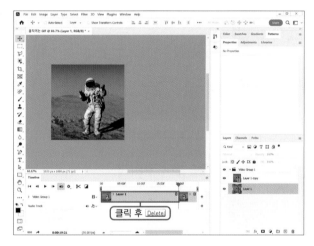

06 속도를 조절하기 위해 ❶ 클립을 마우스 오른쪽 버튼으로 클릭하고 ❷ Speed(속도)에 '200%'를 입력합니다.

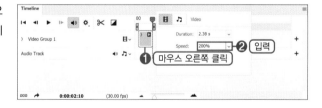

⊠ 영상 색감 바꾸기

다음으로 영상의 색감을 바꿔주겠습니다.

01 Layers(레이어) 패널의 ❶ 조정 레이어 버튼(◑)을 − ❷ Photo Filter(포토 필터)를 클릭합니다. Properties(속성) 패널에서 ❸ Color(색상)을 '#0214c4'로, ❹ Density(밀도)를 '100'으로 설정합니다.

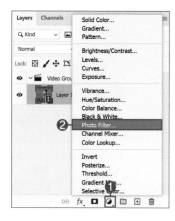

⊠ 텍스트 모션을 넣어 꾸미기

영상에 텍스트를 입력하고 텍스트 모션을 넣어 조금 더 생동감 있는 GIF 이미지를 만들어보겠습니다.

01 ❶ Horizontal Type Tool(수평 문자 도구, T)를 클릭합니다. ❷ 캔버스를 한 번 클릭한 후 ❸ 'baam!'을 입력하고 ❹ Ctrl + Enter를 눌러 마무리합니다. ❺~❽ 옵션 바를 그림과 같이 설정합니다.

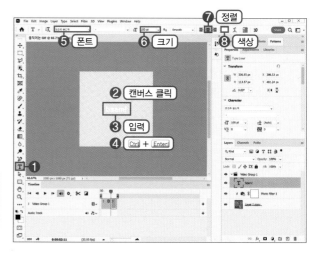

- **폰트**: 코트라 Bold
- **크기**: 100 pt
- **정렬**: 가운데 정렬
- **색상**: #ffffff

02 Layers(레이어) 패널에서 'baam!' 레이어를 클릭&드래그하여 'Video Group 1(비디오 그룹 1)' 위로 올립니다.

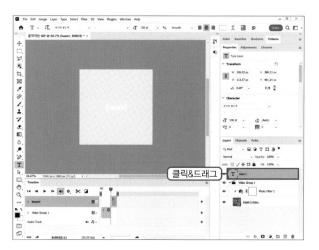

03 Timeline(타임라인) 패널에서 ❶ 텍스트 클립을 왼쪽으로 클릭&드래그하여 비디오와 시작점을 맞추고 ❷ 클립이 끝나는 지점을 오른쪽으로 클릭&드래그하여 비디오와 끝점도 맞춥니다.

04 인디케이터를 정확하게 이동하기 위해 ❶ 타임 코드를 더블 클릭합니다. ❷ '0:00:00:06' 입력 후 ❸ [OK(확인)]을 클릭합니다.

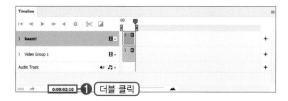 

05 새로운 비디오 그룹 ❶ 'baam!'의 〉 버튼을 클릭하고 ❷ Transform(변형)과 ❸ Opacity(불투명도)의 시계 버튼(🕐)을 각각 클릭해 키프레임을 만듭니다.

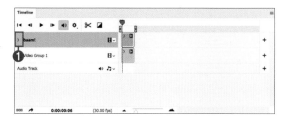 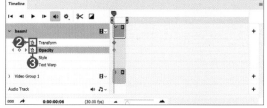

> TIP 키프레임이란, 모션의 기준점을 의미합니다.

06 다시 ❶ 타임 코드를 더블 클릭합니다. ❷ '0:00:00:02' 입력 후 ❸ [OK(확인)]을 클릭합니다.

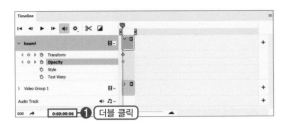

07 ❶ Transform(변형)과 ❷ Opacity(불투명도)의 다이아몬드 버튼(◆)을 각각 클릭해 키프레임을 만듭니다. Layers(레이어) 패널의 ❸ Opacity(불투명도)를 '0%'로 설정합니다.

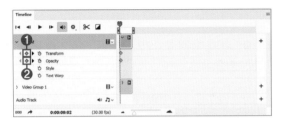

> TIP 두 번째 키프레임부터는 다이아몬드 버튼(◆)을 클릭
> 하여 만듭니다.

08 ❶ Ctrl + T를 누릅니다. ❷ 변형 상자의 모서리를 클릭&드래그하면서 Alt를 눌러 크기를 키우고 ❸ Enter를
누릅니다.

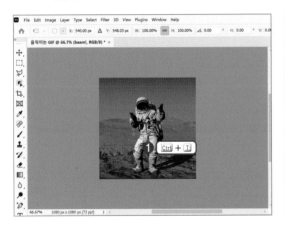

09 Spacebar 를 눌러 텍스트 모션을 확인합니다.

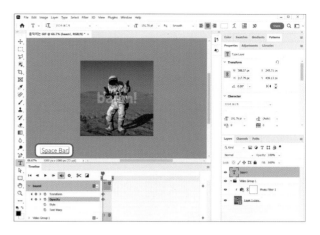

⊠ GIF로 저장하기

이제 동영상 파일을 GIF로 저장하는 방법을 알아보겠습니다.

01 ❶ File(파일) – ❷ Save a Copy(사본 저장)을 클릭하고 ❸ 파일 형식을 GIF로 설정 후 ❹ [저장]을 클릭합니다.

02 ❶~❺ 그림과 같이 설정 후 ❻ [OK(확인)]을 클릭합니다.

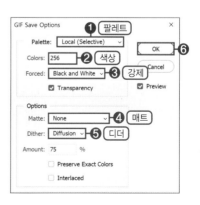

- Palette(팔레트): Local(Selective)(로컬(고감도))
- Colors(색상): 256
- Forced(강제): Black and White(흑백)
- Matte(매트): None(없음)
- Dither(디더): Diffusion(확산)

12

이번 챕터에서는 전달이 잘 되는 상세페이지와 제품을 강조하는 깔끔한 온라인 배너 그리고 예술성을 가미한 영화 포스터까지 총 세 가지 예제를 통해 상업 디자인물을 만들어보겠습니다.

잘 팔리는 상업 디자인 만들기

전달이 잘 되는
상세페이지 만들기

상세페이지는 제품의 특징과 장점이 잘 드러나야 하고, 콘셉트와 색상이 명확해야
합니다. 또 요즘에는 소비자 대부분이 스마트폰을 사용하여 제품을 구매하기 때문에
텍스트가 너무 작지 않게 주의해서 상세페이지를 만들어야 합니다.

미리보기

완성파일 P03\Ch12\01\전달이 잘 되는 상세페이지.psd

• 사용 폰트: G마켓 산스 Bold, G마켓 산스 Medium, G마켓 산스 Light

• 작업 사이즈: 860 x 10000 Pixels   • 해상도: 72 Pixels/Inch   • 색상 모드: RGB Color

⊠ 상세페이지 레이아웃 가이드 만들기

먼저 상세페이지를 만들기 전에 이미지와 텍스트의 배치를 도와줄 상세페이지 레이아웃 가이드를 만들어보겠습니다.

01 File(파일) – New(새로 만들기) 명령으로 새 문서를 ❶~❹와 같이 설정한 후 ❺ [Create(만들기)]를 클릭합니다.

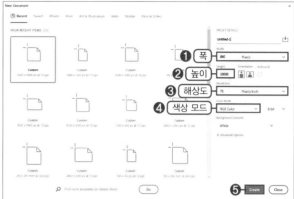

- Width(폭): 860 Pixels
- Height(높이): 10000 Pixels
- Resolution(해상도): 72 Pixels/Inch
- Color Mode(색상 모드): RGB Color

> TIP 상세페이지의 세로 길이는 정해진 것이 없습니다. 들어가는 내용의 양에 따라 창을 자르거나 덧붙여가며 작업합니다.

02 배치를 도와줄 안내선을 만들기 위해 ❶ View(보기) – ❷ Guides(안내선) – ❸ New Guide Layout(새 안내선 레이아웃)을 클릭하고 ❹~❽ 그림과 같이 설정 후 ❾ [OK(확인)]을 클릭합니다.

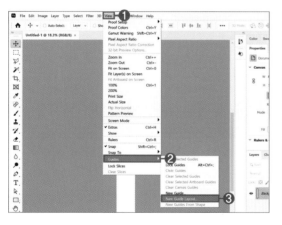
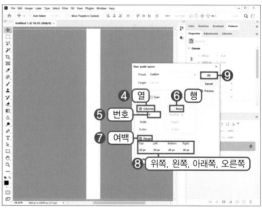

- Columns(열): 체크
- Number(번호): 4
- Rows(행): 체크 안 함

- Margin(여백): 체크
- Top(위쪽), Left(왼쪽), Bottom(아래쪽), Right(오른쪽): 20 px

> TIP 맨 아래에 있는 가로 안내선은 삭제해도 상관 없으며, Margin(여백) 안내선 바깥쪽에는 중요한 내용을 넣지 않는 것이 좋습니다.

⊠ 상세페이지 메인 이미지 만들기

📁 준비파일 P03\Ch12\01\상세페이지 메인 이미지.jpeg

상세페이지의 도입부가 되는 메인 이미지를 만들어보겠습니다.

01 File(파일) – Place Embedded(포함 가져오기) 명령으로 ❶ '상세페이지 메인 이미지.jpeg'를 가져옵니다. ❷ 크기와 위치를 조절하고 ❸ Enter 를 누릅니다.

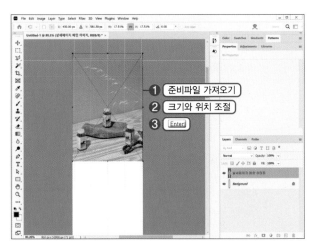

02 ❶ Horizontal Type Tool(수평 문자 도구, T.)를 클릭합니다. ❷ 캔버스의 가운데 안내선에 맞춰 클릭하고 ❸ '하루 한 잔으로 상큼한 에너지 충전!' 입력 후 ❹ Ctrl + Enter 를 눌러 마무리합니다. ❺~❽ 옵션바를 그림과 같이 설정합니다.

- **폰트**: G마켓 산스 Medium
- **크기**: 30 pt
- **정렬**: 가운데 정렬
- **색상**: #000000

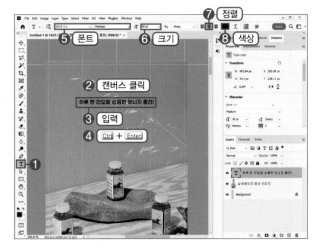

03 ❶ Ctrl + J 를 눌러 '하루 한 잔으로 상큼한 에너지 충전!' 레이어를 복제하고 ❷ Ctrl + 드래그하면서 Shift 를 눌러 아래로 이동합니다.

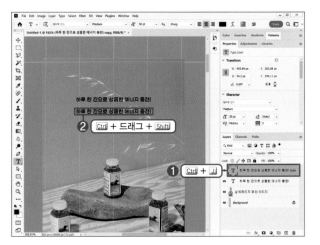

04 ❶ 텍스트를 클릭한 후 ❷ '그린 비타 플러스'를 입력하고 ❸ Ctrl + Enter 를 눌러 마무리합니다. Properties(속성) 패널에서 ❹ ~❽ 그림과 같이 설정합니다.

- 폰트: G마켓 산스 Light
- 크기: 76 pt
- 자간: −10
- 색상: #000000
- 정렬: 가운데 정렬

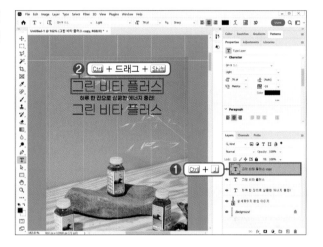

05 ❶ Ctrl + J 를 눌러 '그린 비타 플러스' 레이어를 복제하고 ❷ Ctrl + 드래그하면서 Shift 를 눌러 위로 이동합니다.

06 ❶ 텍스트를 클릭한 후 ❷ 'NEW'를 입력하고 ❸ Ctrl + Enter 를 눌러 마무리합니다. Properties(속성) 패널에서 ❹ ~❽ 그림과 같이 설정합니다.

- 폰트: G마켓 산스 Medium
- 크기: 15 pt
- 자간: 0
- 색상: #d38b4b
- 정렬: 가운데 정렬

07 ❶ Rectangle Tool(사각형 도구, ⬜)를 클릭하고 ❷ 클릭&드래그하여 가로로 긴 직사각형을 그립니다.

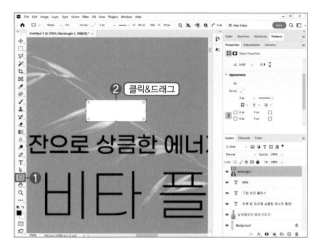

08 모서리에 있는 눈을 클릭&드래그하여 둥근 사각형으로 만듭니다.

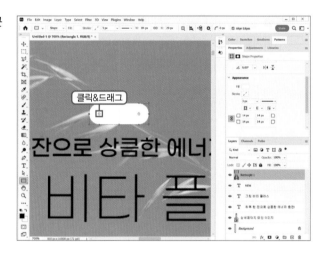

09 옵션바의 ❶ Fill(칠) 버튼 – ❷ 색상 피커 버튼(⬜)을 클릭합니다. ❸ 색상을 '#000000'으로 설정한 후 ❹ [OK(확인)]을 클릭합니다.

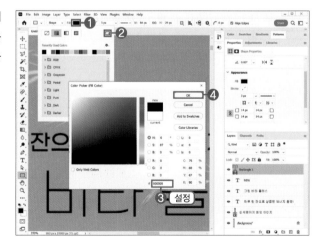

10 옵션바의 ❶ Stroke(획) 버튼 – ❷ 없음 버튼(☑)을 클릭합니다.

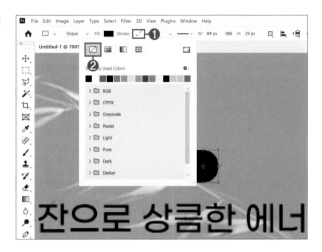

11 Layers(레이어) 패널에서 'Rectangle 1(사각형 1)' 레이어를 클릭&드래그하여 'NEW' 레이어 아래로 이동합니다.

12 ❶ 'NEW' 레이어를 클릭하고 ❷ 'Background(배경)' 레이어를 Shift + 클릭하여 중복 선택합니다. ❸ Move Tool(이동 도구, ✛)를 클릭하고 옵션바의 ❹ 세로로 가운데 정렬 버튼(♣)을 클릭해 정렬합니다.

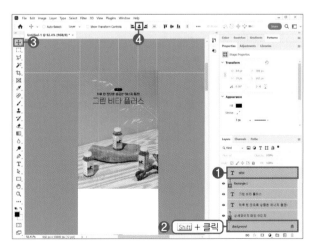

13 ❶ 'NEW' 레이어를 클릭하고 ❷ 'Rectangle 1(사각형 1)' 레이어를 Ctrl + 클릭하여 중복 선택합니다. ❸ 옵션바의 가로로 가운데 정렬 버튼(█)을 눌러 정렬합니다.

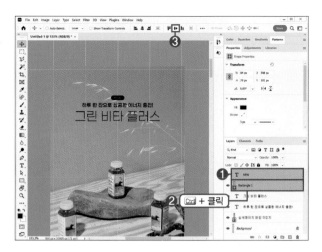

14 ❶ 'NEW' 레이어를 클릭하고 ❷ '상세페이지 메인 이미지' 레이어를 Shift + 클릭하여 중복 선택한 후 ❸ Ctrl + G 를 눌러 그룹으로 묶어줍니다.

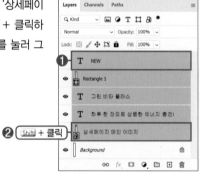

15 ❶ 그룹의 이름을 더블 클릭하여 ❷ '메인 이미지' 입력 후 Enter 를 누릅니다.

⊠ 제품 설명 섹션 1 만들기

다음으로 상세페이지에서 제품을 설명하는 첫 번째 섹션을 만들어보겠습니다.

01 ❶ Horizontal Type Tool(수평 문자 도구, T)를 클릭합니다. ❷ 캔버스의 가운데 안내선에 맞춰 클릭하고 ❸ 'WHY?' 입력 후 ❹ Ctrl + Enter 를 눌러 마무리합니다. ❺ ~❽ 옵션바를 그림과 같이 설정합니다.

- 폰트: G마켓 산스 Medium
- 크기: 90 pt
- 정렬: 가운데 정렬
- 색상: #000000

02 ❶ Ctrl + J 를 눌러 'WHY?' 레이어를 복제하고 ❷ 캔버스를 Ctrl + 드래그하여 아래로 이동합니다.

03 ❶ 텍스트를 클릭한 후 ❷ '그린 비타 플러스인가요?'를 입력하고 ❸ Ctrl + Enter 를 눌러 마무리합니다. Properties(속성) 패널에서 ❹~❼ 그림과 같이 설정합니다.

- 폰트: G마켓 산스 Medium
- 크기: 60 pt
- 색상: #2a5e08
- 정렬: 가운데 정렬

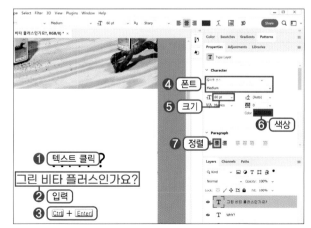

04 ❶ Rectangle Tool(사각형 도구, □)를 클릭하고 ❷ 캔버스의 안내선에 맞춰 그림과 같이 클릭&드래그하여 가로로 긴 직사각형을 그립니다.

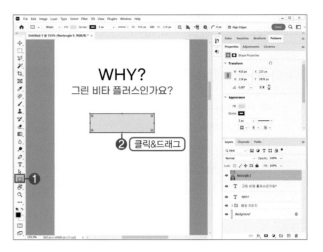

05 옵션바의 ❶ Fill(칠) 버튼 – ❷ 색상 피커 버튼(□)을 클릭합니다. ❸ 색상을 '#2a5e08'로 설정한 후 ❹ [OK(확인)]을 클릭합니다.

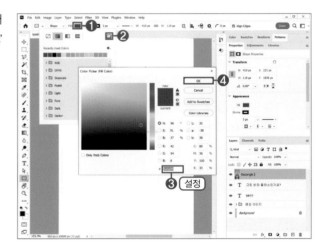

06 옵션바의 ❶ Stroke(획) 버튼 – ❷ 없음 버튼(☑)을 클릭합니다.

07 모서리에 있는 눈을 클릭&드래그하여 둥근 사각형으로 만듭니다.

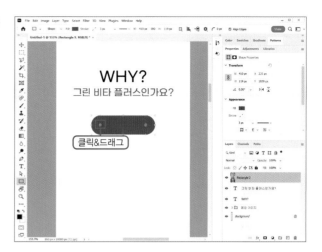

08 ❶ Horizontal Type Tool(수평 문자 도구, T)를 클릭합니다. ❷ 캔버스의 가운데 안내선에 맞춰 클릭하고 ❸ '맛있다!' 입력 후 ❹ Ctrl + Enter 를 눌러 마무리합니다. ❺ ~❽ 옵션바를 그림과 같이 설정합니다.

• **폰트**: G마켓 산스 Medium
• **크기**: 50 pt
• **정렬**: 가운데 정렬
• **색상**: #ffffff

09 ❶ 'Rectangle 2(사각형 2)' 레이어를 클릭하고 ❷ '맛있다!' 레이어를 Ctrl + 클릭하여 중복 선택합니다. ❸ Move Tool(이동 도구, ✛)를 클릭하고 옵션바의 ❹ 세로로 가운데 정렬 버튼(✦)과 ❺ 가로로 가운데 정렬 버튼(✦)을 각각 클릭해 정렬합니다.

10 ❶ Ctrl + J를 눌러 'Rectangle 2(사각형 2)' 레이어와 '맛있다!' 레이어를 복제하고 ❷ 드래그하면서 Shift를 눌러 아래로 이동합니다.

11 ❶ 복제된 텍스트를 더블 클릭하고 ❷ '건강하다!' 입력 후 ❸ Ctrl + Enter를 눌러 마무리합니다.

12 Layers(레이어) 패널에서 ❶ 'Rectangle 2 copy(사각형 2 복사)' 레이어를 클릭하고 ❷ '건강하다!' 레이어를 Ctrl + 클릭하여 중복 선택합니다.

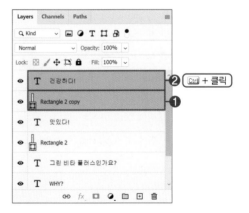

13 ❶ Ctrl + J를 눌러 두 레이어를 복제하고
❷ Ctrl + 드래그하면서 Shift를 눌러 아래로 이동합니다.

14 ❶ 복제된 텍스트를 더블 클릭하고 ❷ '간편하다!' 입력 후 ❸ Ctrl + Enter를 눌러 마무리합니다.

15 ❶ Pen Tool(펜 도구, ✐)를 클릭하고 옵션바의 ❷ 도구 모드를 'Shape(모양)'으로 설정합니다.

16 옵션바의 ❶ Fill(칠) 버튼 − ❷ 없음 버튼 (☑)을 클릭합니다.

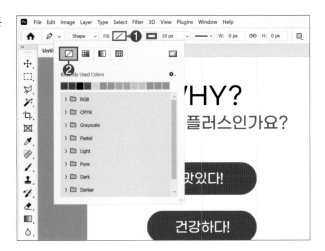

17 옵션바의 ❶ Stroke(획) 버튼 − ❷ 색상 피커 버튼(☐)을 클릭합니다. ❸ 색상을 '#2a5e08'로 설정한 후 ❹ [OK(확인)]을 클릭합니다. ❺ 옵션바의 획 두께를 '6 px'로 설정합니다.

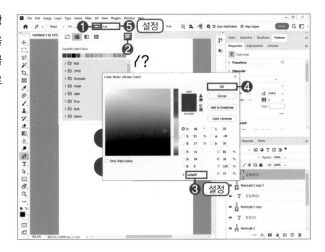

18 캔버스의 가운데 안내선에 맞춰 ❶ 클릭, ❷ Shift + 클릭하여 직선을 그립니다.

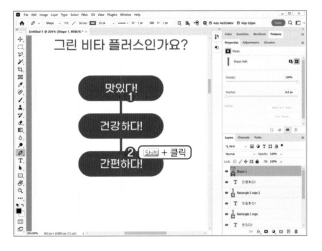

19 ❶ Rectangle Tool(사각형 도구, ▢)를 마우스 오른쪽 버튼으로 클릭하고 ❷ Ellipse Tool(타원 도구, ◯)를 클릭합니다. ❸ 캔버스를 클릭&드래그하면서 Shift 를 눌러 정원형을 그립니다.

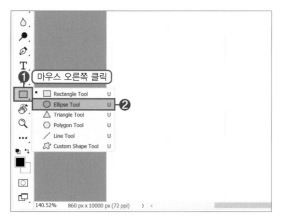
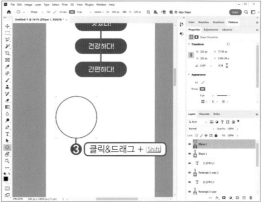

20 옵션바의 ❶ Fill(칠) 버튼 – ❷ 색상 피커 버튼(▢)을 클릭합니다. ❸ 색상을 '#f9923c'로 설정한 후 ❹ [OK(확인)]을 클릭합니다.

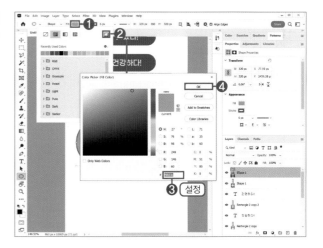

21 옵션바의 ❶ Stroke(획) 버튼 – ❷ 없음 버튼(▨)을 클릭합니다.

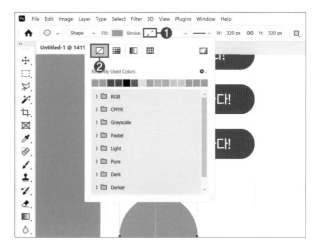

22 Layers(레이어) 패널에서 ❶ '간편하다!' 레이어를 클릭하고 ❷ Ctrl + J 를 눌러 복제합니다. ❸ 클릭&드래그하여 'Ellipse 1(타원 1)' 레이어 위로 이동합니다.

23 ❶ Move Tool(이동 도구, ⊕)를 클릭하고 ❷ 복제한 텍스트를 클릭&드래그하여 원형 위로 이동합니다.

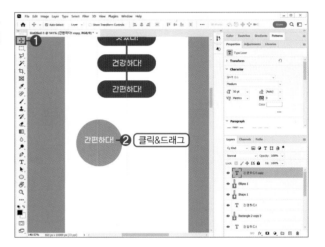

24 ❶ Horizontal Type Tool(수평 문자 도구, T)를 클릭하고 ❷ 복제된 텍스트를 더블 클릭합니다. ❸ '비타민 1000mg 함유'를 입력한 후 ❹ Ctrl + Enter 를 눌러 마무리합니다.

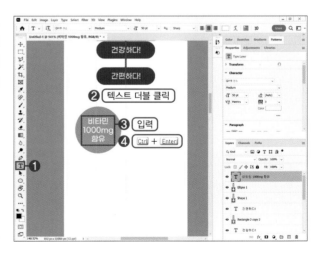

> TIP 텍스트에서 개행된 부분은 Enter 를 누릅니다.

25 Layers(레이어) 패널에서 ❶ 'Ellipse 1(타원 1)' 레이어를 클릭하고 ❷ '비타민 1000mg 함유' 레이어를 Ctrl + 클릭하여 중복 선택합니다.

26 ❶ Ctrl + J 를 눌러 두 레이어를 복제하고 ❷ Ctrl + 드래그하면서 Shift 를 눌러 오른쪽으로 이동합니다.

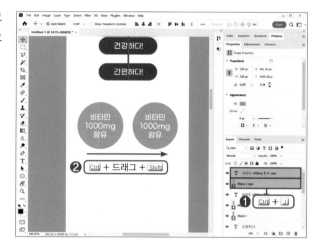

27 ❶ 복제한 텍스트를 더블 클릭하고 ❷ '식이섬유 20g 함유'를 입력한 후 ❸ Ctrl + Enter 를 눌러 마무리합니다.

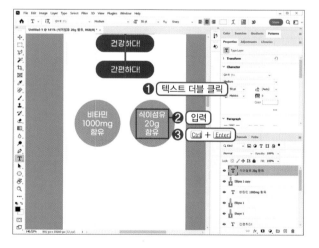

28 ❶ 캔버스의 가운데 안내선에 맞춰 클릭 하고 ❷ '+' 입력 후 ❸ Ctrl + Enter 를 눌러 마무리합니다. ❹~❼ 옵션바를 그림과 같이 설정합니다.

- **폰트**: G마켓 산스 Bold
- **크기**: 50 pt
- **정렬**: 가운데 정렬
- **색상**: #f9923c

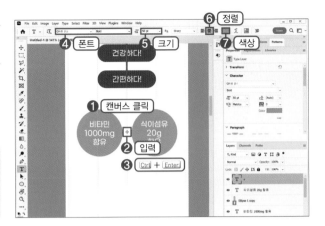

⊠ 제품 설명 섹션 2 만들기

📁 준비파일 P03\Ch12\01\상세페이지 제품 설명.jpeg

상세페이지에서 제품을 설명하는 두 번째 섹션을 만들어보겠습니다.

01 ❶ Horizontal Type Tool(수평 문자 도구, T.)를 클릭하고 ❷ 캔버스의 가운데 안내선을 한 번 클릭합니다. ❸ '레몬 10개'를 입력합니다.

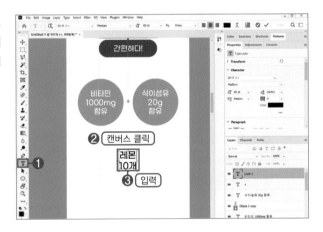

02 ❶ '레몬'을 클릭&드래그하여 선택하고 ❷ 옵션바의 폰트를 'G마켓 산스 Light'으로, ❸ 크기를 '30 pt'로 설정합니다.

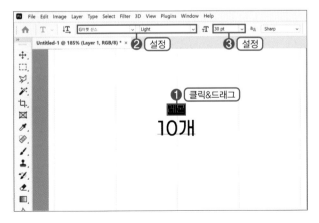

03 ❶ '10개'를 클릭&드래그하여 선택하고 ❷ 옵션바의 폰트를 'G마켓 산스 Medium'으로, ❸ 크기를 '42 pt'로 설정 후 ❹ Ctrl + Enter를 눌러 마무리합니다.

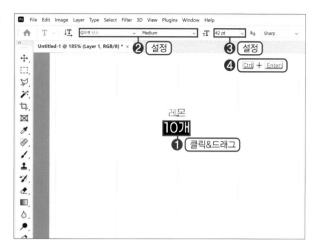

04 옵션바에서 ❶ 정렬을 '가운데 정렬'로, ❷ 색상은 '#000000'으로 설정합니다.

05 ❶ Ctrl + J를 눌러 '레몬 10개' 레이어를 복제한 후 ❷ Ctrl + 드래그하면서 Shift를 눌러 왼쪽으로 복제합니다.

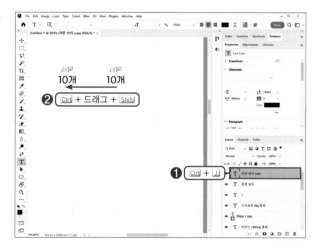

06 ❶ 복제한 텍스트를 클릭하여 '케일 20장'으로 수정한 후 ❷ Ctrl + Enter 를 눌러 마무리합니다.

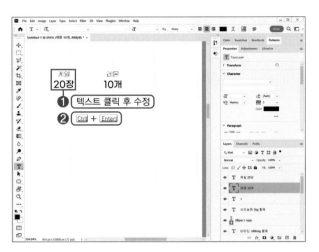

07 ❶ Ctrl + J 를 눌러 '케일 20장' 레이어를 복제한 후 ❷ Ctrl + 드래그하면서 Shift 를 눌러 오른쪽으로 복제합니다. ❸ 분홍색으로 표시되는 스마트 가이드의 간격이 딱 맞는 곳에 위치합니다.

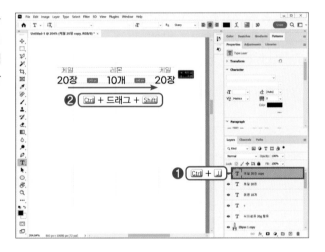

08 ❶ 복제한 텍스트를 클릭하여 '사과 30개'로 수정한 후 ❷ Ctrl + Enter 를 눌러 마무리합니다.

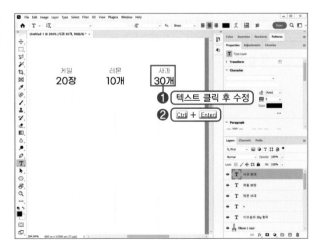

09 ❶ 캔버스의 가운데 안내선을 한 번 클릭하고 ❷ '이 모든 게 60ml 한 병에!'를 입력합니다.

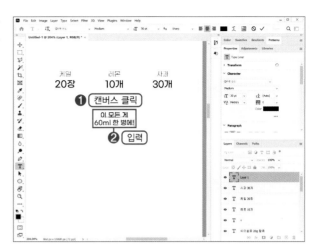

10 ❶ 텍스트 전체를 클릭&드래그하여 선택하고 ❷~❺ 옵션바를 그림과 같이 설정합니다.

• **폰트**: G마켓 산스 Medium
• **크기**: 60 pt
• **정렬**: 가운데 정렬
• **색상**: #000000

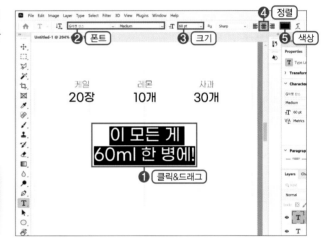

11 ❶ '60ml'를 클릭&드래그하여 선택하고 ❷ 옵션바의 폰트를 'G마켓 산스 Bold'로 설정합니다. ❸ Ctrl + Enter 를 눌러 마무리합니다.

12 File(파일) – Place Embedded(포함 가져오기) 명령으로 ❶ '상세페이지 제품 설명.jpeg'를 가져옵니다. ❷ 크기와 위치를 조절하고 ❸ Enter 를 누릅니다.

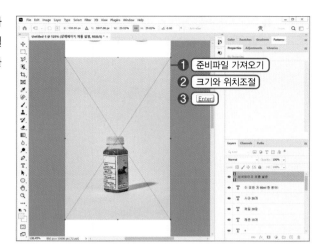

13 ❶ Object Selection Tool(개체 선택 도구, ▣)를 클릭하고 ❷ 제품을 클릭&드래그하여 선택합니다.

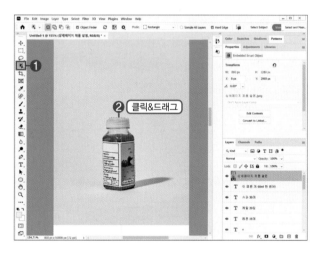

14 Layers(레이어) 패널의 레이어 마스크 버튼(▣)을 클릭합니다.

15 ❶ Pen Tool(펜 도구, ✏️)를 클릭하고 그림과 같이 ❷ 클릭 후 ❸ 클릭&드래그, ❹ 클릭&드래그하여 도형을 그립니다.

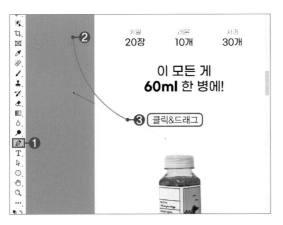
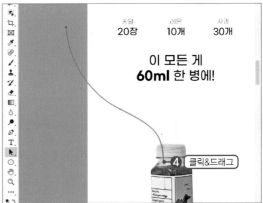

16 ❶ Path Selection Tool(패스 선택 도구, ▶️)를 클릭하고 ❷ Alt + 드래그하면서 Shift 를 눌러 오른쪽으로 복제합니다.

17 ❶ Ctrl + T 를 누르고 ❷ 마우스 오른쪽 버튼 클릭, ❸ Flip Horizontal(가로로 뒤집기)를 클릭 후 Enter 를 누릅니다.

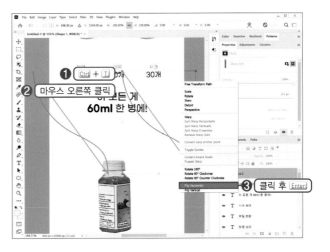

18 ❶ Pen Tool(펜 도구, [✐])를 클릭하고 그림과 같이 ❷ 아래 점을 각각 클릭하여 이어줍니다.

19 옵션바의 ❶ Fill(칠) 버튼 – ❷ 그레이디
언트 버튼([▦])을 클릭합니다. ❸ 왼쪽 아
래의 색상 색연필을 더블 클릭합니다. ❹
'#ffc48b'로 설정한 후 ❺ [OK(확인)]을 클
릭합니다.

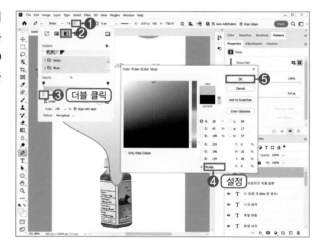

20 ❶ 오른쪽 아래의 색상 색연필을 더블 클릭
합니다. ❷ '#ffffff'로 설정한 후 ❸ [OK(확
인)]을 클릭합니다.

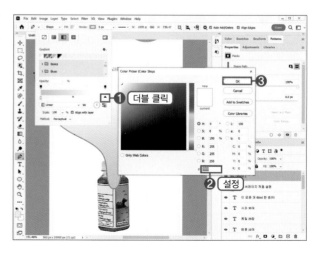

21   왼쪽 색상 색연필을 클릭&드래그하여 그레이디언트 위치를 조절합니다.

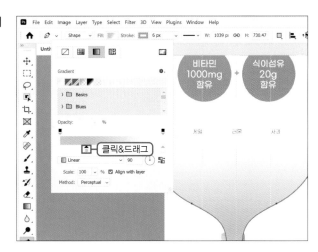

22   옵션바의 ❶ Stroke(획) 버튼 – ❷ 없음 버튼(□)을 클릭합니다.

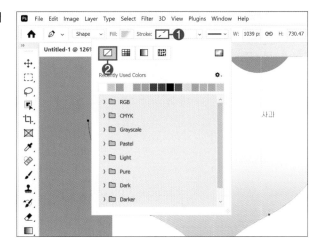

23   Layers(레이어) 패널에서 'Shape 2(모양 2)' 레이어를 클릭&드래그하여 '레몬 10개' 레이어 아래로 이동합니다.

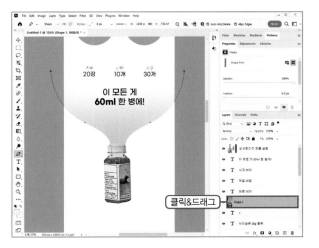

24 ❶ Rectangle Tool(사각형 도구, ▢)를 클릭하고 ❷ 클릭&드래그하여 가로로 긴 직사각형을 그립니다.

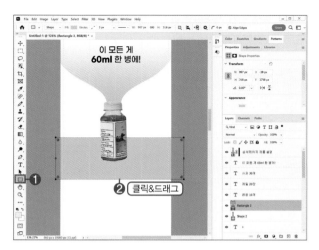

25 옵션바의 ❶ Fill(칠) 버튼 - ❷ 색상 피커 버튼(▢)을 클릭합니다. ❸ 색상을 '#f5994d'로 설정한 후 ❹ [OK(확인)]을 클릭합니다.

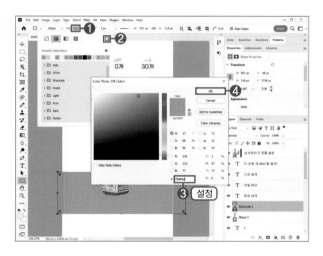

26 ❶ '상세페이지 제품 설명' 레이어를 클릭하고 ❷ 'WHY?' 레이어를 Shift + 클릭하여 중복 선택한 후 ❸ Ctrl + G를 눌러 그룹으로 묶어줍니다.

27 ❶ 그룹의 이름을 더블 클릭하고 ❷ '제품 설명 섹션' 입력 후 Enter 를 누릅니다.

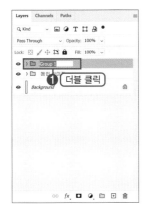 

⊠ 제품 추천 대상 섹션 만들기

📂 준비파일 P03\Ch12\01\상세페이지 추천 대상 1.jpeg, 상세페이지 추천 대상 2.jpeg,
상세페이지 추천 대상 3.jpeg, 상세페이지 추천 대상 4.jpeg

다음으로 상세페이지에서 제품 추천 대상을 안내하는 섹션을 만들어보겠습니다.

01 ❶ Horizontal Type Tool(수평 문자 도구,
T.)를 클릭합니다. ❷ 캔버스의 가운데 안
내선에 맞춰 클릭하고 ❸ '이런 분들께 추천
드립니다!' 입력 후 ❹ Ctrl + Enter 를 눌러
마무리합니다. ❺~❽ 옵션바를 그림과 같
이 설정합니다.

- **폰트**: G마켓 산스 Bold
- **크기**: 60 pt
- **정렬**: 가운데 정렬
- **색상**: #000000

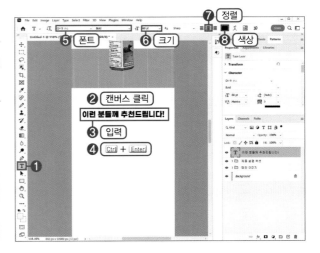

02 ❶ Rectangle Tool(사각형 도구, ▢)를 마우스 오른쪽 버튼으로 클릭하고 ❷ Ellipse Tool(타원 도구, ◯)를 클릭합니다. ❸ 캔버스를 클릭&드래그하면서 Shift 를 눌러 정원형을 그립니다.

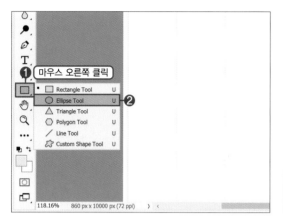

03 ❶ Horizontal Type Tool(수평 문자 도구, T)를 클릭합니다. 캔버스에서 ❷ 원의 아래 부분을 클릭하고 ❸ '비타민 챙겨먹기 힘든 바쁜 직장인'을 입력합니다. ❹ Ctrl + Enter 를 눌러 마무리하고 ❺~❽ 옵션바를 그림과 같이 설정합니다.

- **폰트**: G마켓 산스 Medium
- **크기**: 30 pt
- **정렬**: 가운데 정렬
- **색상**: #000000

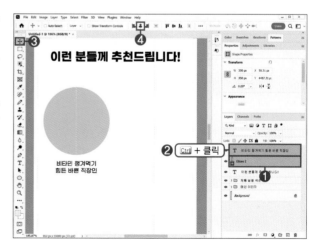

04 Layers(레이어) 패널에서 ❶ 'Ellipse 2(타원 2)' 레이어를 클릭하고 ❷ '비타민 챙겨먹기 힘든 바쁜 직장인' 레이어를 Ctrl + 클릭하여 중복 선택합니다. ❸ Move Tool(이동 도구, ✛)를 클릭하고 ❹ 옵션바의 세로로 가운데 정렬 버튼(⬌)을 클릭해 정렬합니다.

05 ❶ Ctrl + J 를 눌러 두 레이어를 복제하고
❷ 클릭&드래그하면서 Shift 를 눌러 오른
쪽으로 이동합니다.

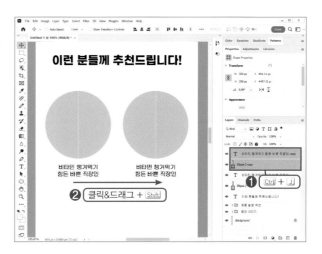

06 ❶ '비타민 챙겨먹기 힘든 바쁜 직장인
copy(복사)' 레이어를 클릭하고 ❷ 'Ellipse
2(타원 2)' 레이어를 Shift + 클릭하여 총
네 개의 레이어를 중복 선택합니다.

07 ❶ Ctrl + J 를 눌러 네 개의 레이어를 복
제하고 ❷ 캔버스를 클릭&드래그하면서
Shift 를 눌러 아래쪽으로 이동합니다.

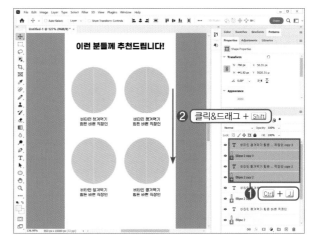

08 ❶ 'Ellipse 2(타원 2)' 레이어를 클릭합니다. ❷ File(파일) – ❸ Place Embedded(포함 가져오기)를 클릭하고
❹ '상세페이지 추천 대상 1.jpeg'를 가져옵니다. ❺ 크기와 위치를 조절하여 왼쪽 위에 있는 원쪽에 배치하고 ❻
Enter 를 누릅니다.

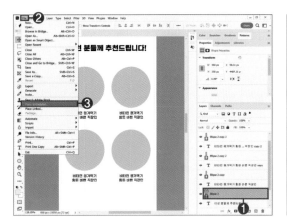 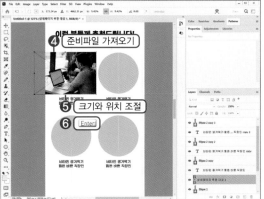

09 'Ellipse 2(타원 2)' 레이어와 '상세페이지 추
천 대상 1' 레이어 사이를 Alt + 클릭하여
클리핑 마스크를 만듭니다.

10 08~09와 같은 방법으로 ❶ '상세페이지 추
천 대상 2.jpeg', ❷ '상세페이지 추천 대상
3.jpeg', ❸ '상세페이지 추천 대상 4.jpeg'
이미지를 가져와 각 원 위에 배치 후 클리
핑 마스크를 만듭니다.

11 ● Horizontal Type Tool(수평 문자 도구, T.)를 클릭합니다. ❷ 복제한 세 개의 텍스트를 클릭하고 그림과 같이 수정 후 ❸ Ctrl + Enter를 눌러 마무리합니다.

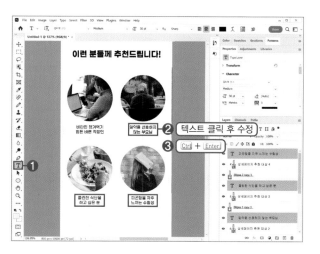

12 배경을 만들기 위해 ● Ellipse Tool(타원 도구, ○.)를 마우스 오른쪽 버튼으로 클릭하고 ❷ Rectangle Tool(사각형 도구, □.)를 클릭합니다. ❸ 클릭&드래그하여 직사각형을 그립니다.

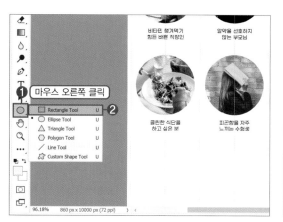

13 옵션바의 ● Fill(칠) 버튼 – ❷ 색상 피커 버튼(□)을 클릭합니다. ❸ 색상을 '#9d3ae'로 설정한 후 ❹ [OK(확인)]을 클릭합니다.

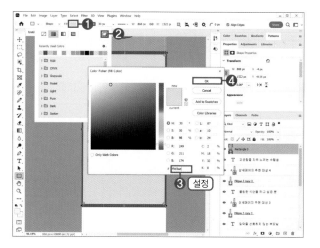

14 옵션바의 ❶ Stroke(획) 버튼 – ❷ 없음 버튼(☐)을 클릭합니다.

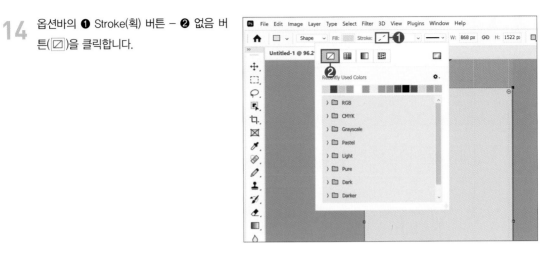

15 Layers(레이어) 패널에서 'Rectangle 5(사각형 5)' 레이어를 클릭&드래그하여 '이런 분들께 추천드립니다!' 레이어 아래로 이동합니다.

16 ❶ 'Rectangle 5(사각형 5)' 레이어를 클릭하고 ❷ '피곤함을 자주 느끼는 수험생' 레이어를 Shift + 클릭하여 중복 선택한 후 ❸ Ctrl + G를 눌러 그룹으로 묶어줍니다.

17 ❶ 그룹의 이름을 더블 클릭하고 ❷ '추천
대상 섹션' 입력 후 Enter를 누릅니다.

⊠ 제품 사용 이미지 섹션 만들기

📁 준비파일 P03\Ch12\01\상세페이지 사용 이미지.jpeg

상세페이지에서 제품을 사용하는 방법을 소개하는 이미지 섹션을 만들어보겠습니다.

01 ❶ Pen Tool(펜 도구, ✐.)를 클릭하고 옵
션바의 ❷ Fill(칠) 버튼 – ❸ 없음 버튼(☐)
을 클릭합니다.

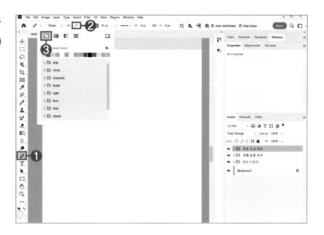

02 옵션바의 ❶ Stroke(획) 버튼 – ❷ 색상
피커 버튼(☐)을 클릭합니다. ❸ 색상을
'#000000'으로 설정한 후 ❹ [OK(확인)]을
클릭합니다. ❺ 옵션바의 획 두께를 '2 px'
로 설정합니다.

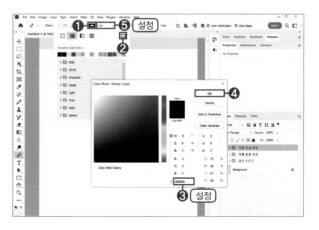

03 캔버스의 가운데 안내선에 맞춰 ❶ 클릭, ❷ Shift + 클릭하여 직선을 그립니다.

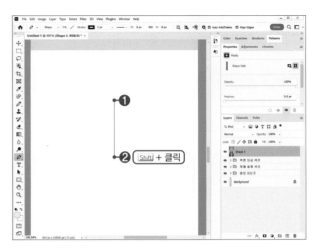

04 ❶ Rectangle Tool(사각형 도구, ▢)를 마우스 오른쪽 버튼으로 클릭하고 ❷ Ellipse Tool(타원 도구, ◯)를 클릭합니다. 캔버스에서 ❸ 선분 아래쪽에 클릭&드래그하면서 Shift 를 눌러 아주 작은 정원형을 그립니다.

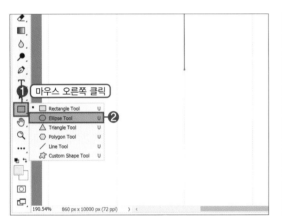

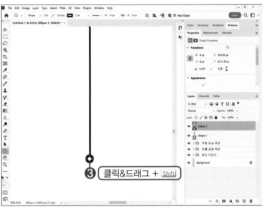

05 옵션바의 ❶ Fill(칠) 버튼 – ❷ 색상 피커 버튼(▢)을 클릭합니다. ❸ 색상을 '#000000'으로 설정한 후 ❹ [OK(확인)]을 클릭합니다.

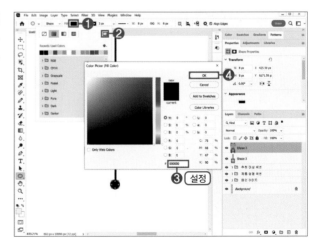

06 옵션바의 ❶ Stroke(획) 버튼 – ❷ 없음 버튼(☐)을 클릭합니다.

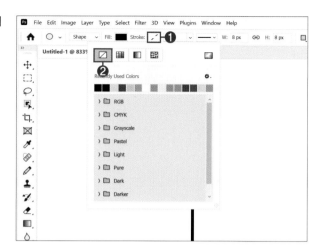

07 ❶ Horizontal Type Tool(수평 문자 도구, T.)를 클릭하고 ❷ 캔버스의 가운데 안내선을 한 번 클릭합니다. ❸ '이제 하루 한 잔으로 에너지 충전하세요!'를 입력합니다.

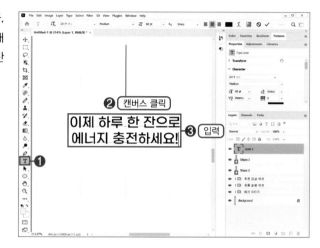

08 ❶ 텍스트 전체를 클릭&드래그하여 선택하고 ❷~❺ 옵션바를 그림과 같이 설정합니다.

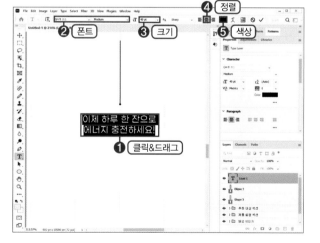

• **폰트**: G마켓 산스 Medium
• **크기**: 40 pt
• **정렬**: 가운데 정렬
• **색상**: #000000

09 ❶ '에너지 충전'을 클릭&드래그하여 선택하고 ❷ 옵션바의 폰트를 'G마켓 산스 Bold'로 설정합니다. ❸ Ctrl + Enter 를 눌러 마무리합니다.

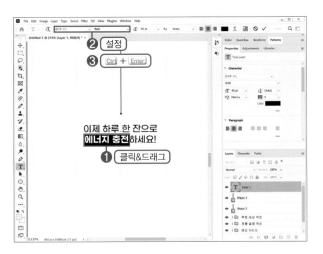

10 File(파일) – Place Embedded(포함 가져오기) 명령으로 ❶ '상세페이지 사용 이미지.jpeg'를 가져옵니다. ❷ 크기와 위치를 조절하고 ❸ Enter 를 누릅니다.

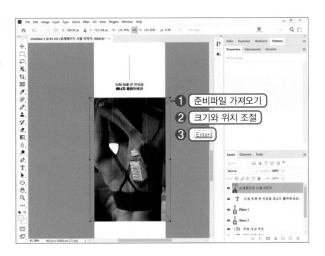

11 ❶ '상세페이지 사용 이미지' 레이어를 클릭하고 ❷ 'Shape 3(모양 3)' 레이어를 Shift + 클릭하여 중복 선택한 후 ❸ Ctrl + G 를 눌러 그룹으로 묶어줍니다.

12 ❶ 그룹의 이름을 더블 클릭하고 ❷ '사용 이미지 섹션' 입력 후 Enter 를 누릅니다.

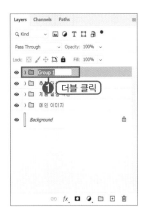

⊠ 옵션 선택 섹션 만들기

📁 준비파일 P03\Ch12\01\상세페이지 옵션 선택 1.jpeg, 상세페이지 옵션 선택 2.jpeg

다음으로 제품의 옵션을 선택하는 섹션을 만들어보겠습니다.

01 ❶ Rectangle Tool(사각형 도구, ⬜)를 클릭하고 ❷ 클릭&드래그하여 가로로 긴 직사각형을 그립니다.

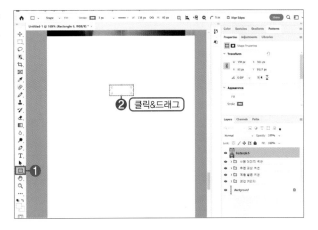

02 옵션바의 ❶ Fill(칠) 버튼 - ❷ 색상 피커 버튼(⬜)을 클릭합니다. ❸ 색상을 '#9923c'로 설정한 후 ❹ [OK(확인)]을 클릭합니다.

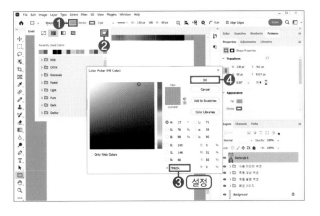

03 옵션바의 ❶ Stroke(획) 버튼 – ❷ 없음 버
    튼(▢)을 클릭합니다.

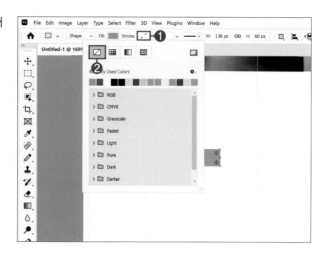

04 모서리에 있는 눈을 클릭&드래그하여 둥근
    사각형으로 만듭니다.

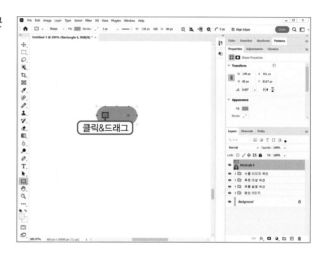

05 ❶ Horizontal Type Tool(수평 문자 도구,
    T.)를 클릭합니다. ❷ 캔버스의 가운데 안
    내선에 맞춰 클릭하고 ❸ '옵션 1' 입력 후
    ❹ Ctrl + Enter 를 눌러 마무리합니다. ❺
    ~❽ 옵션바를 그림과 같이 설정합니다.

    • 폰트: G마켓 산스 Medium
    • 크기: 36 pt
    • 정렬: 가운데 정렬
    • 색상: #ffffff

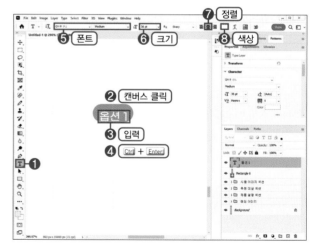

06 ❶ 'Rectangle 6(사각형 6)' 레이어를 클릭하고 ❷ '옵션 1' 레이어를 Ctrl + 클릭하여 중복 선택합니다. ❸ Move Tool(이동 도구, ⊕)를 클릭하고 옵션바의 ❹ 세로로 가운데 정렬 버튼(⬌)과 ❺ 가로로 가운데 정렬 버튼(⬍)을 각각 클릭해 정렬합니다.

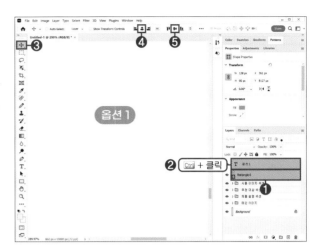

07 ❶ Horizontal Type Tool(수평 문자 도구, T)를 클릭하고 ❷ '3일 체험 팩' 입력 후 ❸ Ctrl + Enter 를 눌러 마무리합니다. ❹ ~❼ 옵션바를 그림과 같이 설정합니다.

• **폰트**: G마켓 산스 Medium
• **크기**: 24 pt
• **정렬**: 왼쪽 정렬
• **색상**: #808080

08 ❶ Ctrl + J 를 눌러 '3일 체험 팩' 레이어를 복제하고 ❷ Ctrl + 드래그하면서 Shift 를 눌러 아래로 이동합니다.

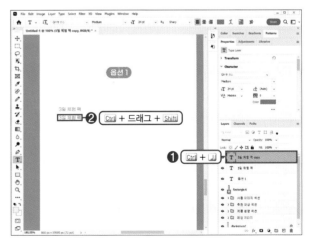

09 ❶ 텍스트를 클릭하고 '60ml x 3btl' 입력 후 ❷ Ctrl + Enter 를 눌러 마무리합니다. ❸～❻ 옵션바를 그림과 같이 설정합니다.

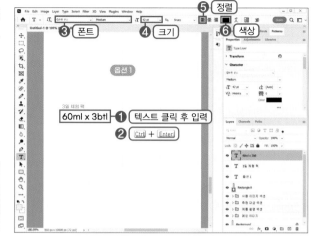

- 폰트: G마켓 산스 Medium
- 크기: 42 pt
- 정렬: 왼쪽 정렬
- 색상: #000000

10 ❶ Ctrl + J 를 눌러 '60ml x 3btl' 레이어를 복제하고 ❷ Ctrl + 드래그하면서 Shift 를 눌러 아래로 이동합니다.

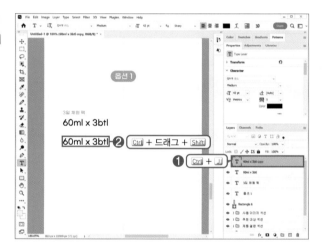

11 ❶ 텍스트를 클릭하고 '7,900' 입력 후 ❷ Ctrl + Enter 를 눌러 마무리합니다. ❸～❻ 옵션바를 그림과 같이 설정합니다.

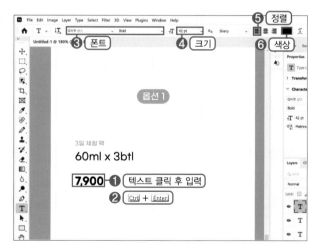

- 폰트: G마켓 산스 Bold
- 크기: 42 pt
- 정렬: 왼쪽 정렬
- 색상: #000000

12 ❶ Ctrl + J 를 눌러 '7,900' 레이어를 복제하고 ❷ Ctrl + 드래그하면서 Shift 를 눌러 아래로 이동합니다.

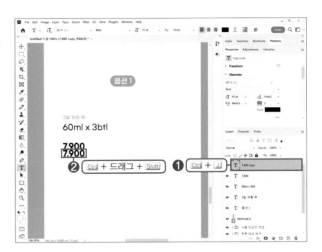

13 ❶ 텍스트를 클릭하고 '9,000' 입력 후 ❷ Ctrl + Enter 를 눌러 마무리합니다. Properties(속성) 패널에서 ❸~❼ 그림과 같이 설정합니다.

- **폰트**: G마켓 산스 Medium
- **크기**: 24 pt
- **색상**: #b2b2b2
- **정렬**: 왼쪽 정렬
- **문자 옵션**: 취소선

14 ❶ Rectangle Tool(사각형 도구, □)를 마우스 오른쪽 버튼으로 클릭하고 ❷ Ellipse Tool(타원 도구, ○)를 클릭합니다. ❸ 캔버스를 클릭&드래그하면서 Shift 를 눌러 정원형을 그립니다.

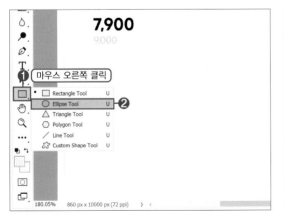

15 옵션바의 ❶ Fill(칠) 버튼 – ❷ 색상 피커 버튼(□)을 클릭합니다. ❸ 색상을 '#000000'으로 설정한 후 ❹ [OK(확인)]을 클릭합니다.

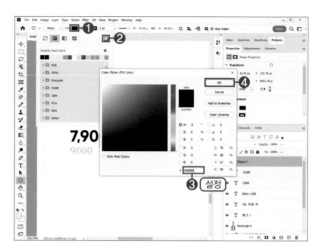

16 옵션바의 ❶ Stroke(획) 버튼 – ❷ 없음 버튼(□)을 클릭합니다.

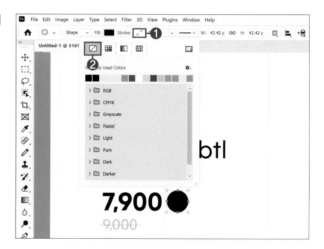

17 Layers(레이어) 패널에서 ❶ '9,000' 레이어를 클릭하고 ❷ Ctrl + J 를 눌러 복제합니다. ❸ 클릭&드래그하여 'Ellipse 4(타원 4)' 레이어 위로 이동합니다.

18 ❶ Move Tool(이동 도구, ⊕)를 클릭하고 ❷ 클릭&드래그하여 원 위로 이동합니다.

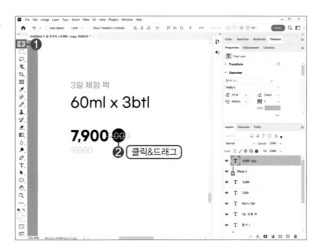

19 ❶ 캔버스에서 복제한 텍스트를 더블 클릭하고 ❷ '14% OFF'를 입력한 후 ❸ Ctrl + Enter 를 눌러 마무리합니다. Properties(속성) 패널에서 ❹~❽ 그림과 같이 설정합니다.

- **폰트**: G마켓 산스 Bold
- **크기**: 11 pt
- **색상**: #ffffff
- **정렬**: 가운데 정렬
- **문자 옵션**: 없음

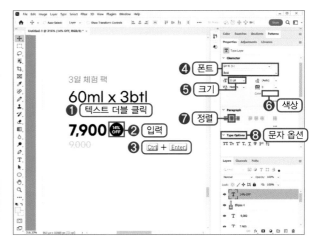

20 ❶ Ellipse Tool(타원 도구, ○)를 클릭하고 ❷ 캔버스를 클릭&드래그하면서 Shift 를 눌러 정원형을 그립니다.

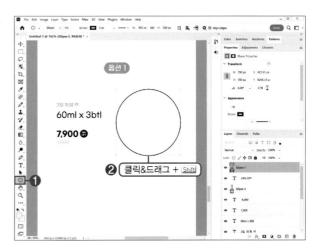

21 옵션바의 ❶ Fill(칠) 버튼 – ❷ 색상 피커 버튼(□)을 클릭합니다. ❸ 색상을 '#ffe7ce'로 설정한 후 ❹ [OK(확인)]을 클릭합니다.

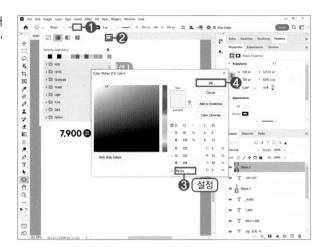

22 옵션바의 ❶ Stroke(획) 버튼 – ❷ 없음 버튼(□)을 클릭합니다.

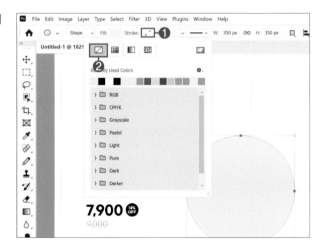

23 File(파일) – Place Embedded(포함 가져오기) 명령으로 ❶ '상세페이지 옵션 선택 1.jpeg'를 가져옵니다. ❷ 크기와 위치를 조절하고 ❸ Enter를 누릅니다.

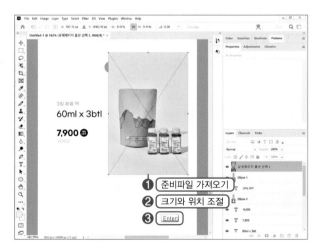

24 ❶ Object Selection Tool(개체 선택 도구, ⬚)를 클릭하고 ❷ 물체를 클릭&드래그하여 선택합니다.

25 Layers(레이어) 패널의 레이어 마스크 버튼 (⬚)을 클릭합니다.

26 ❶ '상세페이지 옵션 선택 1' 레이어를 더블 클릭하여 Layer Style(레이어 스타일) 창을 열고 ❷ Drop Shadow(드롭 섀도) 메뉴를 클릭합니다. ❸~❽ 그림과 같이 설정 후 ❾ [OK(확인)]을 클릭합니다.

- Blend Mode(혼합 모드): Multiply(곱하기), #9b2417
- Opacity(불투명도): 65%
- Angle(각도): 135°
- Distance(거리): 5 px
- Spread(스프레드): 0%
- Size(크기): 0 px

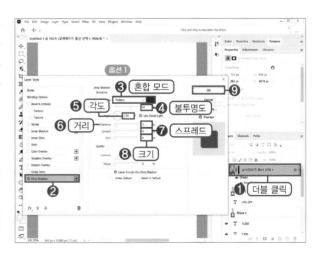

27 Layers(레이어) 패널에서 ❶ 'Ellipse 5(타원 5)' 레이어를 클릭하고 ❷ 'Rectangle 6(사각형 6)' 레이어를 Shift + 클릭하여 중복 선택한 후 ❸ Ctrl + J 를 눌러 레이어를 복제합니다.

  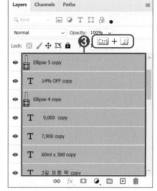

28 ❶ Ctrl + 드래그하면서 Shift 를 눌러 아래로 이동 후 ❷ Horizontal Type Tool(수평 문자 도구, T.)를 클릭하고 ❸ 각 텍스트를 클릭하여 그림과 같이 수정합니다.

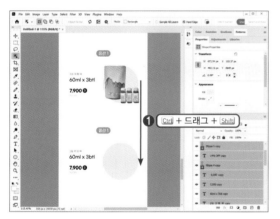 

29 File(파일) − Place Embedded(포함 가져오기) 명령으로 ❶ '상세페이지 옵션 선택 2.jpeg'를 가져옵니다. ❷ 크기와 위치를 조절하고 ❸ Enter 를 누릅니다.

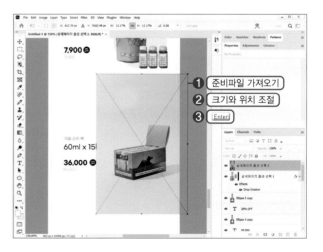

30 ❶ Object Selection Tool(개체 선택 도구, 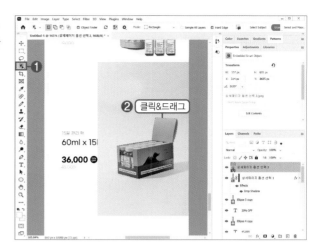)를 클릭하고 ❷ 물체를 클릭&드래그하여 선택합니다.

31 Layers(레이어) 패널의 레이어 마스크 버튼(🔲)을 클릭합니다.

32 '상세페이지 옵션 선택 1' 레이어의 fx를 Alt + 드래그하여 '상세페이지 옵션 선택 2' 레이어에 놓아 효과를 복사합니다.

33 옵션의 구분선을 만들기 위해 ❶ Pen Tool(펜 도구, 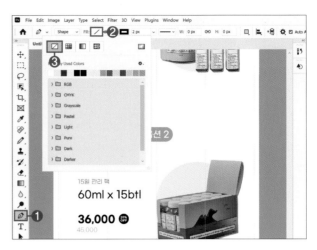)를 클릭하고 옵션바의 ❷ Fill(칠) 버튼 – ❸ 없음 버튼(☐)을 클릭합니다.

34 옵션바의 ❶ Stroke(획) 버튼 – ❷ 색상 피커 버튼(☐)을 클릭합니다. ❸ 색상을 '#f2f2f2'로 설정한 후 ❹ [OK(확인)]을 클릭합니다. ❺ 옵션바의 획 두께를 '3 px'로 설정합니다.

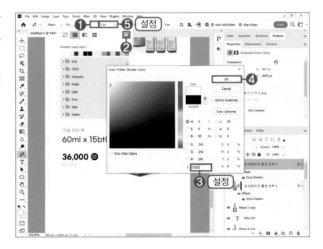

35 캔버스의 안내선에 맞춰 ❶ 클릭, ❷ Shift + 클릭하여 직선을 그립니다.

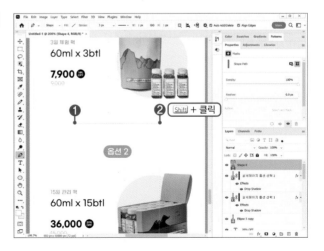

36 ❶ 'Shape 4(모양 4)' 레이어를 클릭하고 ❷ 'Rectangle 6(사각형 6)' 레이어를 [Shift] + 클릭하여 중복 선택한 후 ❸ [Ctrl] + [G]를 눌러 그룹으로 묶어줍니다.

37 ❶ 그룹의 이름을 더블 클릭하여 ❷ '옵션 선택 섹션' 입력 후 [Enter]를 누릅니다.

⊠ 회사 소개 이미지 넣기

📁 준비파일 P03\Ch12\01\상세페이지 회사 소개 1.jpeg, 상세페이지 회사 소개 2.png

마지막으로 제품을 판매하는 회사 소개 이미지를 넣어 상세페이지 만들기를 마무리하겠습니다.

01 ❶ Rectangle Tool(사각형 도구, ▭)를 클릭하고 ❷ 캔버스의 가운데 안내선을 한 번 클릭합니다. ❸~❻그림과 같이 설정 후 ❼ [OK(확인)]을 클릭합니다.

- Width(폭): 870 px
- Height(높이): 300 px
- Radii(반경): 0 px, 0 px, 0 px, 0 px
- From Center(중앙부터): 체크

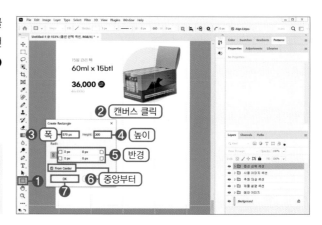

02 옵션바의 ❶ Fill(칠) 버튼 – ❷ 단색 버튼 (▦)을 클릭해 ❸ 최근 내역 중 아무 색상이나 선택합니다.

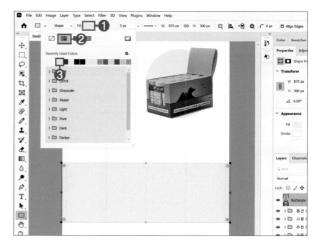

03 옵션바의 ❶ Stroke(획) 버튼 – ❷ 없음 버튼(▱)을 클릭합니다.

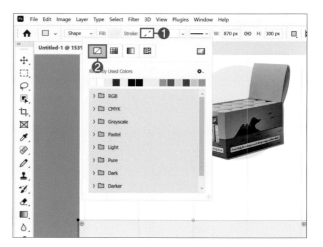

04 File(파일) – Place Embedded(포함 가져오기)를 클릭하고 ❶ '상세페이지 회사 소개 1.jpeg'를 가져옵니다. ❷ 크기와 위치를 조절하고 ❸ Enter 를 누릅니다.

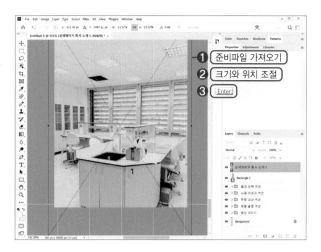

05 채도와 밝기를 조정하기 위해 ❶ Image(이미지) – ❷ Adjustments(조정) – ❸ Hue/Saturation(색조/채도)를 클릭하고 ❹ Hue(색조)는 '0', ❺ Saturation(채도)는 '–100', ❻ Lightness(밝기)는 '+56'으로 설정한 후 ❼ [OK(확인)]을 클릭합니다.

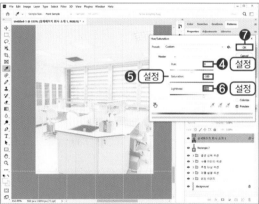

06 'Rectangle 7(사각형 7)' 레이어와 '상세페이지 회사 소개 1' 레이어 사이를 Alt + 클릭하여 클리핑 마스크를 만듭니다.

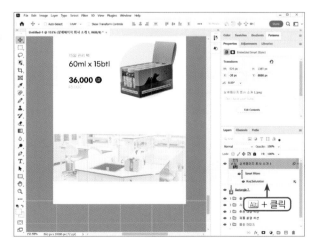

07 File(파일) – Place Embedded(포함 가져오기) 명령으로 ❶ '상세페이지 회사 소개 2.png'를 가져옵니다. ❷ 크기와 위치를 조절하고 ❸ Enter 를 누릅니다.

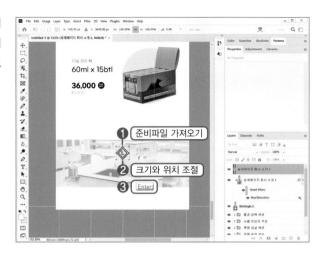

08 ❶ Horizontal Type Tool(수평 문자 도구, T.)를 클릭하고 ❷ 캔버스의 가운데 안내선을 한 번 클릭합니다. ❸ '식품 L은 건강하고 맛있는 제품을 정성을 다해 제작합니다'를 입력합니다.

09 ❶ '식품 L은 건강하고 맛있는 제품을'을 클릭&드래그하여 선택하고 ❷ 옵션바의 폰트를 'G마켓 산스 Light'으로 설정합니다.

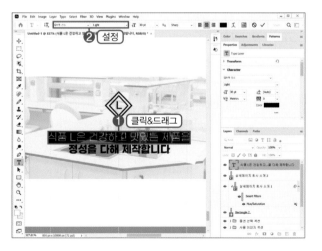

10 ❶ '정성을 다해 제작합니다'를 클릭&드래그하여 선택하고 ❷ 옵션바의 폰트를 'G마켓 산스 Medium'으로 설정 후 ❸ Ctrl + Enter를 눌러 마무리합니다.

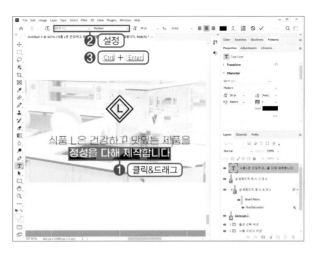

11 Properties(속성) 패널에서 ❶~❺ 그림과 같이 설정합니다.

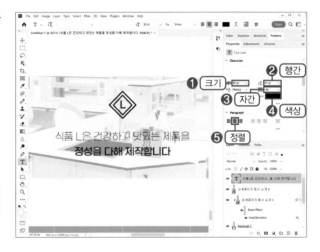

- 크기: 30 pt
- 행간: 44 pt
- 자간: −40
- 색상: #000000
- 정렬: 가운데 정렬

12 Layers(레이어) 패널에서 ❶ '식품 L은 건강하고 맛있는 제품을 정성을 다해 제작합니다' 레이어를 클릭하고 ❷ 'Rectangle 7(사각형 7)' 레이어를 Shift + 클릭하여 중복 선택한 후 ❸ Ctrl + G를 눌러 그룹으로 묶어줍니다.

13 ❶ 그룹의 이름을 더블 클릭하고 ❷ '회사 소개 이미지' 입력 후 [Enter]를 누릅니다. 전달이 잘 되는 상세페이지 만들기를 완성하였습니다.

깔끔한 온라인 배너 만들기

온라인 배너에는 제품의 이미지와 텍스트가 간결하게 들어가는 것이 좋습니다. 그래야 어느 정도 여백이 생겨 중요한 내용에 시선이 가도록 유도할 수 있기 때문입니다. 이번 장에서는 제품과 세일 정보를 알려주는 깔끔한 온라인 배너를 만들어보겠습니다.

미리보기

📁 완성파일 P03\Ch12\02\깔끔한 온라인 배너.psd

• 사용 폰트: Noto Sans CJK KR Bold, Noto Sans CJK KR Regular
• 작업 사이즈: 1200 x 650 Pixels
• 해상도: 72 Pixels/Inch
• 색상 모드: RGB Color

⊠ 온라인 배너 레이아웃 가이드 만들기

먼저 온라인 배너를 만들기 전에 이미지와 텍스트의 배치를 도와줄 온라인 배너의 레이아웃 가이드를 만들어보겠습니다.

01 File(파일) – New(새로 만들기) 명령으로 새 문서를 ❶~❹와 같이 설정한 후 ❺ [Create(만들기)]를 클릭합니다.

- Width(폭): 1200 Pixels
- Height(높이): 650 Pixels
- Resolution(해상도): 72 Pixels/Inch
- Color Mode(색상 모드): RGB Color

02 배치를 도와줄 안내선을 만들기 위해 ❶ View(보기) – ❷ Guides(안내선) – ❸ New Guide Layout(새 안내선 레이아웃)을 클릭하고 ❹~❾ 그림과 같이 설정 후 ❿ [OK(확인)]을 클릭합니다.

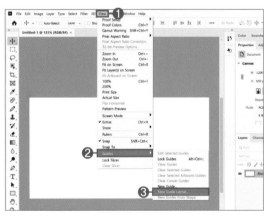

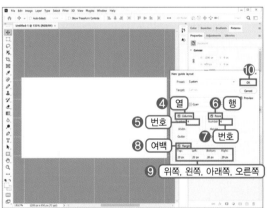

- Columns(열): 체크
- Number(번호): 4

- Rows(행): 체크
- Number(번호): 4

- Margin(여백): 체크
- Top(위쪽), Left(왼쪽), Bottom(아래쪽), Right(오른쪽): 20 px

> TIP Magin(여백)으로 설정한 안내선 바깥쪽에는 중요한 내용을 넣지 않는 것이 좋습니다.

⊠ 제품 이미지 선명하게 만들고 합성하기

📁 준비파일 P03\Ch12\02\깔끔한 온라인 배너 1.jpeg, 깔끔한 온라인 배너 2.jpeg

온라인 배너에 들어갈 제품 이미지를 선명하게 만들고 합성하는 방법에 대해 알아보겠습니다.

01 File(파일) – Place Embedded(포함 가져오기) 명령으로 ❶ '깔끔한 온라인 배너 1.jpeg'를 가져옵니다. ❷ 크기와 위치를 조절하고 ❸ Enter 를 누릅니다.

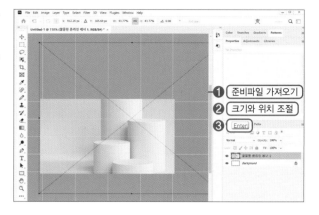

02 File(파일) – Place Embedded(포함 가져오기) 명령으로 ❶ '깔끔한 온라인 배너 2.jpeg'를 가져옵니다. ❷ 크기와 위치를 조절하고 ❸ Enter 를 누릅니다.

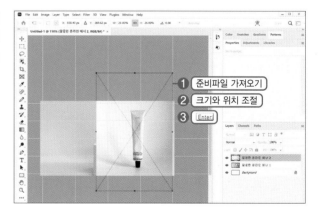

03 ❶ Object Selection Tool(개체 선택 도구, ▣)를 클릭하고 ❷ 제품을 클릭&드래그하여 선택합니다. ❸ Layers(레이어) 패널의 레이어 마스크 버튼(▣)을 클릭합니다.

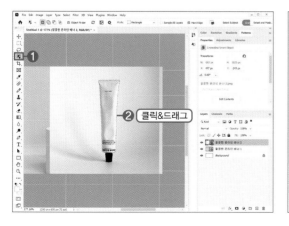 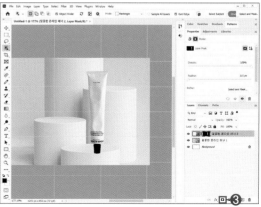

04 ❶ Ctrl + T를 누르고 ❷ 크기와 회전값을 조절한 후 ❸ Enter를 누릅니다.

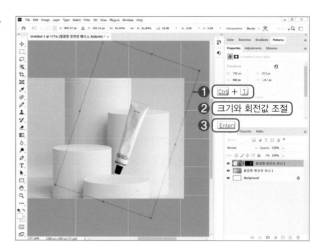

05 ❶ '깔끔한 온라인 배너 2' 레이어의 Thumbnail(축소판)을 클릭하고 ❷ Filter(필터) – ❸ Sharpen(선명 효과) – ❹ Smart Sharpen(고급 선명 효과)를 클릭합니다. ❺ Amount(양)을 '77', ❻ Radius(반경)을 '1.0', ❼ Reduce Noise(노이즈 감소)를 '10'으로 설정한 후 ❽ [OK(확인)]을 클릭합니다.

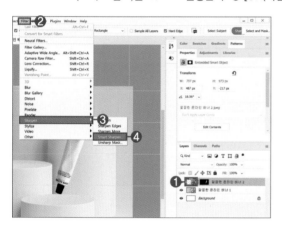

06 ❶ Ctrl + J를 눌러 '깔끔한 온라인 배너 2' 레이어를 복제합니다. ❷ Ctrl + T를 누르고 ❸ 크기와 회전값을 조절 후 ❹ Enter를 누릅니다.

제품과 배경의 밝기를 맞추기 위해 Layers(레이어) 패널에서 ❶ '깔끔한 온라인 배너 1' 레이어를 클릭하고 ❷ Image(이미지) – ❸ Adjustments(조정) – ❹ Curves(곡선)을 클릭합니다. ❺ 그림과 같이 클릭&드래그하여 밝기를 살짝 올리고 ❻ [OK(확인)]을 클릭합니다.

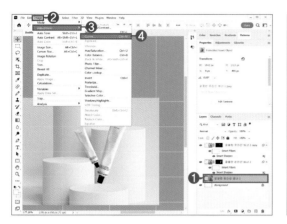

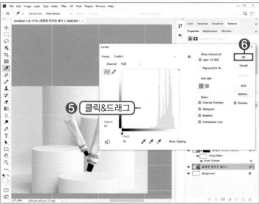

제품과 배경의 색감을 맞추기 위해 ❶ Image(이미지) – ❷ Adjustments(조정) – ❸ Hue/Saturation(색조/채도)를 클릭하고 ❹ Hue(색조)를 '+11', ❺ Saturation(채도)를 '–35', ❻ Lightness(밝기)를 '0'으로 설정한 후 ❼ [OK(확인)]을 클릭합니다.

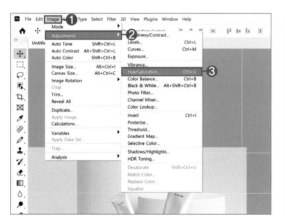

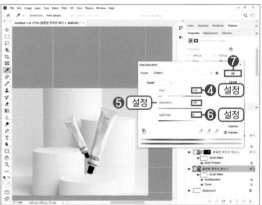

⊠ 자연스러운 색상의 그림자 만들기

제품 이미지를 선명하게 만든 후 합성하였다면, 조금 더 이질감 없이 합성하기 위해 자연스러운 색상의 그림 자를 만들어주겠습니다.

01 Layers(레이어) 패널의 ❶ '깔끔한 온라인 배너 1' 레이어를 클릭하고 ❷ 새 레이어 버 튼(⊞)을 클릭합니다.

> TIP 레이어 패널에서 선택된 레이어의 바로 위에 새 레이어를 만들 수 있습니다.

02 ❶ 전경색을 클릭하고 ❷ 배경 이미지의 그 림자 부분을 클릭해 추출한 후 ❸ [OK(확 인)]을 클릭합니다.

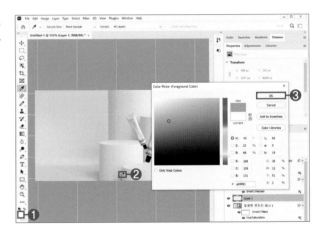

03 ❶ Brush Tool(브러시 도구, ✎)를 클릭합니다. ❷ 옵션바의 브러시 모양 버튼(●)을 클릭하고 ❸ General Brushes(일반 브러시) – ❹ Soft Round(부드러운 원)을 클릭합니다. ❺ 키보드의 [와] 를 눌러 브러시의 크 기를 조절합니다. ❻ 캔버스를 한 번 클릭하여 브러시를 칠합니다.

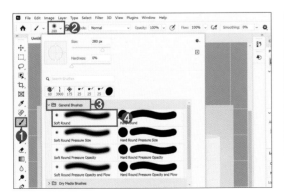 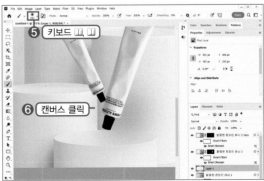

04 ❶ Ctrl + T 를 누르고 ❷ 클릭&드래그하면서 Shift 를 눌러 세로 크기를 줄여줍니다. ❸ Enter 를 눌러 완료합니다.

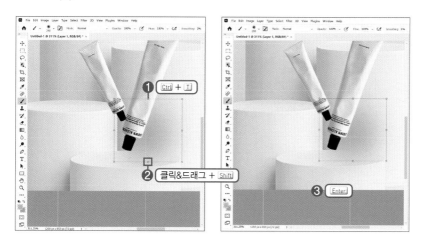

05 Layers(레이어) 패널의 Opacity(불투명도)를 '40%'로 설정합니다.

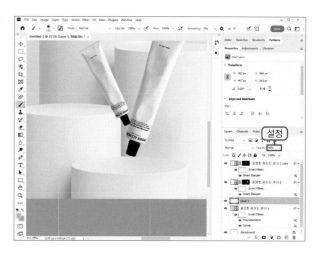

06 ❶ Ctrl + J 를 눌러 'Layer 1(레이어 1)' 레이어를 복제하고 ❷ Ctrl + T 를 누릅니다. ❸ 클릭&드래그하면서 Alt + Shift 를 눌러 크기를 더 작고 납작하게 조절한 후 ❹ Enter 를 누릅니다.

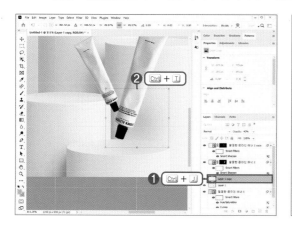

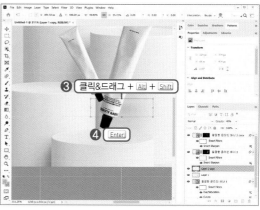

07 ❶ 'Layer 1(레이어 1)' 레이어 이름을 더블 클릭하고 ❷ '큰 그림자' 입력 후 Enter 를 누릅니다. ❸ 'Layer 1 copy(레이어 1 복사)' 레이어 이름을 더블 클릭하고 ❹ '작은 그림자' 입력 후 Enter 를 누릅니다.

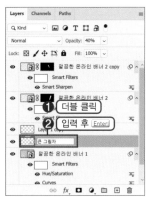

08 ❶ '큰 그림자' 레이어를 클릭하고 ❷ '작은 그림자' 레이어를 Ctrl + 클릭하여 중복 선택합니다.

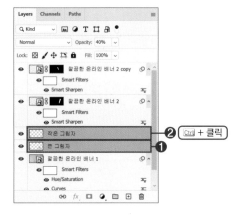

09 ❶ Ctrl + T 를 눌러 앞에 있는 상품의 그림자에 맞게 ❷ 크기와 위치를 조절하고 ❸ Enter 를 누릅니다.

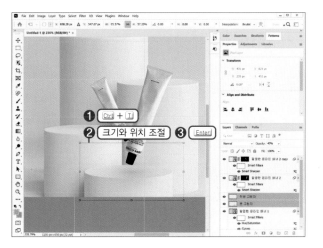

10 ❶ Ctrl + J 를 눌러 '큰 그림자'와 '작은
그림자' 레이어를 복제하고 ❷ Ctrl + T 를
눌러 뒤에 있는 상품의 그림자에 맞게 ❸
크기와 위치를 조절한 후 ❹ Enter 를 누릅
니다.

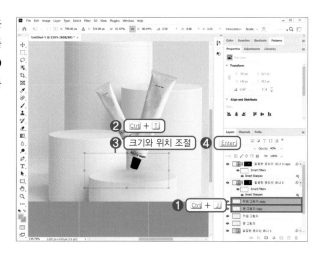

11 ❶ '큰 그림자' 레이어를 클릭하고 ❷ '작은
그림자 copy(복사)' 레이어를 Shift + 클릭
하여 모든 그림자 레이어를 중복 선택합니
다. ❸ Ctrl + G 를 눌러 그룹으로 묶어줍
니다.

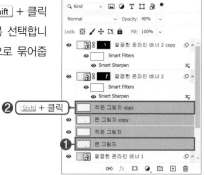

12 ❶ Rectangular Marquee Tool(사각형 선
택 윤곽 도구, ▢)를 마우스 오른쪽 버튼으
로 클릭하고 ❷ Elliptical Marquee Tool(원
형 선택 윤곽 도구, ◯)를 클릭합니다.

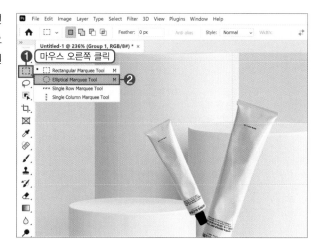

13 ❶ 배경의 원반 부분을 클릭&드래그하여 선택합니다. Layers(레이어) 패널의 ❷ 레이어 마스크 버튼(⬚)을 클릭합니다.

 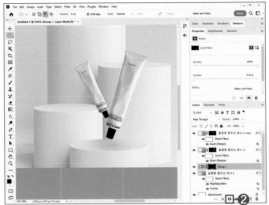

TIP   클릭&드래그하면서 Spacebar 를 누르면 선택 영역의 위치를 이동할 수 있습니다.

14 ❶ 그룹의 이름을 더블 클릭하고 ❷ '그림자' 입력 후 Enter 를 누릅니다.

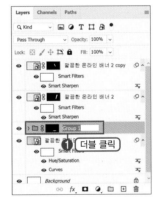 

⊠ 텍스트 입력하고 자간 및 행간 조정하기

온라인 배너에 들어갈 텍스트를 입력하고 자간 및 행간을 조정하겠습니다.

1 ❶ Horizontal Type Tool(수평 문자 도구, T)를 클릭하고 ❷ 캔버스를 한 번 클릭합니다. ❸ 'sAB'를 입력하고 ❹ Ctrl + Enter 를 눌러 마무리합니다. Properties (속성) 패널에서 ❺~❾ 그림과 같이 설정합니다.

• **폰트**: Noto Sans CJK KR Bold
• **크기**: 19 pt
• **자간**: −40
• **색상**: #000000
• **정렬**: 왼쪽 정렬

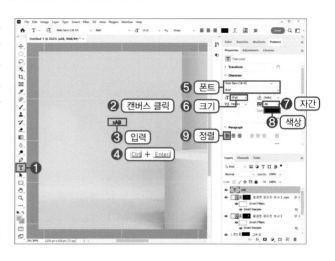

02 ❶ Ctrl + J 를 눌러 'sAB' 레이어를 복제하고 ❷ Ctrl + 드래그하면서 Shift 를 눌러 아래로 이동합니다.

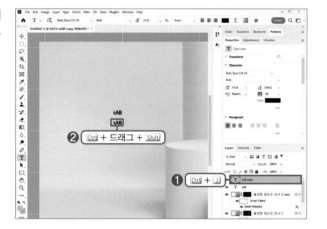

3 ❶ 캔버스에서 텍스트를 클릭한 후 ❷ '하반기 할인 대잔치'를 입력하고 ❸ Ctrl + Enter 를 눌러 마무리합니다. Properties(속성) 패널에서 ❹~❽ 그림과 같이 설정합니다.

• **폰트**: Noto Sans CJK KR Bold
• **크기**: 39 pt
• **자간**: 0
• **색상**: #000000
• **정렬**: 왼쪽 정렬

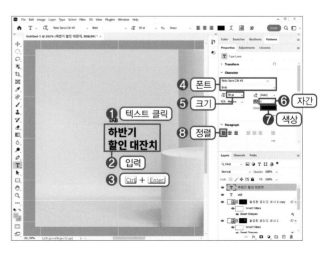

04 ❶ [Ctrl] + [J]를 눌러 '하반기 할인 대잔치' 레이어를 복제하고 ❷ [Ctrl] + 드래그하면서 [Shift]를 눌러 아래로 이동합니다.

05 ❶ 캔버스에서 복제한 텍스트를 클릭한 후 ❷ 'sAb브랜드 초특가!'를 입력하고 ❸ [Ctrl] + [Enter]를 눌러 마무리합니다. Properties(속성) 패널에서 ❹~❽ 그림과 같이 설정합니다.

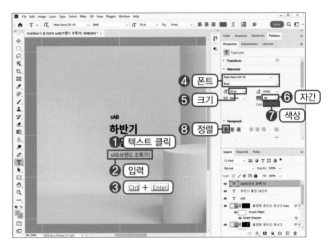

- **폰트**: Noto Sans CJK KR Bold
- **크기**: 20 pt
- **자간**: −40
- **색상**: #686868
- **정렬**: 왼쪽 정렬

☒ 뱃지 요소 넣어 꾸미기

텍스트 주변에 뱃지 요소를 넣어 온라인 배너를 꾸며보겠습니다.

01 ❶ Rectangle Tool(사각형 도구, ▭)를 마우스 오른쪽 버튼으로 클릭하고 ❷ Polygonal Tool(다각형 도구, ⬠)
를 클릭한 후 ❸ 옵션바의 측면을 '20'으로 설정합니다.

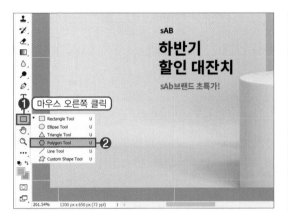
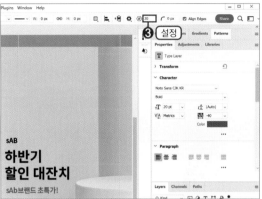

02 ❶ 옵션바의 톱니바퀴 버튼(⚙)을 클릭하고 ❷ Star Ratio(별 비율)을 '90%'로 설정합니다.

03 캔버스를 클릭&드래그하여 뱃지 모양을 그립니다.

04 옵션바의 ❶ Fill(칠) 버튼 – ❷ 색상 피 커 버튼(□)을 클릭합니다. ❸ 색상을 '#9c9368'로 설정한 후 ❹ [OK(확인)]을 클릭합니다.

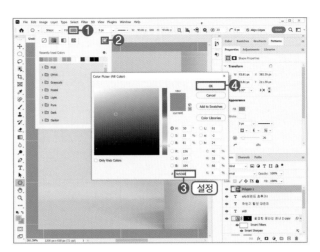

05 옵션바의 ❶ Stroke(획) 버튼 – ❷ 없음 버튼(☑)을 클릭합니다.

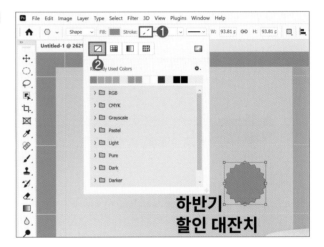

06 ❶ Horizontal Type Tool(수평 문자 도구, T)를 클릭하고 ❷ 캔버스를 한 번 클릭합니다. ❸ 'up to 20%'를 입력합니다.

07 ❶ 'up to'를 클릭&드래그하여 선택하고 ❷ 옵션바의 텍스트 크기를 '19 pt'로 설정합니다.

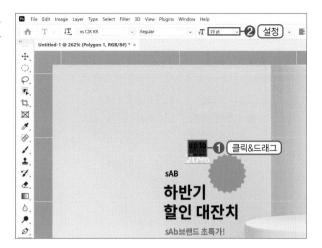

08 ❶ '20%'를 클릭&드래그하여 선택하고 ❷ 옵션바의 텍스트 크기를 '21 pt'로 설정 후 ❸ Ctrl + Enter 를 눌러 마무리합니다.

09 Properties(속성) 패널에서 ❶~❻ 그림과 같이 설정합니다.

- 각도: −15.00˚
- 폰트: Noto Sans CJK KR Regular
- 행간: 26 pt
- 자간: 0
- 색상: #ffffff
- 정렬: 가운데 정렬

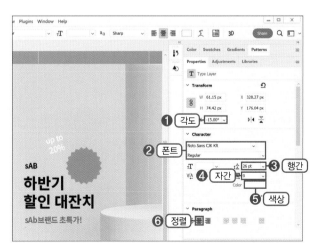

10 Layers(레이어) 패널에서 ❶ 'Polygon 1(다각형 1)' 레이어를 클릭하고 ❷ 'up to 20%' 레이어를 Ctrl + 클릭해 중복 선택합니다. ❸ Move Tool(이동 도구, ✛)를 클릭한 후 옵션바의 ❹ 세로로 가운데 정렬 버튼(♣)과 ❺ 가로로 가운데 정렬 버튼(╫)을 각각 클릭해 정렬합니다.

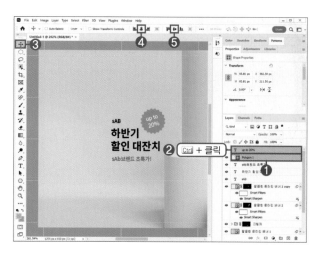

11 깔끔한 온라인 배너 만들기를 완성하였습니다.

영화 포스터 만들기

영화 포스터는 지면에 전체적인 배경으로 들어가는 이미지의 극적인 질감 표현이 매우 중요합니다. 또 비교적 화려한 이미지 위에 텍스트가 들어가기 때문에 가독성이 떨어지지 않게 효과를 주어야 합니다. 이 두 가지 사항을 유의하며 영화 포스터 만드는 방법을 알아보겠습니다.

미리보기

📁 완성파일 P03\Ch12\03\영화 포스터.psd

- 사용 폰트: 210 처음처럼 Regualr, 210 처음처럼 Light, FreightDisp Pro Black, 본명조 Bold, 본명조 Light
- 작업 사이즈: 301 x 424 Millimeters
- 해상도: 300 Pixels/Inch
- 색상 모드: CMYK Color

⊠ 영화 포스터 레이아웃 가이드 만들기

영화 포스터의 이미지와 텍스트 배치를 도와줄 레이아웃 가이드를 만들어보겠습니다.

01 A3 사이즈의 포스터 제작을 위해 File(파일) – New(새로 만들기) 명령으로 새 문서를 ❶~❹와 같이 설정한 후 ❺ [Create (만들기)]를 클릭합니다.

- **Width(폭)**: 301 Millimeters
- **Height(높이)**: 424 Millimeters
- **Resolution(해상도)**: 300 Pixels/Inch
- **Color Mode(색상 모드)**: CMYK Color

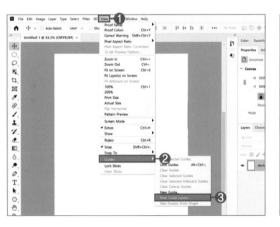

> **TIP** 실제 A3 사이즈는 297*420mm이지만, 실제 인쇄 시 잘릴 것을 대비해 상하좌우 2mm씩 더 크게 만듭니다.

02 실제 인쇄물 사이즈인 A3 영역과 중심을 표시하기 위해 ❶ View(보기) – ❷ Guides(안내선) – ❸ New Guide Layout(새 안내선 레이아웃)을 클릭하고 ❹~❾ 그림과 같이 설정 후 ❿ [OK(확인)]을 클릭합니다.

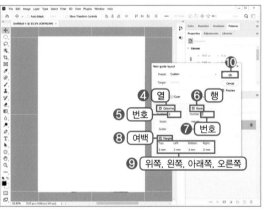

- **Columns(열)**: 체크
- **Number(번호)**: 2
- **Rows(행)**: 체크
- **Number(번호)**: 2
- **Margin(여백)**: 체크
- **Top(위쪽), Left(왼쪽), Bottom(아래쪽), Right(오른쪽)**: 2mm

03 배치를 도와줄 안내선을 만들기 위해 ❶ View(보기) − ❷ Guides(안내선) − ❸ New Guide Layout(새 안내선 레이아웃)을 한 번 더 클릭하고 ❹~❾ 그림과 같이 설정 후 ❿ [OK(확인)]을 클릭합니다.

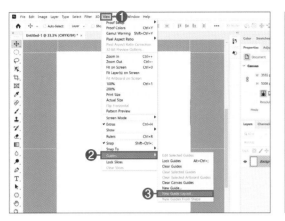 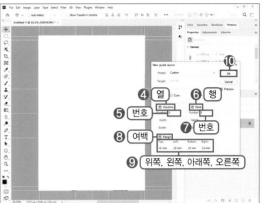

- Columns(열): 체크
- Number(번호): 3

- Rows(행): 체크
- Number(번호): 3

- Margin(여백): 체크
- Top(위쪽), Left(왼쪽), Bottom(아래쪽), Right(오른쪽): 12mm

> TIP Margin(여백)으로 설정한 안내선 바깥쪽에는 중요한 내용을 넣지 않는 것이 좋습니다.

⊠ 배경 이미지의 색감과 디테일 보정하기

📁 준비파일 P03\Ch12\03\영화 같은 포스터.jpeg

영화 포스터의 배경이 될 이미지의 색감과 디테일을 보정하겠습니다.

01 File(파일) − Place Embedded(포함 가져오기) 명령으로 ❶ '영화 같은 포스터.jpeg'를 가져옵니다. ❷ 크기와 위치를 조절하고 ❸ Enter 를 누릅니다.

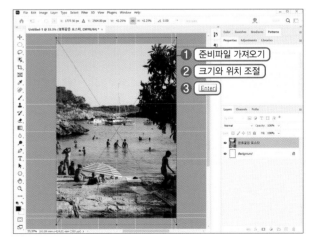

02 전체적인 채도를 올리기 위해 ❶ Image(이미지) − ❷ Adjustments(조정) − ❸ Hue/Saturation(색조/채도)를 클릭하고 ❹ Hue(색조)를 '0', ❺ Saturation(채도)를 '+45', ❻ Lightness(밝기)를 '0'으로 설정한 후 ❼ [OK(확인)]을 클릭합니다.

TIP CMYK 색상 모드에서는 Camera Raw Filter(Camera Raw 필터)가 작동하지 않아 개별 조정 메뉴를 사용해야 합니다.

03 이미지의 디테일을 올리기 위해 ❶ Image(이미지) − ❷ Adjustments(조정) − ❸ Shadows/Highlights(어두운 영역/밝은 영역)를 클릭하고 ❹ Shadows(어두운 영역)의 Amount(양)을 '58', ❺ Highlights(밝은 영역)의 Amount(양)을 '22'로 설정한 후 ❻ [OK(확인)]을 클릭합니다.

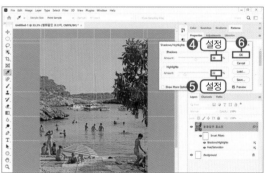

04 밝기를 조정하기 위해 ❶ Image(이미지) − ❷ Adjustments(조정) − ❸ Curves(곡선)을 클릭합니다. ❹ 곡선을 클릭&드래그하여 그림과 같이 설정하고 ❺ [OK(확인)]을 클릭합니다.

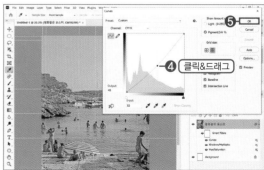

⊠ 텍스트 다양하게 배치하기

다음으로 영화 포스터와 같이 텍스트를 입력한 후 다양하게 배치하겠습니다.

01 ❶ Horizontal Type Tool(수평 문자 도구, T.)를 클릭합니다. ❷ 캔버스의 아래쪽에 있는 가운데 안내선을 한 번 클릭한 후 ❸ '휴일'을 입력하고 ❹ Ctrl + Enter 를 눌러 마무리합니다. ❺~❽ 옵션바를 그림과 같이 설정합니다.

- **폰트**: 210 처음처럼 Light
- **크기**: 160 pt
- **정렬**: 가운데 정렬
- **색상**: #1cf35

02 ❶ '휴일'의 위쪽에서 가운데 안내선을 한 번 클릭한 후 ❷ 'holiday'를 입력하고 ❸ Ctrl + Enter 를 눌러 마무리합니다. Properties(속성) 패널에서 ❹~❽ 그림과 같이 설정합니다.

- **폰트**: 210 처음처럼 Regular
- **크기**: 40 pt
- **자간**: 400
- **색상**: #1cf35
- **정렬**: 가운데 정렬

03 ❶ '휴일'의 아래쪽에서 가운데 안내선을 한 번 클릭한 후 ❷ '2023. 05'를 입력하고 ❸ Ctrl + Enter 를 눌러 마무리합니다. Properties(속성) 패널에서 ❹~❽ 그림과 같이 설정합니다.

- **폰트**: FreightDisp Pro Black
- **크기**: 25 pt
- **자간**: 0
- **색상**: #1cf35
- **정렬**: 가운데 정렬

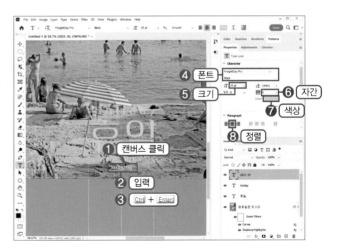

04 Layers(레이어) 패널에서 ❶ '2023. 05' 레이어를 클릭하고 ❷ '휴일' 레이어를 Shift + 클릭하여 중복 선택합니다. 레이어의 혼합 모드를 ❸ 'Linear Light(선형 라이트)'로 설정합니다.

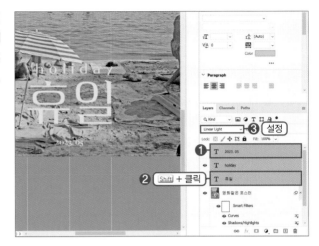

05 ❶ '휴일' 레이어를 더블 클릭하여 Layer Style(레이어 스타일) 창을 열고 ❷ Drop Shadow(드롭 섀도) 메뉴를 클릭합니다. ❸ ~❽ 그림과 같이 설정 후 ❾ [OK(확인)]을 클릭합니다.

- Blend Mode(혼합 모드): Multiply(곱하기), #000000
- Opacity(불투명도): 20%
- Angle(각도): 90°
- Distance(거리): 0 px
- Spread(스프레드): 20%
- Size(크기): 70 px

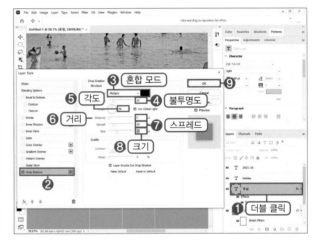

06 '휴일' 레이어의 레이어 스타일인 fx를 ❶ 'holiday' 레이어와 ❷ '2023. 05' 레이어에 각각 Alt + 드래그하여 복사합니다.

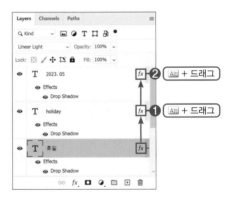

07 '2023. 05' 레이어의 ❶ Drop Shadow(드롭 섀도)를 더블 클릭하여 Layer Style(레이어 스타일) 창을 열고 ❷ Opacity(불투명도)를 '40'으로 설정한 후 ❸ [OK(확인)]을 클릭합니다.

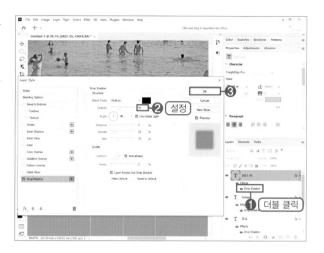

08 비어있는 부분에 임의의 텍스를 입력하기 위해 ❶ 캔버스의 위쪽에 있는 가운데 안내선을 한 번 클릭한 후 ❷ Ctrl + Enter 를 눌러 마무리합니다. ❸~❻ 옵션바를 그림과 같이 설정합니다.

- **폰트**: 본명조 Bold
- **크기**: 30 pt
- **정렬**: 가운데 정렬
- **색상**: #709141

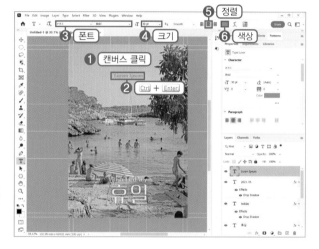

09 ❶ 8에서 입력한 텍스트의 아래 부분을 클릭&드래그하여 단락을 만든 후 ❷ Ctrl + Enter 를 눌러 마무리합니다. ❸~❻ 옵션바를 그림과 같이 설정합니다.

- **폰트**: 본명조 Light
- **크기**: 16 pt
- **정렬**: 가운데 정렬
- **색상**: #709141

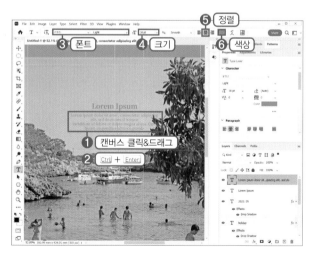

⊠ 도형을 넣어 포스터 꾸미기

도형을 넣어 포스터의 빈 곳을 꾸며 여백을 채워주겠습니다.

01 ❶ Rectangle Tool(사각형 도구, □)를 마우스 오른쪽 버튼으로 클릭하고 ❷ Custom Shape Tool(사용자 정의 모양 도구, ✿)를 클릭합니다.

02 옵션바의 ❶ 모양 버튼(Shape:) – ❷ Legacy Shapes and More(레거시 모양 및 기타) – ❸ All Legacy Default Shapes(모든 레거시 기본 모양) – ❹ Ornaments(장식) 그룹을 차례로 엽니다. ❺ 'Ornaments 1(장식 1)' 모양을 클릭하고 ❻ 캔버스를 클릭&드래그하면서 Shift 를 눌러 비율을 고정하여 그립니다.

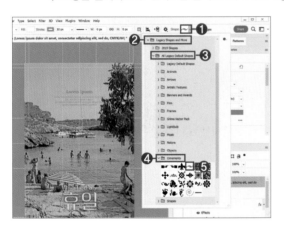

03 옵션바의 ❶ Fill(칠) 버튼 – ❷ 색상 피커 버튼(□)을 클릭합니다. ❸ 색상을 '#dddd00'으로 설정한 후 ❹ [OK(확인)]을 클릭합니다.

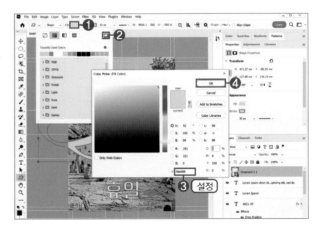

04 옵션바의 ❶ Stroke(획) 버튼 – ❷ 없음 버튼(▱)을 클릭합니다.

05 레이어의 혼합 모드를 'Multiply(곱하기)'로 설정합니다.

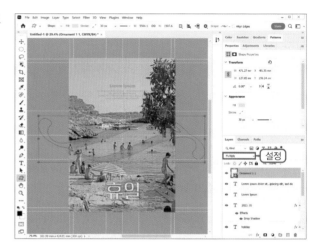

06 ❶ Ctrl + T를 눌러 ❷ 회전값을 조절하고 ❸ Enter를 누릅니다.

07 ❶ Ctrl + J 를 눌러 'Ornaments 1(장식 1)' 레이어를 복제한 후 ❷ Ctrl + T 를 누릅니다. ❸ 위치와 회전값을
조절하고 ❹ Enter 를 누릅니다. ❺ 한 번 더 반복하여 완성합니다.

 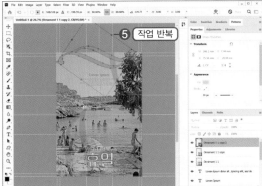

⊠ 비네팅 효과 만들어 완성도 높이기

마지막으로 시선을 중앙부에 집중할 수 있도록 이미지 외곽 부분에 비네팅 효과를 주어 조금 더 영화 포스터
와 같은 느낌을 살려보겠습니다.

01 Layers(레이어) 패널의 ❶ 새 레이어 버튼(⊡)을 클릭합니다. ❷ 전경색을 클릭하고 ❸ 색상을 '#000000'으로
설정한 후 ❹ [OK(확인)]을 클릭합니다.

 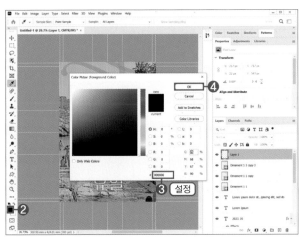

02 ❶ `Alt` + `Delete`를 눌러 레이어에 전경색을 채웁니다. 원형 모양으로 선택하기 위해 ❷ Rectangular Marquee Tool(사각형 선택 윤곽 도구, ▭)를 마우스 오른쪽 버튼으로 클릭하고 ❸ Elliptical Marquee Tool(원형 선택 윤곽 도구, ◯)를 클릭합니다.

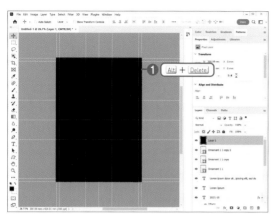
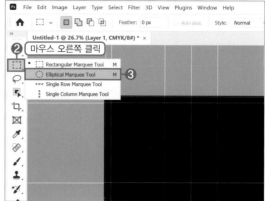

03 옵션바의 ❶ Feather(페더)를 '300 px'로 설정 후 ❷ 캔버스의 가운데부터 클릭&드래그하면서 `Alt`를 눌러 선택합니다. ❸ `Delete`를 눌러 지우고 ❹ `Ctrl` + `D`를 눌러 선택 영역을 해제합니다.

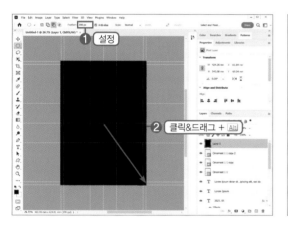
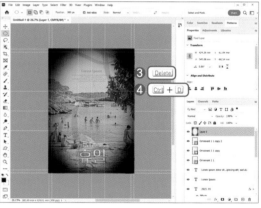

04 레이어의 ❶ 혼합 모드를 'Overlay(오버레이)'로, ❷ Opacity(불투명도)를 '30%'로 설정합니다. 영화 포스터 만들기를 완성하였습니다.

13

이번 챕터에서는 여러 장의 이미지를 자연스럽게 합성하여 빈티지하고 몽환
적인 느낌의 앨범 커버와 힙한 느낌의 손글씨 텍스트를 넣은 콘텐츠를 만들
어보겠습니다. 다양한 색 보정 방법과 합성 방법 등에 유의하며 진행합니다.

화려한 아트워크 만들기

빈티지하고 몽환적인
앨범 커버 만들기

앨범 커버는 보통 정사각형 비율로 웹용과 인쇄용 모두 만들기 때문에 해상도와 색상 모드는 범위가 더 넓은 '300 ppi'와 RGB Color를 사용하겠습니다. 여러 장의 이미지를 자연스럽게 합성하여 빈티지하고 몽환적인 느낌의 앨범 커버를 만들어보겠습니다.

미리보기

📁 완성파일 P03\Ch13\01\앨범 커버형 아트워크.psd

• 사용 폰트: Learning Curve Bolds, 본고딕 Medium

• 작업 사이즈: 1600 x 1600 Pixels

• 해상도: 300 Pixels/Inch

• 색상 모드: RGB Color

⊠ 풍경 이미지와 구름 이미지 합성하기

📁 준비파일 P03\Ch13\01\앨범 커버형 아트워크 1.jpg, 앨범 커버형 아트워크 2.jpg

앨범 커버에 배경으로 들어갈 풍경 이미지와 구름 이미지를 합성하여 몽환적인 느낌의 배경을 만들어보겠습니다.

File(파일) – New(새로 만들기) 명령으로 새 문서를 ❶~❹와 같이 설정한 후 ❺ [Create(만들기)]를 클릭합니다.

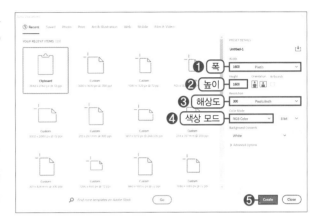

- Width(폭): 1600 Pixels
- Height(높이): 1600 Pixels
- Resolution(해상도): 300 Pixels/Inch
- Color Mode(색상 모드): RGB Color

> TIP 앨범 커버는 웹용과 인쇄용 모두 사용되기 때문에 해상도는 더 높은 인쇄용 해상도인 '300 ppi'로, 색상 모드는 범위가 더 넓은 RGB Color로 설정합니다.

File(파일) – Place Embedded(포함 가져오기) 명령으로 ❶ '앨범 커버형 아트워크 1.jpg'를 가져옵니다. ❷ 크기와 위치를 조절하고 ❸ Enter 를 누릅니다.

03 ❶ Image(이미지) – ❷ Adjustments(조정) – ❸ Hue/Saturation(색조/채도)를 클릭하고 ❹ Hue(색조)를 '+109'로 설정해 색을 바꿉니다. ❺ [OK(확인)]을 클릭합니다.

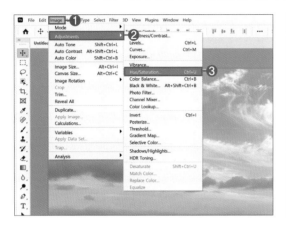

04 ❶ Image(이미지) – ❷ Adjustments(조정) – ❸ Vibrance(활기)를 클릭하고 ❹ Vibrance(활기)를 '+95'로 설정해 생동감을 더해줍니다. ❺ [OK(확인)]을 클릭합니다.

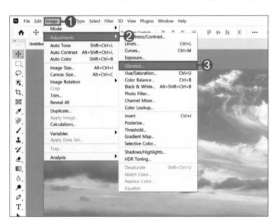
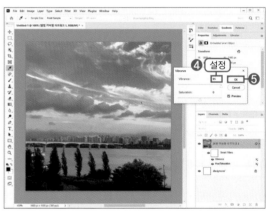

05 File(파일) – Place Embedded(포함 가져오기) 명령으로 ❶ '앨범 커버형 아트워크 2.jpg'를 가져옵니다. ❷ 크기와 위치를 조절하고 ❸ Enter 를 누릅니다.

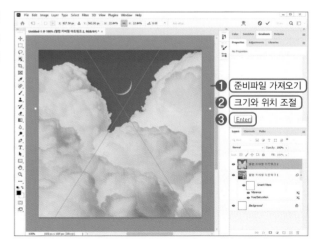

06 Layers(레이어) 패널에서 ❶ '앨범 커버형 아트워크 2' 레이어의 눈을 클릭해 끄고 ❷ '앨범 커버형 아트워크 1' 레이어를 클릭합니다.

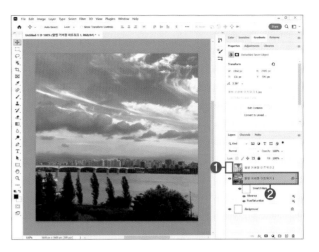

07 ❶ Select(선택) – ❷ Sky(하늘)을 클릭하여 하늘을 선택합니다.

TIP 인공지능이 하늘을 인식하여 선택하는 기능으로 2020 버전부터 도입되었습니다. 2020 버전보다 낮은 버전에서는 Quick Selection Tool(빠른 선택 도구, ✎)로 하늘 부분을 클릭&드래그해 선택합니다.

08 Layers(레이어) 패널에서 ❶ '앨범 커버형 아트워크 2' 레이어를 클릭하고 ❷ 눈을 클릭하여 켭니다. ❸ 레이어 마스크 버튼(▢)을 클릭합니다.

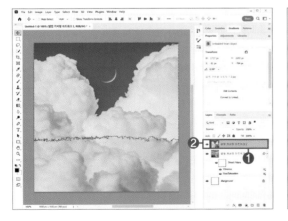

09 Layers(레이어) 패널에서 ❶ '앨범 커버형 아트워크 1' 레이어를 클릭하고 ❷ '앨범 커버형 아트워크 2' 레이어를 Ctrl + 클릭하여 중복 선택합니다. ❸ Ctrl + G 를 눌러 묶어줍니다. ❹ 그룹 이름을 더블 클릭하여 '배경' 입력 후 ❺ Enter 를 누릅니다.

  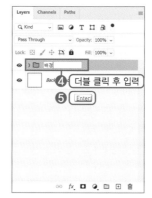

⊠ 석고상 이미지 합성하기

📁 준비파일 P03\Ch13\01\앨범 커버형 아트워크 3.jpg

합성한 배경 이미지 위에 석고상 이미지를 추가로 합성하겠습니다.

01 File(파일) − Place Embedded(포함 가져오기) 명령으로 ❶ '앨범 커버형 아트워크 3.jpg'를 가져옵니다. ❷ 크기와 위치를 조절하고 ❸ Enter 를 누릅니다.

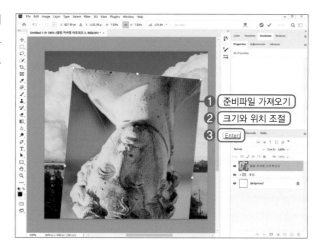

❶ Object Selection Tool(개체 선택 도구, ▣)를 클릭하고 **❷** 조각상 부분에 마우스를 오버하여 분홍색으로 뜰 때 클릭하여 선택합니다. **❸** Layers(레이어) 패널의 레이어 마스크 버튼(▣)을 클릭합니다.

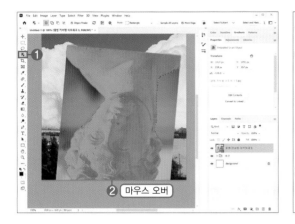 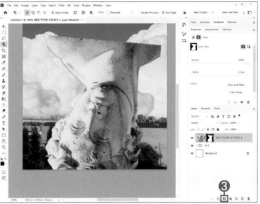

Layers(레이어) 패널에서 '앨범 커버형 아트워크 3' 레이어의 Thumbnail(축소판)을 클릭합니다.

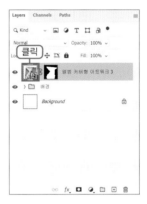

❶ Image(이미지) − **❷** Adjustments(조정) − **❸** Levels(레벨)을 클릭하고 **❹** 그림과 같이 설정 후 **❺** [OK(확인)]을 클릭합니다.

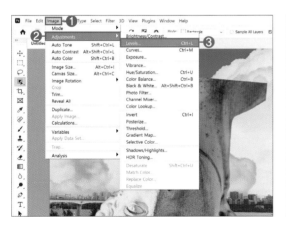 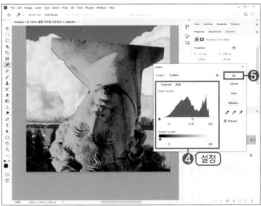

05 ❶ Ctrl + G 를 눌러 '앨범 커버형 아트워크 3' 레이어를 그룹으로 묶어줍니다. ❷ 그룹 이름을 더블 클릭하여 '석고상' 입력 후 ❸ Enter 를 누릅니다.

06 물결 모양으로 가리기 위해 Layers(레이어) 패널의 레이어 마스크 버튼(⬛)을 클릭합니다.

07 ❶ Brush Tool(브러시 도구, ✎)를 클릭합니다. ❷ 옵션바의 브러시 모양 버튼(⬤)을 클릭하고 ❸ General Brushes(일반 브러시) – ❹ Hard Round(선명한 원)을 클릭합니다. ❺ 키보드의 [와] 를 눌러 브러시의 크기를 조절합니다.

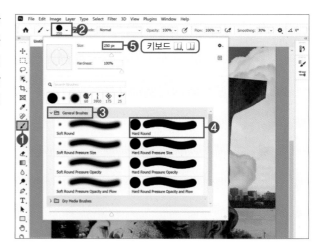

08 ❶ 전경색을 클릭하고 ❷ 색상을 '#000 000'으로 설정한 후 ❸ [OK(확인)]을 클릭 합니다.

09 ❶ 석고상의 아래 부분을 클릭&드래그하여 물결에 가려진 것처럼 표현합니다. ❷ 석고 상의 윗 부분을 클릭&드래그하여 목이 잘 린 부분을 자연스럽게 표현합니다.

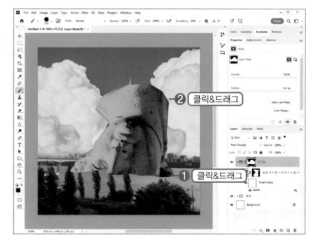

TIP 이렇게 하면 누끼를 딴 레이어 마스크와 물결 및 목 부분을 표현한 레이어 마스크가 분리되어 있어 수정하기 용이합니다.

10 Layers(레이어) 패널에서 ❶ '배경' 그룹의 꺾쇠를 클릭해서 열고 ❷ '앨범 커버형 아트 워크 1' 레이어를 클릭합니다.

11 ❶ Object Selection Tool(개체 선택 도구, 📤)를 클릭하고 조각상이 가리고 있는 ❷ 나무 부분을 클릭&드래그하여 선택합니다

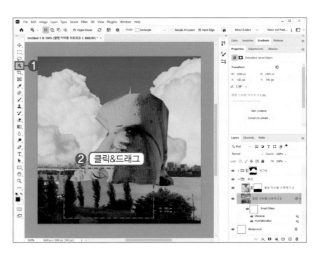

12 ❶ '석고상' 그룹의 레이어 마스크를 클릭하고 ❷ Alt + Delete 를 눌러 전경색을 채웁니다. ❸ Ctrl + D 를 눌러 선택 영역을 해제합니다.

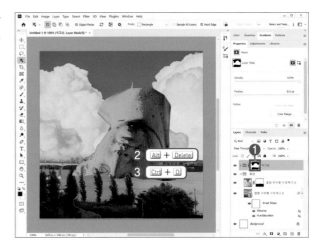

⊠ 이미지 전체 색감 조정하기

여러 이미지를 합성했기 때문에 색상이 조화롭지 않고, 따로 따로 분리된 느낌을 주고 있습니다. 이미지의 전체 색감을 조정하여 통일감 있게 만들겠습니다.

01 Layers(레이어) 패널에서 ❶ '석고상' 그룹의 꺽쇠를 클릭해 그룹을 닫고 ❷ 조정 레이어 버튼( )−❸ Gradient Map(그레이디언트 맵)을 클릭합니다.

02 Properties(속성) 패널의 그레이디언트를 클릭합니다.

TIP 그레이디언트의 왼쪽에 있는 색상은 이미지의 어두운 부분에, 오른쪽에 있는 색상은 이미지의 밝은 부분에, 가운데에 있는 색상은 이미지의 중간 밝기 부분에 들어갑니다.

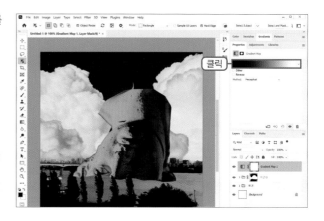

03 그레이디언트의 색상을 설정하기 위해 ❶ 왼쪽 아래에 있는 색연필을 클릭하고 ❷ Color(색상)을 클릭합니다. ❸ '#481208'로 설정한 후 ❹ [OK(확인)]을 클릭합니다.

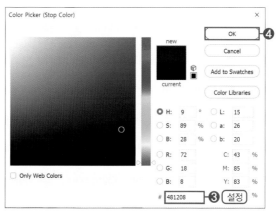

04 ❶ 오른쪽 아래에 있는 색연필을 클릭하고 ❷ Color(색상)을 클릭합니다. ❸ '#ffffff'로 설정한 후 ❹ [OK(확인)]을 클릭합니다.

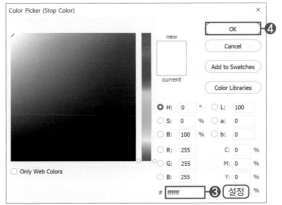

05 ❶ 그레이디언트 바 아래의 중간 부분을 클릭해 색연필을 추가하고 ❷ Color(색상)을 클릭합니다. ❸ '#e36fc4'로 설정한 후 ❹ [OK(확인)]을 클릭합니다.

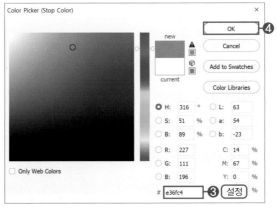

06 ❶ Location(위치)를 '50'으로 입력하고 ❷ [OK(확인)]을 클릭합니다.

07 Layers(레이어) 패널의 혼합 모드를 'Soft Light(소프트 라이트)'로 설정합니다.

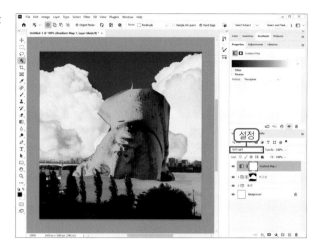

⊠ 꽃 이미지 합성하여 여백 채우기

📁 준비파일 P03\Ch13\01\앨범 커버형 아트워크 4.jpg, 앨범 커버형 아트워크 5.jpg, 앨범 커버형 아트워크 6.jpg

아래 여백에 꽃 이미지를 합성하여 빈 공간을 꾸며주겠습니다.

01 File(파일) – Place Embedded(포함 가져오기) 명령으로 ❶ '앨범 커버형 아트워크 4.jpg'를 가져옵니다. ❷ 크기와 위치를 조절하고 ❸ [Enter]를 누릅니다.

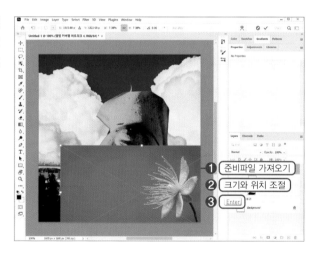

02 ❶ Object Selection Tool(개체 선택 도구, 🔲)를 클릭하고 ❷ 꽃 부분을 클릭&드래그하여 선택합니다. ❸ Layers(레이어) 패널의 레이어 마스크 버튼(🔲)을 클릭합니다.

03 Ctrl + 드래그하여 오른쪽 아래로 이동합니다.

04 ❶ Ctrl + J를 눌러 '앨범 커버형 아트워크 4' 레이어를 복제하고 ❷ Ctrl + T를 누릅니다.

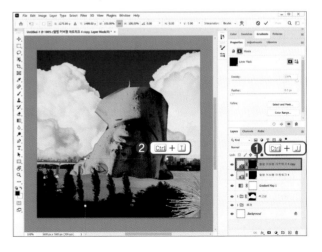

05 ❶ 마우스 오른쪽 버튼 클릭 – ❷ Filp Horizontal(가로로 뒤집기)를 클릭한 후 ❸ 클릭&드래그하여 왼쪽으로 이동합니다. ❹ Enter 를 눌러 마무리합니다.

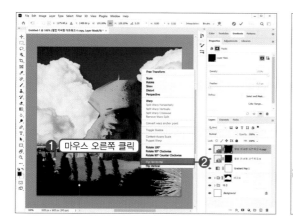 

06 File(파일) – Place Embedded(포함 가져오기) 명령으로 ❶ '앨범 커버형 아트워크 5.jpg'를 가져옵니다. ❷ 크기와 위치를 조절하고 ❸ Enter 를 누릅니다.

07 ❶ Object Selection Tool(개체 선택 도구, 🖼️)를 마우스 오른쪽 버튼으로 클릭하고 ❷ Magic Wand Tool(자동 선택 도구, 🪄)를 클릭한 후 ❸ 옵션바에서 Tolerance(허용치)를 '32'로, ❹ Contiguous(인접)의 체크를 해제합니다.

08 ❶ 가져온 이미지의 배경 부분을 클릭하여 선택한 후 ❷ Select(선택) – ❸ Inverse(반전)을 클릭하여 선택을 반전시킵니다.

09 Layers(레이어) 패널의 레이어 마스크 버튼(🔲)을 클릭합니다.

10 File(파일) – Place Embedded(포함 가져오기) 명령으로 ❶ '앨범 커버형 아트워크 6.jpg'를 가져옵니다. ❷ 크기와 위치를 조절하고 ❸ Enter 를 누릅니다.

11 ❶ Magic Wand Tool(자동 선택 도구, ✎)를 마우스 오른쪽 버튼으로 클릭하고 ❷ Quick Selection Tool(빠른 선택 도구, ✎)를 클릭한 후 ❸ 꽃 부분을 클릭&드래그하여 선택합니다.

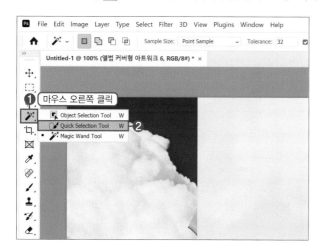

12 ❶ Layers(레이어) 패널의 레이어 마스크 버튼(◻)을 클릭합니다. ❷ Ctrl + 드래그하여 오른쪽으로 이동합니다.

13 ❶ Ctrl + G를 눌러 '앨범 커버형 아트워크 6' 레이어를 하나의 그룹으로 묶어줍니다. ❷ 그룹 이름을 더블 클릭하여 '배경 꽃' 입력 후 ❸ Enter를 누릅니다.

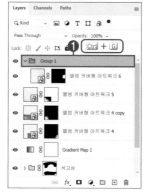
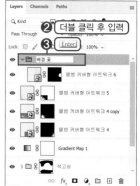

14 배경에 있는 건물 부분만큼 가리기 위해 Layers(레이어) 패널에서 ❶ '배경' 그룹의 꺽쇠를 클릭하여 열고 ❷ '앨범 커버형 아트워크 2' 레이어의 레이어 마스크를 Alt + 드래그하여 '배경 꽃' 그룹에 놓아 복사합니다.

TIP 레이어 마스크를 Alt + 드래그하면 다른 레이어 혹은 그룹에 복사할 수 있습니다.

15 Layers(레이어) 패널에서 ❶ '앨범 커버형 아트워크 4' 레이어를 클릭, ❷ '배경 꽃' 그룹을 Shift + 클릭하여 중복 선택한 후 ❸ Ctrl + G를 눌러 그룹으로 묶어줍니다. ❹ 그룹 이름을 더블 클릭하여 '꽃' 입력 후 ❺ Enter를 누릅니다.

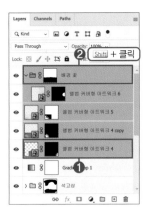  

16 Layers(레이어) 패널에서 ❶ 조정 레이어 버튼(●) – ❷ Hue/Saturation(색조/채도)를 클릭합니다.

17 Properties(속성) 패널의 ❶ 클리핑 마스크 버튼(▣)을 눌러 클리핑 마스크로 넣은 후 Properties(속성) 패널에서 ❷~❺ 그림과 같이 설정합니다.

• Hue(색조): +37
• Saturation(채도): +85
• Lightness(밝기): 0
• Colorize(색상화): 체크

⊠ 꾸밈 도형과 텍스트 넣기

꾸밈 도형과 텍스트를 넣어 앨범 커버의 완성도를 높여주겠습니다.

01 ❶ Rectangular Marquee Tool(사각형 선택 윤곽 도구, ▤)를 마우스 오른쪽 버튼으로 클릭하고 ❷ Elliptical Marquee Tool(원형 선택 윤곽 도구, ◯)를 클릭합니다.

02 캔버스를 클릭&드래그하면서 Shift를 눌러 정원으로 선택합니다.

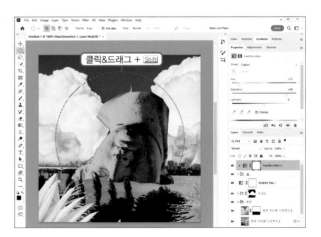

03 ❶ Select(선택) − ❷ Inverse(반전)을 클릭
하여 선택을 반전시킵니다.

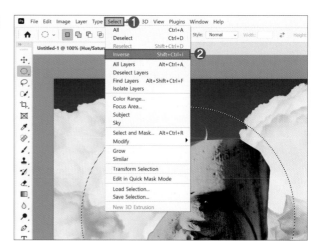

04 ❶ 전경색을 클릭하고 ❷ 색상을 '#ac97d3'
으로 설정한 후 ❸ [OK(확인)]을 클릭합니다.

05 Layers(레이어) 패널에서 ❶ 새 레이어 버
튼(🔲)을 클릭하고 ❷ Alt + Delete 를 눌
러 전경색을 채웁니다. ❸ Ctrl + D 를 눌
러 선택 영역을 해제합니다.

06 Layers(레이어) 패널의 ❶ 혼합 모드를 'Color Burn(색상 번)'으로 설정하고 ❷ Opacity(불투명도)를 '60%'로 설정합니다.

07 ❶ 'Layer 1(레이어 1)' 레이어를 더블 클릭하여 Layer Style(레이어 스타일) 창을 열고 ❷ Drop Shadow(드롭 섀도) 메뉴를 클릭합니다. ❸~❾ 그림과 같이 설정합니다.

- Blend Mode(혼합 모드): Multiply(곱하기), #a20045
- Opacity(불투명도): 55%
- Angle(각도): 75°
- Distance(거리): 150 px
- Spread(스프레드): 40%
- Size(크기): 85 px
- Noise(노이즈): 85%

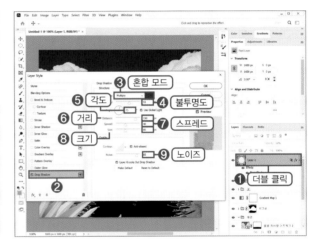

> TIP | Noise(노이즈)를 추가하면 빈티지한 질감 느낌을 내면서 전체적인 밀도를 올릴 수 있습니다.

08 ❶ Inner Shadow(내부 그림자) 메뉴를 클릭하고 ❷~❽ 그림과 같이 설정 후 ❾ [OK(확인)]을 클릭합니다.

- Blend Mode(혼합 모드): Multiply(곱하기), #00079f
- Opacity(불투명도): 30%
- Angle(각도): 75°
- Distance(거리): 90 px
- Choke(경계 감소): 47%
- Size(크기): 177 px
- Noise(노이즈): 92%

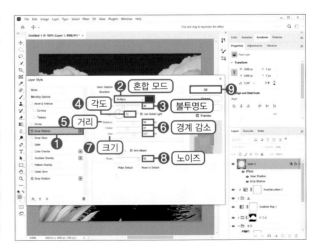

09 ❶ Horizontal Type Tool(수평 문자 도구, T.)를 클릭하고 ❷ 캔버스의 가운데를 클릭합니다. ❸ 'sculpture' 입력 후 ❹ Ctrl + Enter 를 눌러 마무리합니다. ❺∼❽ 옵션 바를 그림과 같이 설정합니다.

- **폰트**: Learning Curve Bold
- **크기**: 29 pt
- **정렬**: 가운데 정렬
- **색상**: #ffffff

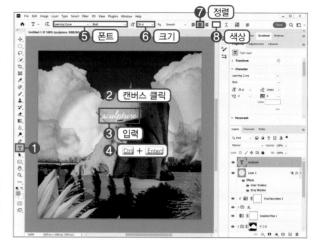

10 ❶ Horizontal Type Tool(수평 문자 도구, T.)를 클릭하고 ❷ 캔버스의 가운데를 클릭&드래그하여 단락을 만듭니다. ❸ Ctrl + Enter 를 눌러 마무리하고 ❹∼❼ 옵션바를 그림과 같이 설정합니다.

- **폰트**: 본고딕 Medium
- **크기**: 8 pt
- **정렬**: 가운데 정렬
- **색상**: #ffffff

11 Layers(레이어) 패널에서 ❶ 'sculpture' 레이어를 클릭, ❷ 10에서 만든 문자 레이어를 Ctrl + 클릭하여 중복 선택한 후 ❸ Ctrl + G 를 눌러 그룹으로 묶어줍니다. ❹ 그룹 이름을 더블 클릭하여 'text' 입력 후 ❺ Enter 를 누릅니다.

12 ❶ 'text' 그룹을 더블 클릭하여 Layer Style(레이어 스타일) 창을 열고 ❷ Drop Shadow(드롭 섀도) 메뉴를 클릭합니다. ❸ ~❾ 그림과 같이 설정 후 ❿ [OK(확인)]을 클릭합니다.

- Blend Mode(혼합 모드): Multiply(곱하기), #16047f
- Opacity(불투명도): 20%
- Angle(각도): 75° • Distance(거리): 0 px
- Spread(스프레드): 7%
- Size(크기): 60 px • Noise(노이즈): 0%

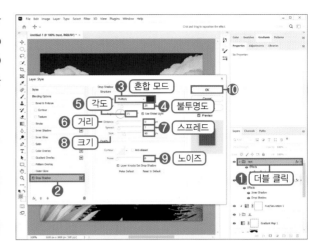

13 ❶ Rectangle Tool(사각형 도구, ▢)를 마우스 오른쪽 버튼으로 클릭하고 ❷ Line Tool(선 도구, ╱)를 클릭합니다.

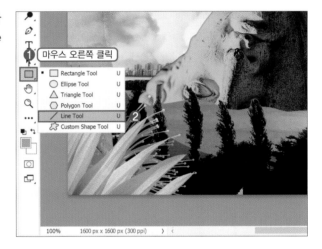

14 옵션바의 ❶ Fill(칠) 버튼 – ❷ 색상 피커 버튼(▢)을 클릭합니다. ❸ 색상을 '#ffffff'로 설정한 후 ❹ [OK(확인)]을 클릭합니다.

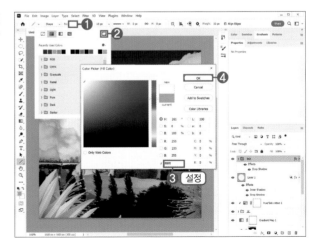

15 옵션바의 ❶ Stroke(획) 버튼 – ❷ 없음 버튼(☐)을 클릭합니다.

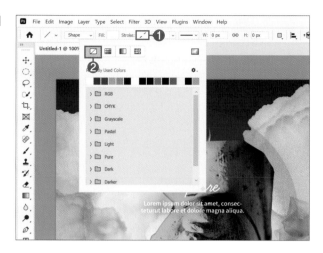

16 옵션바의 ❶ Weight(두께)를 '5 px'로 설정하고 ❷ 캔버스를 클릭&드래그하면서 Shift를 눌러 직선을 그립니다.

17 ❶ Ctrl + J를 눌러 'Line 1(선 1)' 레이어를 복제합니다. ❷ Ctrl + T를 눌러 ❸ 클릭&드래그하여 위치와 회전값을 조절하고 ❹ Enter를 누릅니다.

18 Layers(레이어) 패널에서 ❶ 'Layer 1(레이어 1)' 레이어를 클릭, ❷ 'Line 1 copy(선 1 복사)' 레이어를 [Shift] + 클릭하여 중복 선택한 후 ❸ [Ctrl] + [G]를 눌러 그룹으로 묶어줍니다. ❹ 그룹 이름을 더블 클릭하여 '도형과 문자' 입력 후 ❺ [Enter]를 누릅니다.

⊠ 별과 글리터 질감 넣기

📁 준비파일 P03\Ch13\01\앨범 커버형 아트워크 7.jpg, 앨범 커버형 아트워크 8.jpg, 앨범 커버형 아트워크 9.jpg

Layers(레이어) 패널의 혼합 모드를 사용해 별과 그리터 질감을 자연스럽게 합성하여 전체적으로 몽환적인 느낌을 더해주겠습니다.

01 File(파일) – Place Embedded(포함 가져오기) 명령으로 ❶ '앨범 커버형 아트워크 7.jpg'를 가져옵니다. ❷ 크기와 위치를 조절하고 ❸ [Enter]를 누릅니다.

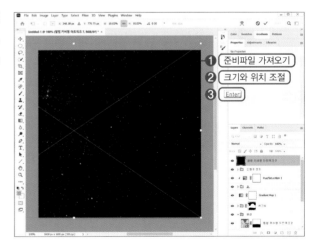

02 Layers(레이어) 패널의 혼합 모드를 'Screen (스크린)'으로 설정합니다.

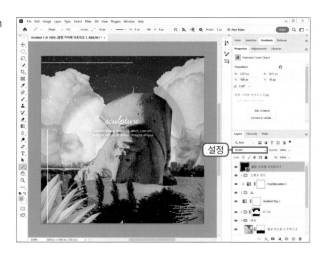

03 File(파일) – Place Embedded(포함 가져 오기) 명령으로 ❶ '앨범 커버형 아트워크 8.jpg'를 가져옵니다. ❷ 크기와 위치를 조 절하고 ❸ Enter 를 누릅니다.

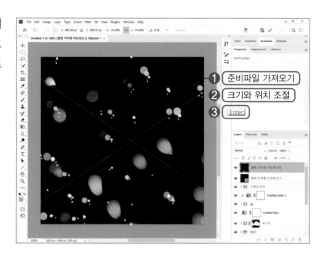

04 Layers(레이어) 패널의 ❶ 혼합 모드를 'Linear Dodge(Add)(선형 닷지(추가))'로 설정하고 ❷ Opacity(불투명도)를 '30%'로 설정합니다.

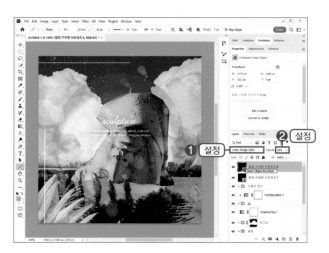

05 File(파일) – Place Embedded(포함 가져오기) 명령으로 ❶ '앨범 커버형 아트워크 9.jpg'를 가져옵니다. ❷ 크기와 위치를 조절하고 ❸ Enter 를 누릅니다.

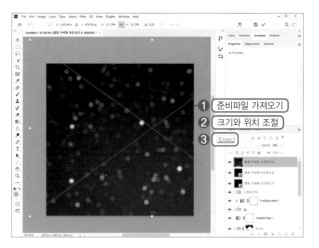

06 ❶ Image(이미지) – ❷ Adjustments(조정) – ❸ Hue/Saturation(색조/채도)를 클릭하고 ❹ Saturation(채도)를 '−100'으로 설정하여 흑백으로 만든 후 ❺ [OK(확인)]을 클릭합니다.

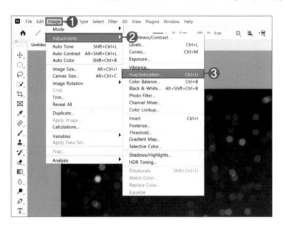
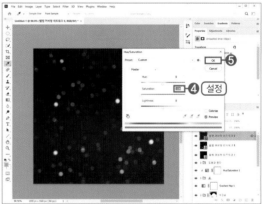

07 Layers(레이어) 패널의 혼합 모드를 'Color Dodge(색상 닷지)'로 설정합니다.

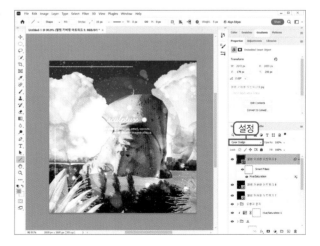

08 Layers(레이어) 패널에서 ❶ '앨범 커버형 아트워크 7' 레이어를 클릭, ❷ '앨범 커버형 아트워크 9' 레이어를 Shift + 클릭하여 중복 선택한 후 ❸ Ctrl + G 를 눌러 그룹으로 묶어줍니다. ❹ 그룹 이름을 더블 클릭하여 '별과 글리터' 입력 후 ❺ Enter 를 누릅니다.

⊠ 빈티지한 느낌의 노이즈 만들기

빈티지한 느낌의 노이즈를 만들어 앨범 커버형 아트워크의 빈티지한 표현을 더해주겠습니다.

01 ❶ 전경색을 클릭하고 ❷ 색상을 '#808080'으로 설정한 후 ❸ [OK(확인)]을 클릭합니다.

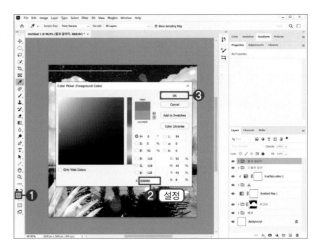

Layers(레이어) 패널에서 ❶ 새 레이어 버튼(□)을 클릭합니다. ❷ Alt + Delete 를 눌러 전경색을 채웁니다.

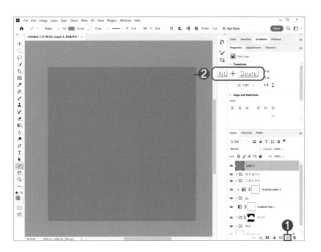

노이즈를 추가하기 위해 ❶ Filter(필터) − ❷ Noise(노이즈) − ❸ Add Noise(노이즈 추가)를 클릭합니다. ❹ Amount(양)을 '300', ❺ Distribution(분포)를 'Gaussian(가우시안)'으로 설정하고 ❻ Monochromatic(단색)에 체크한 후 ❼ [OK(확인)]을 클릭합니다.

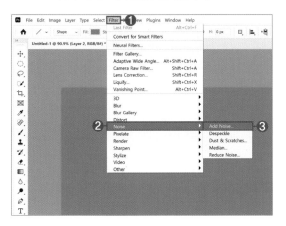
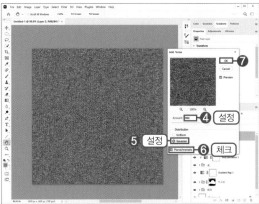

추가한 노이즈를 부드럽게 만들기 위해 ❶ Filter(필터) − ❷ Blur(흐림 효과) − ❸ Gaussian Blur(가우시안 흐림 효과)를 클릭한 후 ❹ Radius(반경)을 '1'로 설정하고 ❺ [OK(확인)]을 클릭합니다.

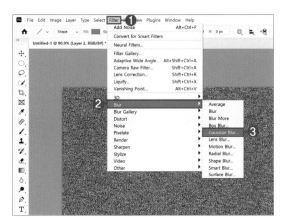
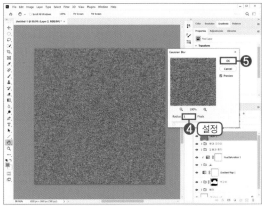

05 Layers(레이어) 패널의 ❶ 혼합 모드를 'Soft Light(소프트 라이트)'로 설정하고 ❷ Opacity(불투명도)를 '30%'로 설정합니다.

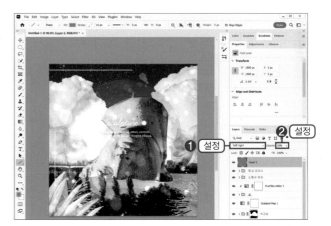

06 전체적인 대비 보정을 하기 위해 Layers(레이어) 패널에서 ❶ 조정 레이어 버튼(⊙) – ❷ Brightness/Contrast(명도/대비)를 클릭합니다. Properties(속성) 패널에서 ❸ Brightness(명도)를 '0'으로, ❹ Contrast(대비)를 '–50'으로 설정합니다.

 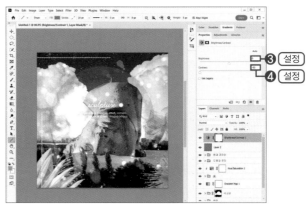

07 전체적인 채도 보정을 하기 위해 Layers(레이어) 패널에서 ❶ 조정 레이어 버튼(⊙) – ❷ Vibrance(활기)를 클릭합니다. Properties(속성) 패널에서 ❸ Vibrance(활기)를 '+7', ❹ Saturation(채도)를 '–15'로 설정합니다. 빈티지하고 몽환적인 느낌의 앨범 커버형 아트워크 만들기를 완성하였습니다.

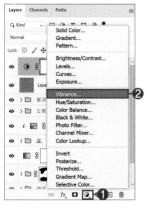 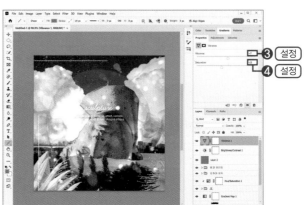

손글씨 텍스트를 넣은 콘텐츠 만들기

손글씨가 들어간 이미지는 아기자기하거나 힙한 느낌을 줄 수 있습니다. 이미지에서 손글씨 텍스트를 추출하는 방법을 알아보고, 추출한 텍스트를 다른 이미지와 합성하여 개성 있는 콘텐츠를 만들어보겠습니다.

미리보기

📁 완성파일 P03\Ch13\02\손글씨 넣은 콘텐츠.psd

- 작업 사이즈: 1080 x 1080 Pixels
- 해상도: 72 Pixels/Inch
- 색상 모드: RGB Color

⊠ 이미지에서 손글씨 텍스트 추출하기

📁 준비파일 P03\Ch13\02\손글씨 넣은 콘텐츠 1.jpeg, 손글씨 넣은 콘텐츠2.jpeg

먼저 원하는 손글씨 텍스트가 있는 이미지에서 텍스트만 추출하는 방법을 알아보겠습니다.

01 File(파일) – New(새로 만들기) 명령으로 새 문서를 ❶~❹와 같이 설정한 후 ❺ [Create(만들기)]를 클릭합니다.

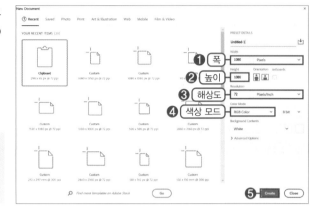

• Width(폭): 1080 Pixels
• Height(높이): 1080 Pixels
• Resolution(해상도): 72 Pixels/Inch
• Color Mode(색상 모드): RGB Color

02 File(파일) – Place Embedded(포함 가져오기) 명령으로 ❶ '손글씨 넣은 콘텐츠 1.jpeg'를 가져옵니다. ❷ 크기와 위치를 조절하고 ❸ Enter 를 누릅니다.

03 File(파일) – Place Embedded(포함 가져오기) 명령으로 ❶ '손글씨 넣은 콘텐츠 2.jpeg'를 가져옵니다. ❷ 크기와 위치를 조절하고 ❸ Enter 를 누릅니다.

04 텍스트만 추출하기 위해 대비를 조정하는 ❶ Image(이미지) – ❷ Adjustments(조정) – ❸ Levels(레벨)을 클릭합니다. ❹ 그림과 같이 설정 후 ❺ [OK(확인)]을 클릭합니다.

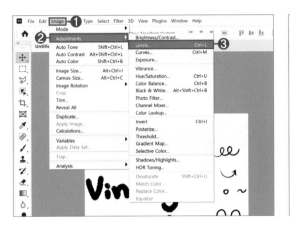

05 ❶ Object Selection(개체 선택 도구, ▣)를 마우스 오른쪽 버튼으로 클릭하고 ❷ Magic Wand Tool(자동 선택 도구, ▨)를 클릭합니다. 옵션바에서 ❸ Tolerance(허용치)를 '20'으로 설정하고 ❹ Contiguous(인접)의 체크를 해제합니다.

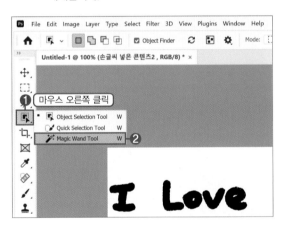

06 ❶ 추출하고 싶은 손글씨 텍스트 부분을 클릭하여 배경을 제외한 어두운 부분을 모두 선택한 후 ❷ Ctrl + J 를 눌러 레이어를 복제합니다.

07 '손글씨 넣은 콘텐츠 2' 레이어의 눈을 클릭해 끕니다.

08 ❶ Rectangular Marquee Tool(사각형 선택 윤곽 도구, ▭)를 클릭합니다. ❷ 텍스트 부분을 클릭&드래그하여 선택합니다.

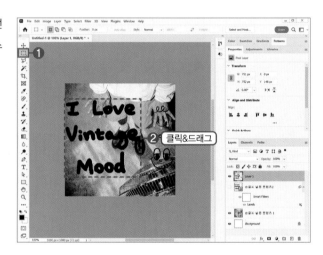

09 ❶ Ctrl + Shift + J를 눌러 레이어를 잘라내고 ❷ 레이어 이름을 더블 클릭하여 '글씨'를 입력한 후 ❸ Enter를 누릅니다.

10 ❶ 'Layer 1(레이어 1)' 레이어를 클릭하고 ❷ 얼굴 표정 부분을 클릭&드래그하여 선택합니다.

11 ❶ Ctrl + Shift + J 를 눌러 레이어를 잘라내고 ❷ 레이어 이름을 더블 클릭하여 '얼굴'을 입력한 후 ❸ Enter 를 누릅니다.

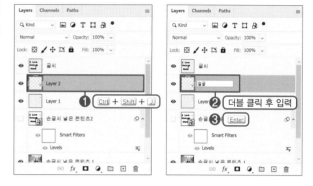

12 ❶ 'Layer 1(레이어 1)' 레이어를 클릭하고 ❷ 동그라미 부분을 클릭&드래그하여 선택합니다.

13 ❶ Ctrl + Shift + J 를 눌러 레이어를 잘라내고 ❷ 레이어 이름을 더블 클릭하여 '동그라미'를 입력한 후 ❸ Enter 를 누릅니다.

14 'Layer 1(레이어 1)' 레이어의 눈을 클릭하여 끕니다.

⊠ 다양하게 배치하기

원하는 손글씨 텍스트를 추출하였다면 이제 추출한 요소를 다양하게 배치하겠습니다.

01 ❶ '글씨' 레이어를 클릭하고 ❷ Ctrl + T 를 눌러 ❸ 크기와 위치를 조절하고 ❹ Enter 를 눌러 마무리합니다.

02 ❶ '얼굴' 레이어를 클릭하고 ❷ Ctrl + T 를 눌러 ❸ 크기와 위치를 조절한 후 ❹ Enter 를 눌러 마무리합니다.

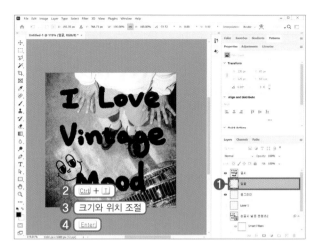

03 ❶ '동그라미' 레이어를 클릭하고 ❷ Rectangular Marquee Tool(사각형 선택 윤곽 도구, □)를 클릭합니다.

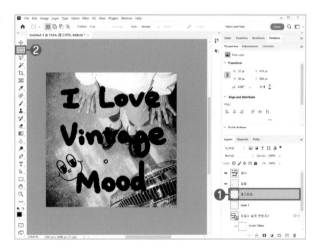

04 ❶ 동그라미가 포함되게 클릭&드래그하여 선택 후 ❷ Ctrl + Alt + 드래그하여 같은 레이어에 동그라미를 복제합니다. ❸ 두 번 더 반복하여 총 네 개의 동그라미를 만들고 ❹ Ctrl + D 를 눌러 선택 해제합니다.

손글씨 텍스트에 색을 넣고 조금 더 입체감 있게 합성하는 방법을 알아보겠습니다.

01 ● 전경색을 클릭하고 ❷ 색상을 '#ff8502'로 설정한 후 ❸ [OK(확인)]을 클릭합니다.

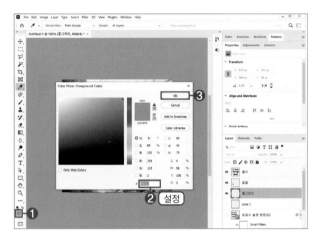

02 ● '글씨' 레이어를 클릭하고 ❷ Alt + Shift + Delete 를 눌러 해당 레이어 영역에 전경색을 채웁니다.

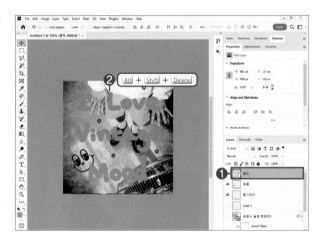

03 ● '동그라미' 레이어도 클릭하고 ❷ Alt + Shift + Delete 를 누릅니다. ❸ 혼합 모드를 'Multiply(곱하기)'로 설정합니다.

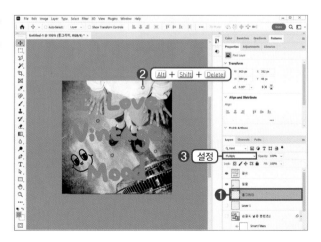

04 ❶ '글씨' 레이어를 클릭하고 ❷ Ctrl + J 를 눌러 레이어를 복제합니다.

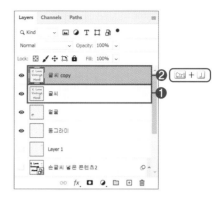

05 ❶ 배경색을 클릭하고 ❷ 색상을 '#027cff'로 설정한 후 ❸ [OK(확인)]을 클릭합니다.

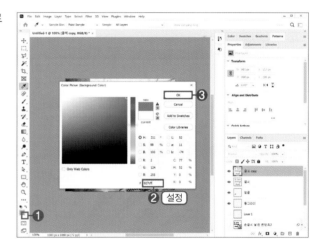

06 Ctrl + Shift + Delete 를 눌러 해당 레이어 영역에 배경색을 채웁니다.

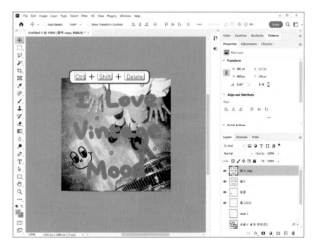

07 ❶ 캔버스를 Ctrl + 드래그하여 '글씨 copy(복사)' 레이어를 조금 이동한 후 Layers(레이어) 패널의 ❷ 혼합 모드를 'Multiply(곱하기)'로 설정합니다.

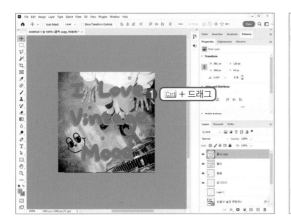

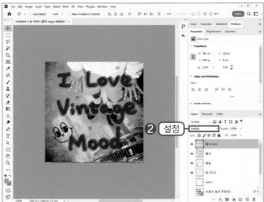

08 Layers(레이어) 패널에서 '얼굴' 레이어를 클릭&드래그하여 '글씨 copy(복사)' 레이어 위로 이동합니다. 손글씨 느낌의 텍스트를 넣은 콘텐츠 만들기를 완성하였습니다.

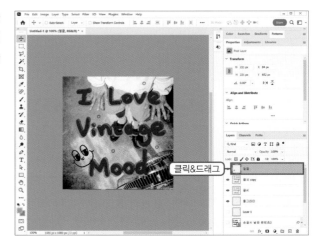

Appendix

포토샵 완벽 마스터하기

01 포토샵 필수 단축키와 여러 가지 꿀팁

포토샵의 필수 단축키와 여러 가지 유용한 팁을 알아보겠습니다. 이 책은 Windows(윈도우)를 기준으로 하였지만, Windows(윈도우)와 Mac(맥)의 단축키 원리는 동일합니다. Windows(윈도우)에서 `Ctrl`과 `Alt`는 Mac(맥)에서 `command`(⌘)와 `option`(⌥)으로 사용합니다.

☒ 알아두면 좋을 포토샵 단축키 리스트

포토샵 단축키를 알아두면 작업 시간을 단축시킬 수 있습니다. 포토샵의 도구 단축키와 메뉴 단축키를 알아보겠습니다.

도구 단축키

`V`	Move Tool(이동 도구)
`M`	Marquee Tool(선택 윤곽 도구)
`L`	Lasso Tool(올가미 도구)
`W`	Magic Wand Tool(자동 선택 도구)
`C`	Crop Tool(자르기 도구)
`I`	Eyedropper Tool(스포이드 도구)
`B`	Brush Tool(브러시 도구)
`E`	Eraser Tool(지우개 도구)
`T`	Type Tool(문자 도구)
`U`	Shape Tool(모양 도구)
`H`	Hand Tool(손 도구)
`Z`	Zoom Tool(돋보기 도구)

메뉴 단축키

- File(파일) 메뉴 단축키

  `Ctrl` + `N`　　　　　New(새로 만들기)

Ctrl + O	Open(열기)
Ctrl + W	Close(닫기)
Ctrl + Alt + W	Close All(모두 닫기)
Ctrl + Alt + P	Close Others(기타 항목 닫기)
Ctrl + S	Save(저장)
Ctrl + Shift + S	Save As(다른 이름으로 저장)
Ctrl + Alt + S	Save a Copy(사본 저장)
F12	Revert(되돌리기)
Ctrl + Shift + Alt + W	Export As(내보내기 형식)
Ctrl + Shift + Alt + S	Save for Web(웹용으로 저장)
Ctrl + P	Print(인쇄)

- Edit(편집) 메뉴 단축키

Ctrl + Z	Undo(실행 취소)
Ctrl + Shift + Z	Redo(다시 실행)
Ctrl + X	Cut(잘라내기)
Ctrl + C	Copy(복사)
Ctrl + Shift + C	Copy Merged(병합하여 복사)
Ctrl + V	Paste(붙여넣기)
Ctrl + Shift + V	Paste in Place(제자리에 붙여넣기)
Ctrl + F	Search(검색)
Ctrl + T	Free Transform(자유 변형)
Ctrl + K	Preferences(환경 설정)

- Image(이미지) 메뉴 단축키

Ctrl + L	Levels(레벨)
Ctrl + M	Curves(곡선)
Ctrl + U	Hue/Saturation(색조/채도)
Ctrl + B	Color Balance(색상 균형)
Ctrl + Shift + Alt + B	Black & White(흑백)
Ctrl + I	Invert(반전)
Ctrl + Shift + U	Desaturate(채도 감소)
Ctrl + Alt + I	Image Size(이미지 크기)
Ctrl + Alt + C	Canvas Size(캔버스 크기)

- Layers(레이어) 메뉴 단축키

`Ctrl` + `Shift` + `N`　　　New Layer(새 레이어)

`Ctrl` + `J`　　　　　　　Layer Via Copy(복사한 레이어)

`Ctrl` + `Shift` + `J`　　　Layer Via Cut(오린 레이어)

`Ctrl` + `Alt` + `G`　　　Create Clipping Mask(클리핑 마스크 만들기)

`Ctrl` + `G`　　　　　　　Group Layers(레이어 그룹화)

`Ctrl` + `Shift` + `G`　　　Ungroup Layers(레이어 그룹 해제)

`Ctrl` + `.`　　　　　　　Hide Layers(레이어 숨기기)

`Ctrl` + `/`　　　　　　　Lock Layers(레이어 잠그기)

`Ctrl` + `E`　　　　　　　Merge Layers(레이어 병합)

`Ctrl` + `Shift` + `E`　　　Merge Visible(보이는 레이어 병합)

- Select(선택) 메뉴 단축키

`Ctrl` + `A`　　　　　　　All(모두 선택)

`Ctrl` + `D`　　　　　　　Deselect(선택 해제)

`Ctrl` + `Shift` + `D`　　　Reselect(다시 선택)

`Ctrl` + `Shift` + `I`　　　Inverse(반전 선택)

`Ctrl` + `Alt` + `A`　　　All Layers(모든 레이어)

`Ctrl` + `Alt` + `R`　　　Select and Mask(선택 및 마스크)

- Filter(필터) 메뉴 단축키

Windows(윈도우) `Ctrl` + `Alt` + `F` / Mac(맥) `control`(^) + `command`(⌘) + `F`　　Last Filter(마지막 필터)

`Ctrl` + `Shift` + `A`　　　Camera Raw Filter(Camera Raw 필터)

`Ctrl` + `Shift` + `X`　　　Liquify(픽셀 유동화)

- View(보기) 메뉴 단축키

`Ctrl` + `Y`　　　　　　　Proof Colors(저해상도 인쇄 색상)

`Ctrl` + `Shift` + `Y`　　　Gamut Warning(색상 영역 경고)

`Ctrl` + `+`　　　　　　　Zoom In(확대)

`Ctrl` + `-`　　　　　　　Zoom Out(축소)

`Ctrl` + `0`　　　　　　　Fit on Screen(화면 크기에 맞게 조정)

`Ctrl` + `1`　　　　　　　100%

`Ctrl` + `H`　　　　　　　Extras(표시자)

`Ctrl` + `;`　　　　　　　Show/Hide Guides(안내선 표시/숨기기)

`Ctrl` + `'`　　　　　　　Show/Hide Grid(격자 표시/숨기기)

`Ctrl` + `R`	Rulers(눈금자)
`Ctrl` + `Shift` + `;`	Snaps(스냅)
`Ctrl` + `Alt` + `;`	Lock/Unlock Guides(안내선 잠그기/잠금 풀기)

⊠ 포토샵 단축키 규칙 알고 가기

포토샵 단축키 `Ctrl`, `Shift`, `Alt`에는 어느 정도 정해진 규칙이 있습니다. 단축키의 규칙을 알아두면 복잡해 보이는 단축키도 쉽게 외울 수 있습니다.

단축키의 베이스이자 이동 도구로 전환할 수 있는 단축키 `Ctrl`

다른 도구가 선택되어 있는 상태에서 `Ctrl` + 드래그하면 바로 Move Tool(이동 도구)를 사용할 수 있습니다. 예외적으로 Pen Tool(펜 도구)나 Shape Tool(모양 도구)에서 `Ctrl` + 드래그하면 패스를 이동하거나 수정할 수 있는 Path Selection Tool(패스 선택 도구) 혹은 Direct Selection Tool(직접 선택 도구)를 사용할 수 있습니다. 또 `Ctrl`은 기본적으로 단축키의 베이스가 됩니다. 예를 들면 Group Layers(레이어 그룹화)는 `Ctrl` + `G`, Save(저장)은 `Ctrl` + `S`입니다. 이렇게 `Ctrl`과 어떤 메뉴의 첫 글자 혹은 대표 글자를 조합해 가장 많이 쓰이는 단축키를 만들고, 그것에서 파생되는 단축키에는 `Shift`를 덧붙입니다. Ungroup Layers(레이어 그룹 해제)는 `Ctrl` + `Shift` + `G`, Save As(다른 이름으로 저장)은 `Ctrl` + `Shift` + `S` 등이 대표적인 예입니다.

간격과 비율을 고정할 수 있는 단축키 `Shift`

이동하면서 `Shift`를 누르면 일직선에 맞출 수 있고, 회전하면서 `Shift`를 누르면 15°마다 각도를 맞출 수 있는 것이 대표적인 예입니다. 또 선택을 하거나 도형을 그릴 때 `Shift`를 누르면 크기를 고정한 상태에서 도형의 모양을 만들 수 있습니다.

복사하거나 중심을 고정할 때 사용하는 단축키 `Alt`

이동하면서 `Alt`를 누르면 복사를 할 수 있고, Layers(레이어) 패널에서 레이어의 효과나 레이어 마스크를 `Alt` + 드래그하면 다른 레이어 혹은 그룹으로 복사할 수 있습니다. 또 선택을 하거나 도형을 그릴 때 `Alt`를 누르면 클릭한 지점을 중심으로 하는 모양을 만들 수 있습니다. 크기를 조절하면서 `Alt`를 누르면 중심은 고정하고 상하좌우로 한 번에 조절할 수 있습니다.

⊠ 나만의 단축키 설정하기

포토샵에서 기본으로 설정되어 있는 단축키를 제외하고 내가 자주 사용하는 도구나 메뉴의 단축키를 설정하는 방법에 대해 알아보겠습니다.

01 ❶ Edit(편집) - ❷ Keyboard Shortcuts(바로 가기 키)를 클릭합니다.

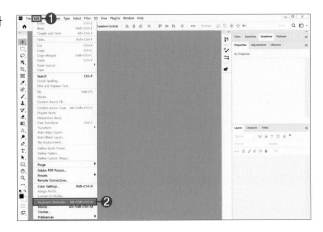

02 ❶ 수정하려는 메뉴를 클릭하고 ❷ 단축키를 눌러 설정합니다. 이미 할당되어 있는 단축키라면 ❸ 그림과 같은 메시지가 나옵니다.

03 자주 사용하는 메뉴를 단축키로 설정하고 싶을 때는 'Ctrl'을 포함해서 설정해야 합니다. 잘못된 단축키는 그림과 같은 메시지가 나옵니다.

04 ❶ 알맞게 단축키를 설정하고 ❷ [OK(확인)]을
클릭합니다.

⊠ 작업 시간을 단축하는 여러 가지 꿀팁

📁 준비파일 부록\01\콘텐츠 템플릿 만들기.psd

포토샵을 작업하다보면 동일한 작업을 여러 번 반복하거나, 작업하고 있는 중간 중간 작업물의 상태를 비교해야 하는 경우가 있습니다. 이런 경우에 사용하여 작업시간을 단축할 수 있는 여러 가지 꿀팁에 대해 알아보겠습니다.

반복 작업을 할 때 사용하면 좋을 포토샵 템플릿 파일 제작하기

01 ❶ File(파일) – ❷ Save(저장)을 클릭하고 ❸ 파일 형식을 PSD 파일로 설정한 후 ❹ [저장]을 클릭합니다.

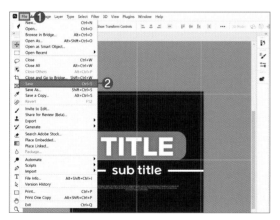
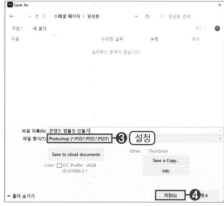

02 파일 탐색기 상단의 ❶ 보기를 클릭하고 ❷
파일 확장명을 체크합니다.

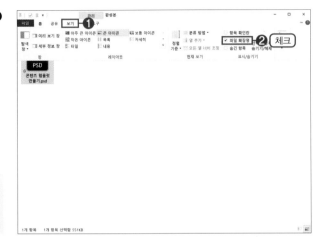

> TIP Mac(맥)에서 확장자가 안 보이는 경우 파일을
> 클릭하고 command (⌘) + I 를 누른 다음 '이름 및 확장
> 자' 〉 '확장자 가리기'를 체크 해제하면 됩니다.

03 저장한 PSD 파일을 ❶ 마우스 오른쪽 버튼
으로 클릭하고 ❷ 이름 바꾸기를 클릭합니다.

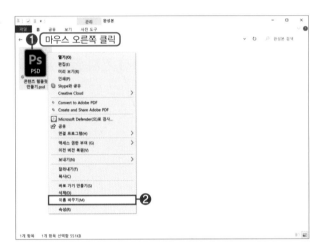

04 확장자인 ❶ '.psd'를 '.psdt'로 수정합니다. 그림과 같은 창이 나오면 ❷ [예(Y)]를 클릭합니다.

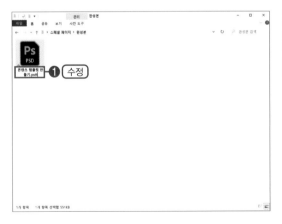

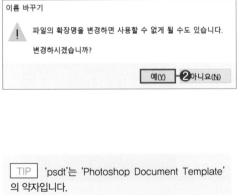

> TIP 'psdt'는 'Photoshop Document Template'
> 의 약자입니다.

05 파일을 **❶** 더블 클릭하여 열면 **❷** 'Untitled−1(제목 없음−1)' 파일로 열린 것을 확인할 수 있습니다. 이렇게 템플릿 파일은 열 때마다 같은 형태의 새로운 파일을 바로 제작할 수 있습니다. 일정한 형식을 반복 작업할 때 사용하면 좋습니다.

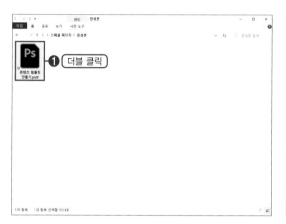

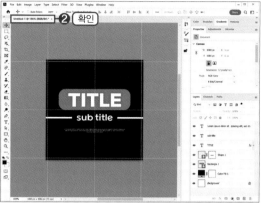

두 개 이상의 작업 상태를 비교할 때 사용하는 History 패널의 Snapshot 기능

01 두 개 이상의 작업의 상태를 비교하고 싶을 때 History(작업 내역) 패널의 Snapshot(스냅숏)을 활용할 수 있습니다. **❶** Window(창) − **❷** History(작업 내역)을 클릭하여 패널을 엽니다. 최근 작업한 내역을 확인하여 되돌아갈 수 있는 패널입니다.

> TIP History(작업 내역) 패널에서 각 내역을 클릭하는 것은 Ctrl + Z를 눌러 실행 취소, Ctrl + Shift + Z를 눌러 다시 실행하는 것과 같습니다.

02 새 스냅숏 만들기 버튼(📷)을 클릭하여 현재 상태를 기록합니다.

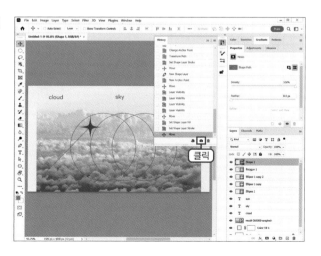

03 ❶ 비교하고 싶은 상태의 작업을 클릭하고 ❷ 새 스냅숏 만들기 버튼(📷)을 클릭하여 현재 상태를 기록합니다.

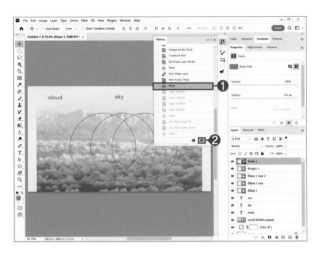

04 History(작업 내역) 패널의 상단에 기록된 ❶ 'Snapshot 1(스냅숏 1)'과 ❷ 'Snapshot 2(스냅숏 2)'를 각각 클릭하여 비교합니다.

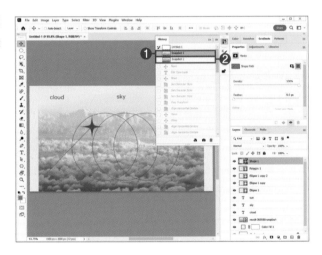

05 비교 후 ❶ 사용하지 않을 스냅숏을 클릭하고 ❷ 휴지통 버튼(🗑)을 클릭하여 삭제합니다. 그림과 같은 창이 나오면 ❸ [Yes(예)]를 클릭합니다.

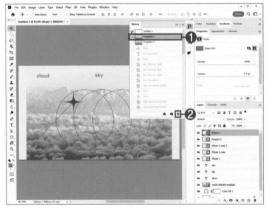

06 남은 스냅숏을 클릭하고 다음 작업을 이어 나갑니다.

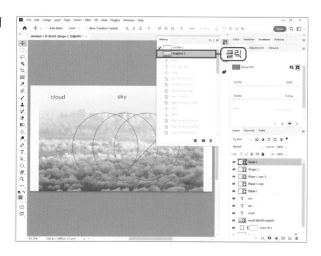

Actions 패널을 사용하여 작업 녹화하고 자동 실행하기

01 반복 작업을 할 때 Actions(액션)을 사용하여 일련의 작업을 녹화해 놓고 자동 실행할 수 있습니다. ❶ Window(창) – ❷ Actions(액션)을 클릭하여 패널을 엽니다.

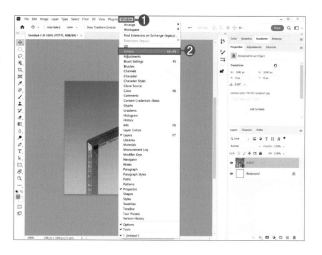

02 Actions(액션) 패널의 ❶ 새 세트 버튼(▢)을 클릭합니다. 창이 나오면 여러 개의 액션을 포괄할 수 있는 ❷ 세트의 이름을 입력한 후 ❸ [OK(확인)]을 클릭합니다.

TIP | 세트는 한 개 이상의 액션을 묶는 그룹입니다.

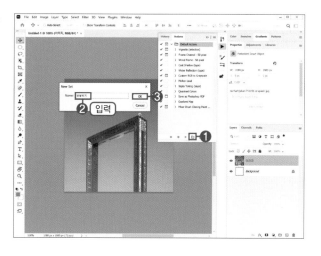

03 ❶ 새 액션 버튼(⊞)을 클릭하고 창이 나오
면 ❷ 액션의 이름을 입력한 후 ❸ [Record
(기록)]을 클릭합니다.

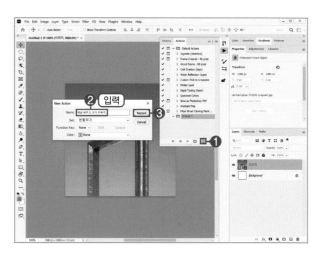

04 Actions(액션) 패널의 ❶ 녹화 버튼이 빨갛
게 바뀐 것을 확인하고 ❷ 일련의 작업을
진행합니다. 작업을 하나씩 진행할 때마다
❸ 액션에 기록이 남는 것을 확인할 수 있
습니다.

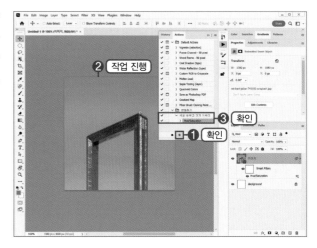

05 정지 버튼(■)을 클릭하여 기록을 종료합
니다.

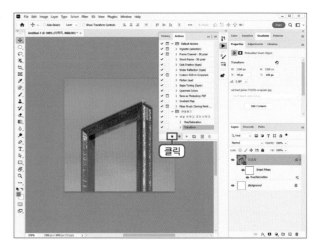

06 File(파일) – Place Embedded(포함 가
져오기) 명령으로 ❶ 새로운 이미지를 가
져옵니다. Layers(레이어) 패널에서 ❷ 같
은 작업을 수행할 다른 레이어를 클릭하고
Actions(액션) 패널에서 ❸ 수행할 액션을
클릭합니다.

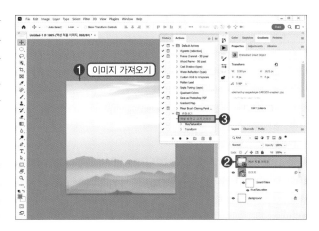

TIP 예제에서는 File(파일) – Place Embedded
(포함 가져오기) 명령으로 액션을 수행할 이미지를 가져왔
지만, 다른 파일에서도 동일한 액션 수행이 가능합니다.

07 Actions(액션) 패널의 재생 버튼(▶)을 클
릭하여 동일 작업을 진행합니다.

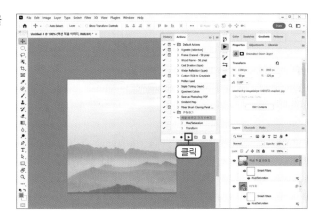

⊠ **Discover로 포토샵 기능 검색하기**

Discover(탐색) 기능을 사용해 포토샵의 기능을 직관적으로 검색하는 방법과 원하는 작업을 검색하여 바로
실행하는 방법에 대해 알아보겠습니다.

01 Photoshop CC 2021 버전부터는 기능을
직관적으로 검색할 수 있는 Discover(탐색)
기능이 추가되었습니다. Ctrl + F 를 눌러
Discover(탐색) 창을 열어줍니다.

02 ❶ 수행할 작업을 입력하여 검색합니다. ❷ 아래 리스트에 원하는 작업이 있으면 클릭하고 없다면 맨 위의 ❸ see all results(모든 결과 보기)를 클릭합니다.

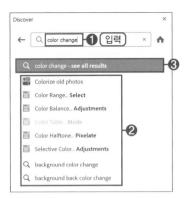

03 TOOLS AND FEATURES(도구 및 기능)의 리스트에 ❶ 마우스를 오버하면 ❷ 해당 메뉴의 위치를 알려주고 ❸ 클릭하면 ❹ 해당 메뉴를 바로 실행합니다.

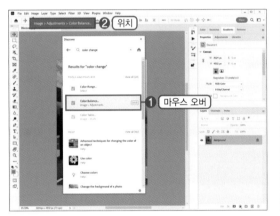 

04 HANDS−ON TUTORIALS(실습 튜토리얼)의 리스트를 클릭하면 Adobe에서 제공하는 도움말 및 강의 영상을 볼 수 있습니다.

05 ❶ 홈 버튼을 클릭하여 처음 화면으로 돌아갑니다. ❷ Quick actions(빠른 작업)을 클릭하면 바로 실행할 수 있는
작업 리스트가 나옵니다.

 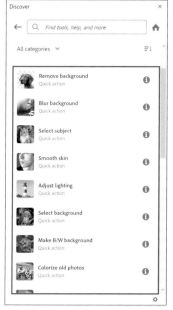

06 원하는 작업을 클릭하여 바로 실행할 수 있습니다.

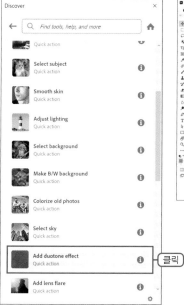 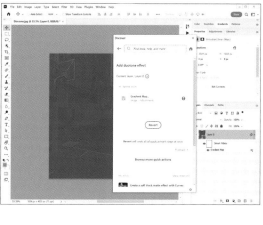

자주 발생하는 포토샵 오류 해결하기

포토샵 작업을 하던 중에 갑자기 처음 보는 창이 나와 당황스러울 때가 있습니다. 포토샵 작업 시 뜨는 다양한 창의 종류를 알아두면 문제를 해결할 수 있는 힘을 기를 수 있습니다. 이번에는 다양한 창의 종류를 알아보고, 자주 뜨는 오류창의 해결 방법을 알아보겠습니다.

⊠ 정보창, 경고창, 오류창 구분하기

정보창

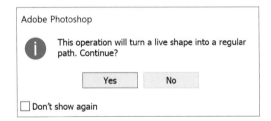

창의 왼쪽 혹은 상단의 파란 원형 안에 'i' 혹은 포토샵 로고가 있는 경우입니다. 단순히 정보를 알려주는 창이므로 내용을 읽어본 후 그렇다면 [Yes(예)], 아니면 [No(아니오)]를 클릭하여 진행합니다.

경고창

창의 왼쪽 혹은 상단의 노란 삼각형 안에 '!'가 있는 경우입니다. 어떤 작업에 문제가 있어 진행이 안 되거나 내가 의도한 것과 다르게 진행될 수 있습니다. 내용을 읽어보고 문제의 원인을 파악한 후 [OK(확인)]을 눌러 창을 끕니다. 해당 원인을 해결하고 다시 작업을 진행합니다.

오류창

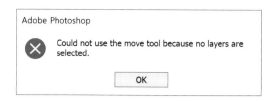

창의 왼쪽 혹은 상단의 빨간 원형 안에 '×'가 있는 경우입니다. 경고창보다 더 중대한 오류로 인해 아예 작업이 진행되지 않습니다. 창의 내용을 읽어보고 문제의 원인을 파악한 후 [OK(확인)]을 눌러 창을 끕니다. 해당 원인을 해결하고 다시 작업을 진행합니다.

> TIP 창의 내용을 읽어보아도 이해가 잘 되지 않는다면 해당 내용을 그대로 구글에 검색해봅니다. 포토샵 영문판 커뮤니티가 활성화된 경우가 많아 가능한 영어로 검색하는 것이 좋습니다.

⊠ 램이 부족할 때 뜨는 오류창과 해결 방법

컴퓨터의 임시 저장 공간인 RAM(램)이 부족한 경우 그림과 같은 창이 뜰 수 있습니다. 이 경우에는 포토샵을 종료하고 다음의 방법을 따라합니다.

▲ RAM(램)이 부족할 때 뜨는 오류창

01 ❶ 시작 메뉴를 클릭한 후 ❷ 'regedit'을 입력하고 ❸ 레지스트리 편집기를 클릭하여 실행합니다.

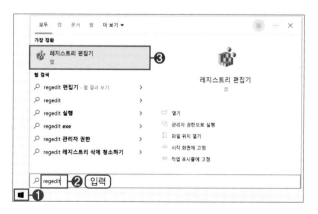

02 왼쪽에서 ❶ HKEY_CURRENT_USER > ❷ SOFTWARE > ❸ Adobe > ❹ Photo shop을 각각 클릭해 열어주고 안에 들어있는 폴더 중 ❺ 숫자가 가장 큰 폴더를 열어 줍니다. 폴더명의 숫자는 버전에 따라 다를 수 있습니다.

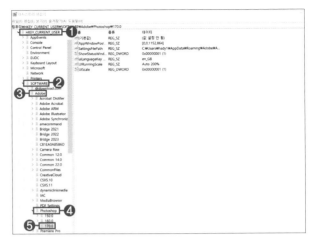

03 오른쪽 화면을 ❶ 마우스 오른쪽 버튼으로 클릭하고 ❷ 새로 만들기 – ❸ DWORD(32비트) 값을 클릭한 후 이름을 ❹ 'OverridePhysicalMemoryMB'로 입력합니다.

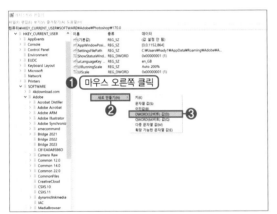

04 방금 만든 것을 ❶ 마우스 오른쪽 버튼으로 클릭하고 ❷ 수정을 클릭합니다. ❸ 단위를 '10진수'로 ❹ 값 데이터를 '4000'으로 설정한 후 ❺ [확인]을 클릭합니다.

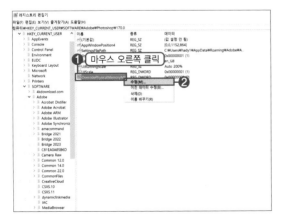
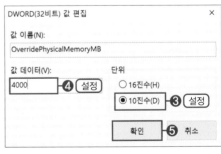

05 다시 포토샵을 실행하면 정상적으로 실행되는 것을 확인할 수 있습니다.

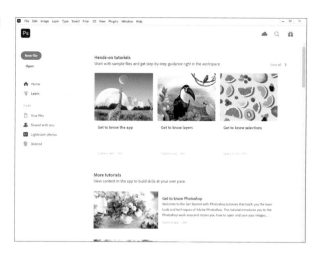

⊠ 스크래치 디스크가 꽉 찼을 때 뜨는 오류창과 해결 방법

포토샵에서 작업 중 Scratch Disks(스크래치 디스크)가 꽉 찼을 때 그림과 같은 창이 뜰 수 있습니다. 이 경우에는 포토샵을 종료하고 다음의 방법을 따라합니다.

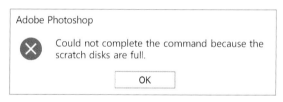

▲ Scratch Disks(스크래치 디스크)가 꽉 찼을 때 뜨는 오류창

01 ❶ Ctrl + K 를 눌러 Preferences(환경설정) 창을 열고 왼쪽 메뉴의 ❷ Performance(성능)을 클릭합니다.

02 Memory Usage(메모리 사용)에 있는 화살표를 + 방향 쪽으로 드래그합니다.

03 왼쪽 메뉴의 ❶ Scratch Disks(스크래치 디스크)를 클릭합니다. Free Space(남은 공간)에 여유가 있는 다른 디스크가 있다면 ❷ Active?(활성?) 체크 박스를 클릭해 변경하고 ❸ [OK(확인)]을 클릭합니다. 만약 다른 디스크가 없다면 현재 디스크에서 필요 없는 파일들을 삭제해 적어도 10GB 이상 충분히 확보합니다.

인쇄용 색상 확인하기

인쇄용 색상인 CMYK에서는 표현할 수 있는 색상의 범위가 좁습니다. 때문에 RGB로 작업한 파일을 그대로 인쇄할 경우 손실되거나 변환되는 색 영역이 있을 수 있습니다. RGB로 작업 중인 파일을 추후에 인쇄할 여지가 있다면 다음 방법을 이용해 중간중간 색상을 꼭 체크해야 합니다.

☒ 단축키로 CMYK 모드 빠르게 확인하기

어떤 작업물이 웹용과 인쇄용으로 모두 사용되는 경우, 우선 더 많은 색을 표현할 수 있는 색상 모드인 RGB로 설정합니다. 작업 중간에 Ctrl + Y 를 누르면 일시적으로 인쇄용 색상인 CMYK로 볼 수 있고, 파일명이 표시되는 탭에서 현재 보고 있는 색상모드를 확인할 수 있습니다. 다시 Ctrl + Y 를 누르면 원래의 색상 모드인 RGB로 볼 수 있습니다. Ctrl + Shift + Y 를 누르면 인쇄 시 손실되거나 변환되는 색 영역을 회색으로 확인할 수 있습니다.

▲ RGB 모드일 때   ▲ Ctrl + Y 눌렀을 때   ▲ Ctrl + Shift + Y 눌렀을 때

TIP Ctrl + Y 는 View(보기) – Proof Colors(저해상도 인쇄 색상), Ctrl + Shift + Y 는 View(보기) – Gamut Warning(색상 영역 경고)의 단축키입니다. View(보기) 메뉴에서는 작업할 때 편한 보기 모드를 설정할 수 있습니다. 책은 인쇄물이기 때문에 CMYK 색상만 표현할 수 있습니다. 따라서 첫 번째 이미지와 두 번째 이미지의 색상 차이가 없어 보일 수 있으니, 작업한 파일을 직접 모니터에서 확인해보는 것을 추천합니다. 색상 차이는 푸른색 계열에서 더욱 도드라집니다.

⊠ Color Picker 창에서 CMYK 색상 확인하기

Color Picker(색상 피커) 창에 다음과 같이 느낌표가 나오는 색은 인쇄용 색상인 CMYK에서 표현할 수 없는 색이라는 뜻입니다. 느낌표를 클릭하면 인쇄용에서 볼 수 있는 색상으로 변환하여 확인할 수 있습니다.

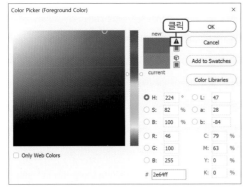

▲ CMYK에서 표현할 수 없는 색일 때

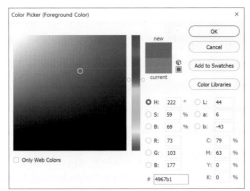

▲ CMYK 색상으로 변환하였을 때

View 메뉴로 간단하게 오류 해결하기

View(보기) 메뉴에는 작업하기 편하게 도와주는 보조 도구들이 있습니다. View(보기) 메뉴의 체크 상태에 따라 작업 환경이 조금씩 바뀌기도 합니다. 많은 분들이 오류라고 착각하는 것 중 대부분은 View(보기) 메뉴를 설정해서 해결할 수 있습니다.

⊠ 표시선이 안 보일 때

포토샵에서 작업하다보면 테두리 상자나 선택 영역이 보이지 않는 경우가 있습니다. 갑자기 이러한 표시선이 안보이는 경우 View(보기)의 Extras(표시자) 메뉴로 해결하는 방법에 대해 알아보겠습니다.

01 ❶ Ctrl + T 를 눌렀을 때 혹은 ❷ 선택 영역이 있을 때에는 각각 아래와 같은 표시가 나와야 합니다.

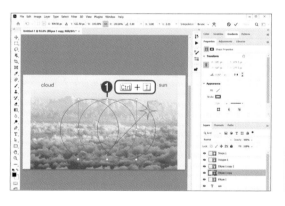
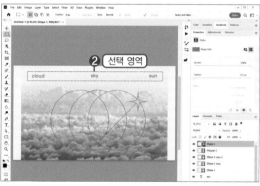

02 이 표시가 보이지 않을 때에는 ❶ View(보기) – ❷ Extras(표시자)를 클릭하여 체크합니다. 단축키는 Ctrl + H 입니다.

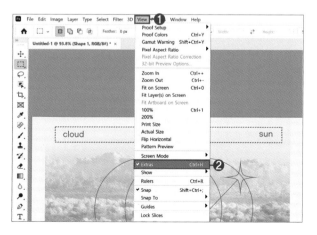

⊠ 전체 화면을 해제하고 싶을 때

그림과 같이 작업 화면이 전체 화면으로 바뀌었을 때 단축키 F를 반복해 눌러 돌아올 수 있습니다. 단축키 F는 'Full Screen Mode'의 앞글자를 딴 단축키입니다. 이는 도구 상자 가장 하단에 있는 화면 모드 버튼(⬚)을 클릭하는 것과 같습니다.

▲ 일반 화면 모드의 포토샵 작업 화면

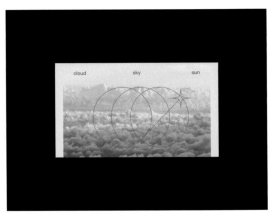

▲ 전체 화면 모드의 포토샵 작업 화면

TIP 그림과 같이 바뀌었을 때는 Tab을 눌러 돌아옵니다.

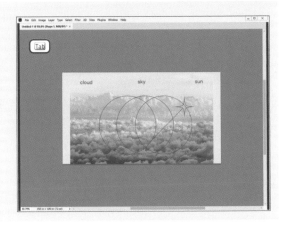

⊠ 안내선과 격자가 안 보일 때

보조 도구인 안내선과 격자는 아래의 단축키를 눌러 표시하거나 숨길 수 있습니다.

- Ctrl + ; Show/Hide Guides(안내선 표시/숨기기)
- Ctrl + ' Show/Hide Grid(격자 표시/숨기기)

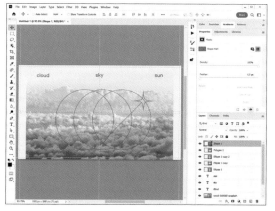

▲ Guides(안내선) 표시

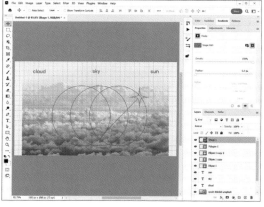

▲ Grid(격자) 표시

⊠ 도구의 커서가 이상하게 보일 때

도구의 커서가 이상하게 보일 때는 키보드의 CapsLock 이 꺼져 있는지 확인합니다. CapsLock 이 켜져 있는 경우 각 도구의 커서 모양이 아래 그림과 같이 기존과 다르게 보입니다.

▲ Brush Tool(브러시 도구), Eraser Tool(지우개 도구), Pen Tool(펜 도구) 등

▲ Eyedropper Tool(스포이드 도구)

> TIP　Quick Selection Tool(빠른 선택 도구), Clone Stamp Tool(복제 도장 도구) 등 브러시의 속성을 가진 모든 도구는 브러시 도구와 같은 모양으로 표시됩니다.

⊠ 깔끔하게 정렬이 안 될 때

어떤 레이어 혹은 선택 영역을 이동할 때 다른 레이어와 딱 맞춰 정렬이 안 된다면 View(보기) – Snap(스냅)이 체크되어 있는지 확인합니다. 단축키는 Ctrl + Shift + ; 입니다.

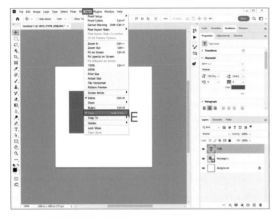

▲ Snap(스냅)이 체크되어 있을 때

또 이동, 크기 조절, 회전할 때 아래와 같은 분홍색 선이 나오지 않는다면 View(보기) – Show(표시) – Smart Guides(스마트 가이드)가 체크되어 있는지 확인합니다.

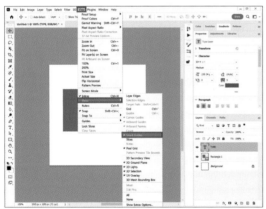

▲ Smart Guides(스마트 가이드)가 체크되어 있을 때

색상 조합이 어려울 때 사용하는 방법

색상을 예쁘게 조합하는 것은 디자인을 하는 모두에게 중요한 일입니다. 이번 장에 서는 다양한 사이트와 기법을 이용해 손쉽게 예쁜 색 조합을 찾는 방법을 알아보겠 습니다.

⊠ Adobe Color CC 사용하기

Adobe Color CC는 Adobe에서 제공하는 색상 조합 사이트입니다. 이 사이트를 이용하여 색상을 조합하는 방법에 대해 알아보겠습니다.

01 주소창에 'color.adobe.com/ko'를 입력하여 Adobe Color CC에 접속합니다.

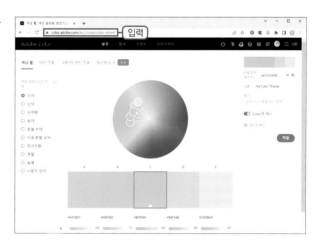

02 왼쪽에서 원하는 색 조합 규칙을 클릭합니다.

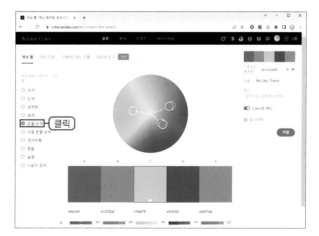

03 색상환을 클릭&드래그하여 색을 조정합니다.

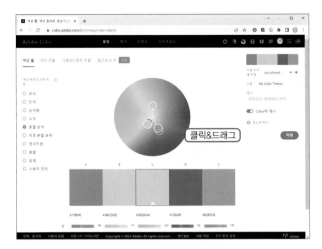

04 ❶ 왼쪽의 '사용자 정의'를 클릭하고 ❷ 색상을 하나씩 클릭하여 세부 조정합니다.

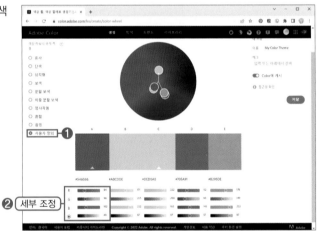

05 오른쪽에 [저장]을 클릭하여 라이브러리에 저장합니다.

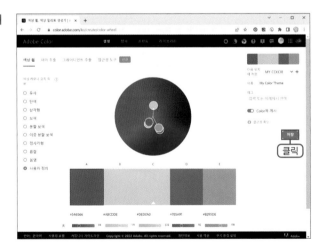

06 포토샵에서 ❶ Window(창) – ❷ Libraries(라이브러리)를 클릭합니다.

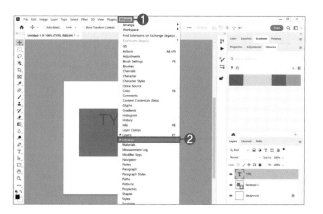

07 Layers(레이어) 패널에서 ❶ 색상을 수정할 레이어를 클릭하고 Libraries(라이브러리) 패널에서 ❷ 색상을 클릭하여 바로 적용할 수 있습니다.

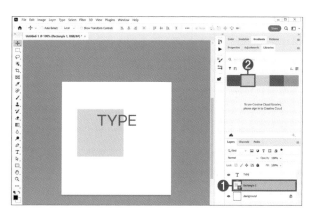

TIP 색상의 HEX Code를 복사하거나 색상 이미지를 캡쳐하여 사용할 수도 있습니다.

⊠ 색상 사이트 추천 리스트

색상 선택이 어려울 때 사용할 수 있는 웹사이트 추천 리스트를 소개합니다. 유사색, 보색 등 색상의 개념을 적용하기 어려울 때 아래에서 소개하는 웹사이트를 참고하여 색상을 조합할 수 있습니다.

• Design Seeds: 이미지에서 여섯 개의 색을 추출하여 조합을 모아놓은 사이트입니다. 계절, 색상, 주제별로 필터링해 볼 수 있으며, 간단하게 이미지를 캡쳐하거나 저장하여 사용할 수 있습니다.

▲ Design Seeds(https://www.design-seeds.com/)

- Paletton: 색상환을 기준으로 색상, 명도, 채도에 차이를 준 조합을 보여주는 사이트입니다. 또 웹 페이지 레이아웃 등을 예시로 볼 수 있어 웹디자인을 할 때 참고하여 색 조합을 만들 수 있습니다. 오른쪽의 각 색상을 클릭하여 자세한 색 정보를 확인할 수 있고, 간단하게 이미지를 캡쳐하거나 다운로드하여 사용할 수 있습니다.

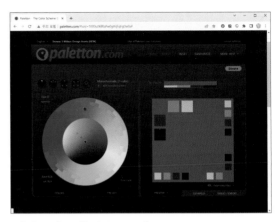

▲ Paletton(http://paletton.com/)

- UI Gradients: 2색 혹은 3색 그레이디언트 조합을 모아놓은 사이트입니다. 첫 화면에서는 랜덤의 그레이디언트가 보여지며, 왼쪽 상단의 Show All Gradients를 클릭하여 사이트에서 제공하는 모든 그레이디언트를 볼 수 있습니다. 간단하게 이미지를 캡쳐하거나 다운로드하여 사용할 수 있습니다.

▲ UI Gradients(https://uigradients.com/)

- Gradient Hunt: 다양한 종류의 그레이디언트 조합을 모아놓은 사이트입니다. 선형과 방사형 그레이디언트를 필터링해 볼 수 있으며, 간단하게 이미지를 캡쳐하거나 다운로드하여 사용할 수 있습니다.

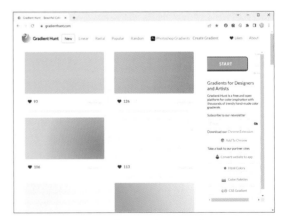

▲ Gradient Hunt(https://gradienthunt.com/)

⊠ 색 조합이 좋은 이미지 활용하기

📁 준비파일 부록\05\색 조합이 좋은 이미지.jpeg

색 조합이 좋은 이미지를 활용하여 색상을 조합하는 방법에 대해 알아보겠습니다.

01 File(파일) – Open(열기) 명령으로 색상을 추출할 '색 조합이 좋은 이미지.jpeg'를 열어줍니다.

02 ❶ Filter(필터) – ❷ Blur(흐림 효과) – ❸ Gaussian Blur(가우시안 흐림 효과)를 클릭하고 ❹ Radius(반경)을 '180'으로 설정합니다.

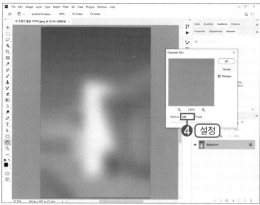

> TIP   Radius(반경)은 꼭 '180'이 아니더라도 이미지의 형체가 사라질 정도로 설정하면 됩니다.

03 ❶ Filter(필터) – ❷ Pixelate(픽셀화) – ❸ Mosaic(모자이크)를 클릭하고 ❹ Cell Size(셀 크기)를 '200'으로 설정합니다.

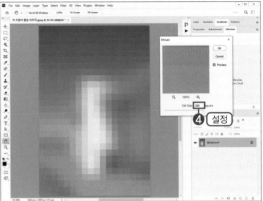

04 ❶ Image(이미지) – ❷ Adjustments(조정) – ❸ Curves(곡선)을 클릭합니다. ❹ 그래프를 그림과 같이 클릭&드래그하여 대비를 높이고 ❺ [OK(확인)]을 클릭합니다.

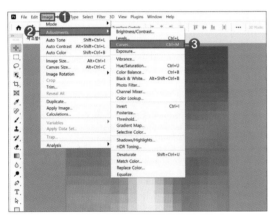
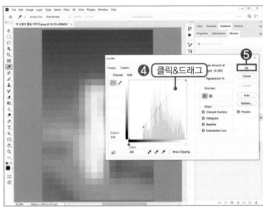

05 ❶ Eyedropper Tool(스포이드 도구,) 를 클릭하고 ❷ 추출할 색상을 클릭합니다.

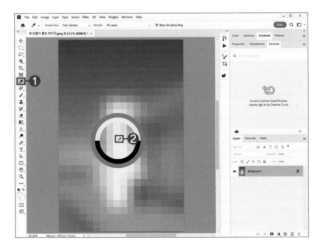

06 ❶ Window(창) – ❷ Swatches(견본)을 클릭합니다.

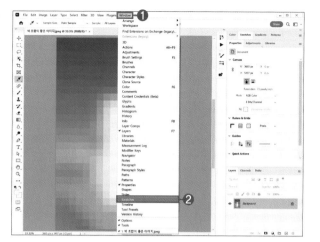

TIP Swatches(견본) 패널은 색상을 저장해놓고 필요할 때마다 꺼내 쓰는 팔레트 역할을 하는 패널입니다.

07 Swatches(견본) 패널의 ❶ 새 견본 버튼(⊞)을 클릭합니다. ❷ Name(이름)을 입력한 후 ❸ [OK(확인)]을 클릭해 색상을 저장합니다.

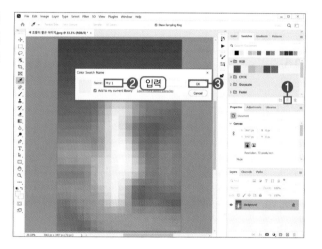

08 Layers(레이어) 패널에서 ❶ 색상을 변경하려는 레이어를 클릭하고 Swatches(견본) 패널의 ❷ 색상 견본을 클릭해 색을 넣습니다.

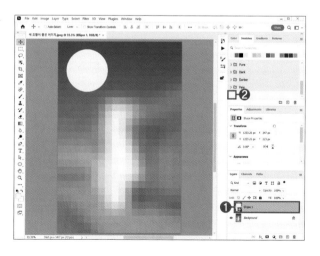

TIP 모양 레이어, 문자 레이어 등에 바로 색상을 넣을 수 있습니다.

바로 쓰는 포토샵 CC

초 판 발 행	2023년 05월 04일
발 행 인	박영일
책 임 편 집	이해욱
저 자	전하린(하디)
편 집 진 행	정민아
표 지 디 자 인	김지수
편 집 디 자 인	신해니, 이경숙
발 행 처	시대인
공 급 처	(주)시대고시기획
출 판 등 록	제 10-1521호
주 소	서울시 마포구 큰우물로 75 [도화동 538 성지 B/D] 6F
전 화	1600-3600
홈 페 이 지	www.sdedu.co.kr

I S B N	979-11-383-5087-7 (13000)
정 가	23,000원

시대인은 종합교육그룹 (주)시대고시기획 · 시대교육의 단행본 브랜드입니다.